求索與守望

中國民運江湖回望錄

守望

秦晉

著

FOREWORD

Chin Jin, like the thousands of other Chinese people exiled or imprisoned for their political beliefs, is a straw to break the Beijing communist leaders' backs.

He has worked tirelessly to enliven the worldwide campaign for democracy in China. In Australia, he has ensured that the national parliament is aware of the plight of jailed Chinese democrats, including authors of Charter 08 for Reform and Democracy in China. Shamefully, Australia' s government and opposition have repeatedly voted down motions supporting the courageous campaigns for democracy in China. Money and trade, not political morality has ruled.

Yet democracy is as inevitable in China as it was in Hungary, East Timor or South Africa. This book surveys the progress and knockbacks so far, along Chin Jin' s road to the day when no individual will be banned from setting up a party, standing or voting for the People' s Assembly in Beijing. In the spirit of Chin Jin lies China' s better future.

Bob Brown

Former Leader, Australian Greens

秦晉，如同無數因為政治理想而流亡或被監禁的中國人一樣，是壓垮中共背脊的一根稻草。

　　他鍥而不捨地推動中國的民主，在全世界提升這個運動。在澳大利亞，他力圖讓澳洲聯邦議會知曉因為追求民主而身陷囹圄的人士所遭受的痛苦，其中包括主張中國進行政治改革與民主化的《零八憲章》的簽署人。令人汗顏的是，澳洲政府與反對黨一再否決了支持勇於推動中國民主的議案。是金錢與貿易，而非政治道義，占了上風。

　　然而民主終將會來到中國，如同匈牙利、東帝汶和南非國家等曾經經歷的那樣。秦晉的《求索與守望》這本書記錄了迄今為止中國民主運動的跌宕起伏和他所走過的艱難民運路程，直到有一天，任何個人都不會被禁止組建一個政黨，有權投票和參選中國的國民議會。秦晉的這種精神展現了中國美好的未來。

　　　　　　　　　　　　　　　　　　　鮑勃・布朗*

*　前澳大利亞聯邦參議員、綠黨領袖。

題辭

「我用英雄賭明天，你用真情換此生」。中國海外民運是一個因
中國政治而連接在一起的「國際江湖」，「民運江湖」人物性格
迥異，但有大致相同的目標。秦晉是這個江湖世界的一位有理
想、有熱情、廣交友的儒俠。這本書人物描寫栩栩如生、讀來引
人入勝。雖然我對華盛頓會議「民陣」的解散和後來的重組有不
同看法，但「是非成敗，恩恩怨怨」已成歷史，這本書仍不失為
一本有價值的《中國民運江湖回望錄》。

嚴家祺

---

* 「民主中國陣線」首任主席，中國社會科學院政治學研究所首任所長。

題秦晉文集

二十三年赤子心
堅持求索苦耕耘
新桃換舊天明日
風雨神州俟使君

萬潤南

* 「民主中國陣線」第二任主席（1990年9月—1996年5月），第一屆時任秘書長。
  1989年六四以前中國最大民營企業「四通公司」總裁。

1992年5月12日在雪梨Intercontinental Hotel，作者第一次拜會尊者達賴喇嘛的最初時刻。

2003年10月22日上午中國國家領導人胡錦濤抵達雪梨，接受澳洲21響禮炮的歡迎，一個小時以後，布朗（Bob Brown）參議員與作者在紐省州議會聯袂舉行新聞發布會。

1999年9月29日被授予西雪梨大學亞洲研究碩士學位

2009年8月初於紐約。達賴喇嘛駐紐約代表羅桑念扎，Maura Moynihan（其父
Daniel Moynihan是美國著名政治人物，尼克森時期曾經出使印度3年，1976年
到2000年連選連任紐約州聯邦參議員。2000年退出政壇，讓出席位，為希拉莉
克林頓問鼎白宮鋪路）。

1992年4月民陣主席萬潤南訪問澳洲與當時的新洲工黨領袖、現任澳洲外長Bob Carr進行會談。1989年6月6日和1990年「六‧四」一週年紀念活動他都參加並且講話。以後地位變了，對中國政府的態度也變得親善了。

1993年2月20日華盛頓民聯、民陣合併大會失敗以後在當時的「中國之春」辦公室進行的辯論會，大家「痛定思痛」，唇槍舌劍，爭辯激烈。左起：呂京花、萬潤南、倪育賢、華夏子（站立者）、曾慧燕、徐邦泰、胡平和郭平。

1992年12月初悉尼機場迎接到訪的王若望伉儷的隆重場面，民聯、民陣成員數百人到機場迎迓。如此「盛況」不再，當時的「盛況」也是虛假。

1993年11月民陣三大在墨爾本舉行,期間遊覽墨爾本市區,杜智富(監事會主席)、馬大維(民陣副主席)、萬潤南(民陣主席)、秦晉(民陣理事)在墨爾本的有軌電車上交談。

1993年5月美國洛杉磯的會議上作者與民陣兩屆監事會主席錢達。三個月前在華盛頓舉行的民聯、民陣的合併大會是中國海外民運有史以來最大的挫折。錢達在大會末尾做了一段不朽的退選演說「我們是魔鬼的嬰兒」,其中引用詩句「假如你不是淺薄,就會在痛苦中尋找,我願意在誤解的重軛下,耐心地把你等待」。王若望、劉賓雁、方勵之聯合倡議舉行「全球中國人權與民運團體聯席會議」,希望提升民運的道義素質和政治洞察力。作者在華盛頓會議以後堅持「民陣」旗號,拒不歸順,拒不接受華盛頓會議的結果。後來支部內部壓倒性的意見否定了作者,作者「頑固不化」,單槍匹馬隻身堅持「民陣」,是以在洛杉磯再逢錢達。王、劉、方如今先後作古。

APEC會議在即,中國最高領導人江澤民途經澳洲前往新西蘭赴會。澳洲政府舉行一個盛大宴會,宴請江澤民。工黨議員麥克‧丹比(Michael Danby)認為江的對立面也應該有一個餐會,有象徵意義。圖為1999年9月在澳洲國會的午餐會,丹比主持,款待魏京生,作者作陪。現任澳州總理吉拉德(Julia Gillard)也在其中,當時還是一個初出茅廬的紅髮女議員,今天可是見到了洛桑‧桑格躲避不及。

2003年10月24日，作者在坎培拉集會接受記者採訪。當天胡錦濤在澳洲國會發表演講。中國外長李肇星緊急磋商澳洲外長唐納（Alexander Downer）和上下兩院議長，取得共識，阻止秦晉進入下院公眾席，以免發生政治意外，影響澳中兩國之間的經貿協定的簽署。

2005年11月，作者秦晉至香港拜會司徒華。

2010年12月11日挪威奧斯陸。2010年度諾貝爾和平獎授予中國異議人士劉曉波，是中國民主正向前移的標誌性事件。不同背景的人士從世界各地奔赴奧斯陸目睹見證這一時刻，美國聯邦眾議員Christopher Smith也在其中。作者有幸與之簡短交談，批評美國自尼克森時代迄今為止的對中國外交政策，尤其是1989年北京天安門事件至今歷屆美國總統對中共的姑息縱容態度，影響了人類和世界進步與昌明。Smith眾議員對作者的批評很認同。

2009年8月紐約，與章家敦夫婦。章家敦乃《中國即將崩潰》一書的作者，父親江蘇如皋人，母親蘇格蘭人。

澳洲前總理霍克，1989年天安門
事件發生後，他在澳洲國會流下
了傷心的眼淚，並且做出決定給
予境內的中國人士人道庇護，不
論是合法還是非法滯留澳洲的。
這張照片攝於霍克夫人的新書演
講會，The Sydney Institute主
持人傑拉德·漢德森特意招呼霍
克，「這位秦晉是你當年決定的
受惠者，他已經在會上向您的夫
人提出過兩個問題並且感謝您給
中國人士的特別庇護。」

2006年與到訪澳洲的美國國家民主基金會主
席卡爾·戈什曼（Carl Gershman）。這個
由美國國務院撥款旨在推動全球民主和自由
的機構對中國民主運動的支持可謂猶抱琵琶
半遮面。當然，責任不在這個機構，卻是美
國對前蘇聯和中國的雙重外交政策和標準。

2009年7月末黃奔、汪岷、莫逢傑、秦晉分別代表民聯、民陣、民聯陣，拜訪深
居簡出的萬潤南，回應萬潤南的倡議，重新審視華盛頓民運大挫折，尋求完成
1993年華盛頓民運聯合夙願的可能性。　左起：黃奔、秦晉、汪岷、萬潤南。

1999年9月初在前澳州總理陸克文（Kevin Rudd）辦公室，當時他還是一個剛進入聯邦議會的新人，那天在他的辦公室還有工黨霍克－基廷政府期間的前澳洲外交部長伊文斯（Gareth Evens）。主賓魏京生憋不住煙癮，提出要抽煙。陸克文很客氣地說，澳洲聯邦議會是禁煙的，但是出於對魏京生的敬重，他可以接受魏京生在他的辦公室抽煙。魏京生還真的掏出煙來吞雲吐霧一番。從背景的字畫可以看出這位澳洲政治人物對中國文化的喜好。左起：秦晉、陸克文、魏京生、丹比（Michael Danby）。

2009年12月2日尊者達賴喇嘛第三次雪梨演講會，尊者加持哈達敬獻者。

2004年6月初，作者率澳洲雪梨的一干人來到美國紐約，參加「六‧四」十五週年紀念活動，為民運增添一些人氣。活動期間前往民陣首任主席嚴家祺先生的紐約布魯克林家中拜訪。圖為作者夫婦與嚴家祺先生在後院的合影。

2004年5月末，民陣第二任主席萬潤南精神閃爍地陪伴作者遊覽三藩市。太平洋東海岸三藩市的海灘與澳洲的海灘相比，實在差距很大。同樣的藍天和蔚藍色的海水，就是沙灘的質地不似澳洲沙灘一片金黃，灰暗的色調，像是泥沼。

2004年6月中，民陣第三任主席杜智富驅車帶領作者遊覽加拿大首都渥太華。車停高處，登高遠望，抒發情懷，憧憬未來。

2006年2月初，中國青年作家余傑和王怡在The Sydney Institute進行演講。圖為演講後與主持人夫婦的合影。右起：Gerad Henderson博士、王怡、余傑、Anne Henderson、秦晉。The Sydney Institute創建於1989年，是享譽澳洲的一個論壇，專事探討辯論澳洲國內外政策。

2004年6月末。這是由澳洲出發到北美,再去歐洲,經過亞洲的香港返回澳洲的歐洲最後一站。民陣第四任主席齊墨帶著作者觀賞德國名城法蘭克福,在城中心的廣場內一家露天酒吧坐定,品嚐德國冰激淋。次日齊墨將作者送到法蘭克福機場準備搭乘泰航飛往香港。北京「防範」在先,「禦敵於國門之外」,將作者阻擋在機艙門外,讓香港等候作者的朋友們白忙乎一場。再隔兩天就是7月1日,香港五十萬民眾上街,作者無法目睹盛況,親身感覺香港民眾爭取自身權益的氣氛。

2008年11月23日在印度達蘭薩拉,受特別大會邀請出席晚餐會,左起:胡元輝、貢噶扎西、澳洲代表丹增·阿提夏、冷眉、秦晉、朱瑞、錢達、西藏流亡議會副議長、井玲、流亡政府外交部接待官員旺貞·拉姆。

早在2007年初，針對9月份在雪梨召開的亞太經濟合作峰會，就開始醞釀舉行一個對世界政治領袖和中國領導人有所觸動的集會。這個集會主要由澳洲大赦國際和澳洲民陣聯合籌畫進行。集會演講人，

左起：大赦國際的Sophie Peer、新疆人士Dimyan Rahmet、自由中國主席Sandra、綠黨參議員Kerry Nettle、前加拿大國會議員大衛‧喬高（David Kilgour）、雪梨筆會的羅利（Chip Rolley）、大衛‧麥塔（David Matas）、自由西藏的Zoe Bedrod、秦晉、集會主持人史蒂文、張爾平、魏京生。

2009年3月11日上午，尊者達賴喇嘛在自己的寢宮接見來自澳洲、新西蘭、臺灣、香港、日本、泰國、美國、德國和奧地利的30餘名拜謁人士，其中以中國民運人士為主。圖為拜謁後的合影。這是自從達賴喇嘛1959年流亡印度五十年以來，第一次漢人最大規模、最多人數到訪印度達蘭薩拉，參加1959年拉薩抗暴紀念活動。這也可以視作為「自由西藏運動」和「中國民主運動」在流亡中的約定，是兩個運動互相合作與支援的一個具有標誌性的事件。

目次

序
中國的民主是一定會到來的

錢達[*]

秦晉是民運圈子裡進步最大的奇人

我認識秦晉二十多年了，我認為秦晉是民運圈子裡的奇人，因為我看著他在參與民運的過程中有最大的進步。還記得是1990年9月，民陣「二大」在美國舊金山舉行，秦晉在大會上被推舉參選監事，當時秦晉是民陣澳洲分部的監事會主席，在大會上卻表現平平，發表競選演說時竟然木訥地半晌講不出個所以然，當然監事也沒選上。

1993年華盛頓會議是民運史上最黑暗也最慘烈的鬥爭，我在華盛頓會議以後，辭去所有民運組織的職務，正巧當時臺灣的政局因李登輝的禍國野心暴露而顯得危機重重，我回到僑界，關心臺灣前途，然後於1995年返臺出任新黨僑選立法委員。所以在這段期間，我沒有直接參與民運事務。

2005年，我突然接到姚勇戰的電話，邀我去澳洲雪梨參加「2005年中國民運澳洲大會」。我在雪梨會議見到闊別十多年的秦晉，而此時的秦晉真的已非吳下阿蒙，他不但一手策劃雪梨會議，在會中展現演講甚至主持會議的能力，尤其驚人的是他竟能以流利的英文在記者會上對中外媒體分析民運形勢，並且能與中外記者們進行討論與詢答。

---

[*] 錢達先生是前中華民國立法委員、民主中國陣線第一、第二屆監事會主席。

秦晉在影響國際媒體上有傑出成就

二、三十年來的海外民運史，可以說有很大的篇幅就是一部民運內鬥史，絕大多數的民運人士即使來到海外十幾年、幾十年，英文能力也只能私下聊天打屁，既不能上臺演講，更不可能進行公開的論證，所以絕大多數的民運人士只能在中國人的圈子裡搞民運，結果又因搶奪資源而進行無休無止的內鬥與內耗，最後整個民運界就在中國人的圈子裡把民運越搞越小而且越搞越臭。

相反的，秦晉卻以具有講辯能力的英文，首先在澳洲當地社會開展影響力，他在澳洲與政界、學界都有長期的接觸與交流，而且逐漸獲得澳洲政界、學界對中國民主運動的關注與理解，像今年的2月，澳洲政府重新審視與中國政府進行的人權對話，澳洲國會人權委員會舉行了一場聽證會，邀請秦晉代表民主中國陣線出席聽證。

除了澳洲當地的社會以外，秦晉還經常向國際媒體發表英文評論，介紹中國民運現況，或者報導中國大陸內部重大的人權事件與貪瀆事件，包括最近的李旺陽事件與薄熙來事件，秦晉直接致函澳洲總理和外長。而秦晉的其他政治評論，也曾獲得法廣網站或是英國BBC網站的首發。所以我認為秦晉對影響國際媒體甚至是國際社會關注中國民主運動的議題上，確實有非常傑出的成就。

民運領袖也像共產黨從來不肯認錯

我看過秦晉的書稿後，讓我感觸最深的還是關於1993年華盛頓會議的一段記錄。因為1993年華盛頓會議也是我參加民運迄今快三十年的經歷中最沉痛的回憶。而我之所以如此痛心，不只因為會中鬥爭的慘烈，我最痛心的兩個因素之一是，本來我認為在

民運圈中比較正派的一批朋友，竟然被少數幾個野心家招聚，結成一隻隊伍（我就姑且稱之為「當權派」吧！），為了要奪取新組織（當時是「民陣」與「民聯」的合併大會）的主導權，而決心徹底打垮對方（我就暫稱「反對派」吧！），他們不惜在大會上進行多項舞弊，甚至不惜把一輩子風骨嶙峋的王若望老先生鬥垮鬥臭。

華盛頓會議以後，我們很少看到對大會過程做比較完整的報導，我只看過一本書對大會做了全程報導，那就是一位曾經近距離接觸民運，但是從未真正加入民運組織的女作家安琪所寫的《痛苦的民主》。然而安琪在這本書當中對華盛頓會議的報導，完全是一面倒的偏袒「當權派」，不但對「當權派」諸多骯髒醜陋的行徑提都不提，還把會後民運組織的分裂說成「反對派」輸不起，但是當時「反對派」的心情是不齒與「當權派」這幫人為伍。我對華盛頓會議深感痛心的第二個因素是，「當權派」不但用不正當的手段打敗對方，事後還對受傷倒地的「反對派」發動潑屎潑尿的圍勦。

秦晉這本書中對華盛頓會議的報導算是非常客觀，他對「當權派」的作為沒有用任何強烈譴責的文字。當然，也可能因為他對「當權派」桌子下面的動作瞭解的不如我清楚。我近年來也在考慮要公布我所見證的華盛頓會議臺前與臺後的真相，一方面我覺得我們不能讓青史成灰，一方面我覺得當初「當權派」做過許多見不得人的事，這些人中有的至今還是民運領袖，我要對這些人說，如果你們從來不就華盛頓會議的行為道歉，也不替受你們侮辱的「反對派」（尤其是含憤過世的王若望老先生）平反，我覺得你們要求中共平反六四是嚴重缺乏正當性的。

明日的中國必然會走上民主的道路

在民運圈內每一次鬥爭或分裂以後，都有一批人退出民運隊伍，當然也有人認為所謂民運人士只不過是一群不成氣候的混混，而不屑為伍的退出民運隊伍。所以二十多年來，民運圈子越來越小，人也越來越少。但是民運也像大浪淘沙一樣，我在年年萎縮的民運隊伍中也看到幾個真正有決心有毅力的人物，像秦晉就是其中之一。我聽好幾位支持秦晉的澳洲民運朋友們說，正是他們看到秦晉對民運這種二十年如一日的奉獻精神，所以他們也願意出錢出力的支持秦晉。

對於那些看衰民運而退出民運的人，我們要說我們從不認為靠著民運人士就能給中國帶來民主，但是我們堅信明日的中國必然會走上民主的道路，這其中扭轉乾坤的力量是世界的朝流與廣大中國人的覺醒。而我們民運人士要做的事，只是長期的站在中國的對面把一面旗子打起來，或是把一面鏡子扛起來，那一面旗子就是反對專制的旗幟，那一面鏡子就是要照出中共當局赤身露體千瘡百孔的真實形相。所以有一天，當中國的民主開花結果時，民運人士也無功可居，我們只能說，我們曾經參加過一項有意義的事。

2012年7月31日於臺北

民運中國

中國海外民主運動和民運組織

　　本文就1982年至今1999年的海外民運和組織的形成和發展做粗淺的介紹，其重點為民聯和民陣兩人組織興起、挫折和發展，其他眾多民運組織因限於筆墨不做介紹。囿於認識水平和知情範圍，難免有失偏頗。

一、民主牆運動和民聯

　　1978年至1979年間，中國大陸社會是一個既充滿轉折契機而又危機四伏的變化時期。隨著中共一代領袖毛澤東的去世，中共上層在權力重新分配時稍微放鬆了對輿論的鉗制，社會上出現了反思和求變的思潮，北京西單民主牆再一次成為全國民主運動的中心。不過這個時期只是曇花一現，隨著又一位政治強人鄧小平的復出和地位穩固，中共開始奉行「四個堅持」的新教條，於1979年11月正式關閉民主牆，大批民運人士魏京生、任畹町、王希哲、徐文立、劉青等相繼被送入監獄，西單民主牆運動的高潮至此結束。但是中國的民主運動並未就此消亡，而是轉入地下，並流向海外。

　　1982年11月留學加拿大的王炳章博士在美國發起了「中國之春民主運動」，拉開了海外中國民主運動的序幕。為了繼承北京之春民主牆運動，這個新組織命名為「中國之春」。在其刊物（也名「中國之春」）的創刊號上發表「告海內外同胞書」，毅然舉起反專制獨裁、反官僚特權的旗幟，為在神州大地實現真正的民主與法治、自由與人權鳴鑼吶喊。王炳章此舉頗似當年孫中山先生在海外組建「同盟會」舉起推翻滿清大旗，它首次形成了

中共體制外的海外公開反對力量。不過那時的「中國之春」與其說是一個政治組織，更不如說是一份政治刊物，主要起著啟蒙海外華人和留學生的作用，以反抗中共一黨獨裁、揭露中共專制體制的陰暗和腐朽、傳播民主思想、建立西方式的民主中國；同時也通過刊物的影響力以及早期創始人的個人努力尋求志同道合者，聚集海內外民主力量，為實現民主中國做思想和幹部準備。

　　《中國之春》1983年5月第3期的社論倡議「徹底變革中國社會制度，實現民主、法治、自由、人權」。該文並提出政治上五項主張：一，廢除一黨專制；二，政黨、政府、軍隊、司法分離；三，立法、司法、行政三權分立；四，各級民意代表及各級行政首腦應由人民直接選舉產生；五，實行聯邦制，制定新憲法，解決祖國統一、香港及少數民族問題。經濟上也提出五項主張：一，終止中央集權計劃經濟，實行指導性市場經濟；二，在工業、農業、商業及其他經濟領域允許多種經濟體制同時並存，並在平等地位上互相競爭；二，制定明確法律保障私人財產、私人投資和私人企業；四，企業由工人和技術人員組成職工委員會管理，黨委不能領導職工委員會；五，農民對土地有所有權和使用權。

　　在中國傳統的政治文化中，一個政治集團若想問鼎於政治權力中心，就必須擁有一整套治國理念和主張，其中最為主要的是政治主張和經濟主張。王炳章等人提出的政治綱領和主張具有受過西方民主國家治國理念影響的痕跡，當然也符合整個世界歷史潮流發展的趨勢。在其政治和經濟政策上與中共大相徑庭，其中涉及政治制度、國土統一、民族融合和經濟體制等多項大政方針，顯見與中共現行政策一爭優劣之意味。

　　1983年12月27日至30日「中國之春民主運動」在美國紐約召開了第一屆世界代表大會，來自美洲、歐洲、澳洲、日本、香港、臺灣和中國大陸的共53名代表出席，在這次大會上將「中國

之春民主運動」更名為「中國民主團結聯盟」，簡稱「民聯」。這是第一次在海外完成了中國民主運動的組織化。民聯宣稱是一個獨立自主的、不依附於任何政治勢力的政治組織，並宣布：「本聯盟以獨立自主為準則，聯合一切民主力量（包括國共兩黨和其他政黨在內的民主力量），從根本上變革中國現行的政治制度」。

民聯從成立之初，就將自身定為中共大陸政權政治上的反對派，並積極尋求與中共的正面交鋒。1983年初，中國總理趙紫陽訪問美國，民聯不失時機地公開致函趙紫陽，根據中華人民共和國憲法的有關條款提出四點要求：一，要求中國民聯在中國大陸合法註冊，作為合法結社而存在；二，要求「中國之春」在中國大陸註冊、出版和發行；三，要求釋放在中國大陸獄中一切持不同政見者；四，要求直接與以趙紫陽為首的中國代表團會見商談。雖未獲中國方面任何回應，「民聯」還是有效地表現了作為中共政治對手的姿態。此後，只要有中國黨政軍高級官員到西方國家進行外交活動，當地的民聯成員總會舉行請願或示威活動，以此向中共當局表達中國民聯的政治訴求。

中共對於任何政治上的反對聲音都是不能容忍的，因此民聯的政治要求也不可能得到中共正面的回應，更不可能將民聯的影響傳回中國大陸。民聯從成立到中國大陸爆發更大規模民主運動的1989年，基本上只能停留在海外宣傳造勢、批評揭露中國大陸政權之腐敗黑暗的水平上。其間民聯開了四次世界性代表大會，領導人替換一次，由來自北京的胡平接替已任兩屆民聯主席的王炳章博士。胡平早在民主牆時期就在民刊上發表過著名長文〈論言論自由〉，八十年代初與王軍濤等參加過「北大」的自由競選，深為當局惱怒。胡平之後在海外民運中組織內部操作的建樹十分有限，但他作為《中國之春》的主筆和現在《北京之春》的主編，十幾年來，寫下了無數篇精闢入裏，針砭時事和理論分析的政論文章，素有「民運理論家」之稱。

二、八九民運和民陣

　　1989年4月，中共前總書記胡耀邦逝世，引發學生運動，學生與當局在北京天安門廣場對峙近兩月之久，中共當局在6月4日出動軍隊大開殺戒鎮壓和平請願的學生與北京市民，造成了震驚中外的流血事件。由於中共當局刻意隱瞞事實，迄今事件傷亡人數對外仍為不解之謎。該事件所造成的影響是非常深遠的。其一，中共總書記趙紫陽黯然下臺，趙的下臺標誌了中共黨內政治開明派遠離權力中心，黨內的政治改革力量消失殆盡。這就使得中共步上海峽對岸的國民黨後塵，由革命型轉變成議會型政黨這一平穩轉型幾乎不可能，無疑極大地延緩了中國民主化的進程。其二，體制外的民主力量遭受重大挫折，投入「八九民主運動」的民運人士或流亡海外，或被捕入獄，少數碩果僅存的民運人士迫於中共的高壓也只得偃旗息鼓轉入地下。因此在之後若干年內，中國的民間民運力量式微，沒有活躍要求民主的思潮和輿論，不能形成推動中國民主化的動力，也就不能形成迫使中共當局進行政治體制改革的政治壓力。

　　「六四」事件被迫流亡海外的嚴家祺、吾爾開希、萬潤南、蘇紹智和劉賓雁於7月20日聯名發表文章倡議成立「民主中國陣線」，呼籲一切有良知的中國人，不分黨派，不分團體，不分信仰，不分職業，不分地域，在「自由、民主、法治、人權」的旗幟下聯合起來，共同推進中國的民主化進程。9月，「民主中國陣線」在法國巴黎宣告成立，原趙紫陽智囊人物嚴家祺和天安門廣場學生領袖吾爾開希當選正副主席，原「四通公司」總裁萬潤南擔任秘書長。「民陣」把自身定位為致力於推進中國民主化進程的政治組織。其綱領是：保障基本人權，維護社會公正，發展民營經濟，結束一黨專制。主張和平理性非暴力的行動原則。

「民陣」的成立可視為中國體制內外民主力量在海外的重新集結，主席嚴家祺和理事陳一咨均為中共黨內開明派的智囊，萬潤南雖非直接在中共體制內，但與中共也有深刻的淵源。民陣還彙集了趙紫陽主政時期思想前衛、蜚聲全國的電視片「河殤」執筆人蘇曉康和遠志明，以及天安門學運的新秀吾爾開希等，形成了頗為整齊的組織陣容。

　　由於「六四」剛過不久，以及當時中共政權的屠城行為遭致人神共憤而在國際上空前孤立，西方政府和國際社會普遍對中共政權還能維持多久產生了疑問，對流亡海外的中國民運力量十分同情期待，因而「民陣」的成立備受矚目，也獲得了廣泛的支持。「民陣」人也說他們是有「根」的，「根」在國內。這一說法至少有兩層含義：一，「民陣」是「八九民運」的繼續；二，「八九民運」是受到百萬北京民眾和更多全國民眾支持的，「民陣」也將獲得國內民眾的廣泛的認同和支持。另一層隱含義，則是「根」連中共體制內，中共現政權不能長久，鄧小平的自然生命有限，屆時「八九民運」時失勢的中共開明派如1976年毛後鄧小平「三起三落」東山再起，重新主導中國政壇。因此在以後的一年裏，「民陣」的對外公信力持續上升，繼續國內未竟的民運事業。一時間，國內剛被鎮壓下去的民主運動在海外轟轟烈烈地開展了起來，將海外民運推向有史以來最高潮。「民陣」領導人頻頻出訪歐洲諸國、北美、日本、澳洲，舉行公開演講會，宣揚民陣政治主張，組建民陣地方分支部。縱有中國當局通過外交途徑向民陣領導人出訪國施加壓力，所到之處，仍受所在國官方和民眾的熱情歡迎。1989年末民陣副主席吾爾開希和秘書長萬潤南連袂到訪澳洲，甫成立的民陣雪梨支部主持了吾、萬的公開演講會，約兩千多中國學生和僑胞出席，座落在雪梨佐治街600號的威斯里教堂被擠得水洩不通。許多人士當場登記加入民陣，就連以後成為聯邦國會參議員的昆省國家黨籍的劉威廉也在那個「中

國民運熱」時期加入了民陣昆省支部，當時海外對推動中國民主化高漲的熱情由此可見一斑。

三、民聯和民陣的關係

　　如何處理民聯和民陣的關係是兩大組織的新課題。民聯的成員具有很明顯的「草根」性，由中國留學生和海外僑胞組成，不少人在中共政權的統治下受苦受難頗深，屬於「苦大仇深」的「自覺革命」派，猶如「辛亥革命」前的孫中山和同盟會。民陣領導層成員且主導民陣方向的有不少是中共改革派趙紫陽的舊部，原在體制內主導新「戊戌變法」。由於「八九民運」的失敗，新「光緒」趙紫陽被軟禁，新「六君子」被殺，這些新「康、梁」流亡海外組成了民陣，前面提到的「根」因此而來。兩者是盟友關係，因為它們在總的政治訴求和綱領目標上大體一致，但在實際現實中卻存在著隔閡。究其原因，大概是這麼兩點：一是在觀念上，民聯已被中共當局定性為「反革命組織」，一些仍幻想留條後路退到中共體制內去改革的人，不願意與民聯靠得太緊密；二是出於組織本位的考慮，相互都有一些戒心。民聯存有矛盾心態，既擔憂民陣強勁的聲勢和耀眼的光環遮沒了民聯，又想借重民陣的聲勢和影響在合作中提高自身民運的地位。民聯中甚至有人提出「加入民陣，控制民陣」的策略。雖然如此，民聯和民陣相處的關係總的來說還是頗為順利良好。以後兩個組織在1990年1月末發表了聯合聲明，初步達成了協議：民聯民陣作為中國海外民主運動的兩支主要力量，應當在積極合作的基礎上迅速走向聯合，為結束中共一黨專政而努力。在1990年9月美國舊金山民陣「二大」上，民陣通過了提議，在合適的時候通過民聯民陣聯合代表大會完成兩個組織的合併，次年六月在加拿大多倫多民聯「五大」也通過了相應的提案。1992年1月，民

聯總部、聯委會和監委會，民陣總部、理事會和監事會，在舊金山舉行聯席會議，成立了民聯聯委會和民陣理事會為主體的聯合工作委員會，由民聯聯委會主任徐邦泰、民陣理事會理事長朱嘉明領銜具體籌備民聯和民陣的聯合代表大會。自此，民聯和民陣正式邁開了合併的步驟。

四、海外民運重大挫折──華盛頓會議

　　1993年1月29日到2月1日，民聯和民陣聯合代表大會在華盛頓舉行，正式代表147名，列席代表、特邀代表、大會嘉賓共240人參加了會議。大會雖然產生了新命名的組織「中國民主聯合陣線」，也產生了新領導人徐邦泰，楊建利和張伯笠，但沒有達到合併的預期目的，反而出現了前所未有的嚴重分裂。會議開始，就出現了代表資格的重大爭議，不具代表資格的被會議籌備組私相授受，具有代表資格的卻被人為地阻止到會。這一問題的重災區是澳洲代表赴會的問題，而這個爭議直至會議結束沒有修正。整個會議過程中出現不少火爆場面，中途多次休會，各派進行不斷討價還價的協商和爭執；多數派對少數派實行「多數暴政」，步步進逼，不達驅趕民陣主席萬潤南出局之目的不罷休。最後王若望、胡平、岳武、萬潤南、馬大維、錢達等先後宣佈退出正副主席競選；超過三分之一的歐、亞、美、澳地區的代表退出會場，杯葛了這次大會。

　　華盛頓會議出現的分裂局面是海外民運自民陣成立以來內部矛盾的總爆發。早在「民陣二大」（1990年9月於美國舊金山）時，經過一年運作的民陣，已有許多內部矛盾表面化，最為引人注目的是「陳萬之爭」（陳一諮、萬潤南），在組織內形成了所謂的「反萬派」和「擁萬派」。「二大」上萬潤南戰勝競選對手朱嘉明當選民陣主席，陳即時做了一篇表現得體的演說，祝賀萬

當選，但與萬之間的個人恩怨遠未完結，1991年中陳一咨訪問澳洲，在Sydney Institute公開演講中間休息時仍點名指責萬，可見當時陳對萬的心結是一個表面自律。萬潤南長期主導民陣運作，處在風口浪尖，容易得罪人。其中理念差異少，相互誤解多。民陣理事長朱嘉明自民陣「二大」上主席落選，將萬潤南視為政治敵手，表示一定要與萬把「這盤棋下下去」。曾聽萬潤南說過，萬則向朱表示應該互不以對方作對手而聯手與中共「下這盤棋」。萬在1992年4月澳洲的公開演講中提出「民運大中小三盤棋」的概念，大盤棋指海內外的民運力量與中共政權的對壘，中盤棋指民聯民陣總部一級的領導權的競爭，小盤棋指地方民運組織內部的紛爭。三盤棋中大盤棋最為重要，若大盤棋輸了，中小盤棋勝出也無實際意義，因此中小盤棋都應服從大盤棋的勝負。儘管萬在不同場合對民運組織內部的較勁進行如是表述，呼籲不要捨本逐末、因為個人民運地位的得失而放棄與中共「爭天下」；但另一方面朱嘉明仍按照計劃繼續「下他的棋」，全面實施「倒萬」三部曲：毀壞個人名聲，截斷歸國之路，攆出海外民運。這是堅定支持朱嘉明的民陣澳洲分部前主席在「動之以情曉之以理」、試圖力勸本人認清兩邊大小時的攤牌。顯而易見，在民運組織內部用這種方式對待不同於自己的派別，其思想水準和思維方式仍然停留在中共黨內鬥爭八十年代以前「殘酷鬥爭，無情打擊，你死我活」的水平上，其原因應歸於受中國共產黨文化和傳統的中國式政治操作的毒化過於深刻，積重難返。雖在海外從事民主事業，追求民主的方式卻是非民主的；雖換上了新鞋，卻還不識新途。

民運組織內部不同派別的衝突不應是非你即我，你死我活，而應是你活我也活、互存互補的。僅在民陣內部，「反萬派」遠不夠力量「倒萬」，要成功必須借助外力，並通過特別手段取得優勢。華盛頓會議上他們做到了，借助部分民聯的力量，借助會

議籌備的便利，阻止「萬派」代表到會，通過不合理程序代表替補案強化「鐵票部隊」。華盛頓會議尚未開始，許多與會者已開始為會議可能出現的嚴重後果憂心忡忡，在開幕式上劉賓雁含淚請求代表發動心中的良知，以良知戰勝派別。錢達在會上大聲疾呼：「政治權力是可怕的陷阱，我們參加民運是為了拯救中國，可是在組織運作中常不經意地忘記了初衷，互相耍黑，結果把整個組織弄得一團漆黑。今天我們要救中國，就得先救自己，如果我們自己是一團漆黑，我們如何能把中國帶向光明？」

　　為什麼如此令人扼腕的重大海外民運挫折會發生呢？對中國政治局勢的估計和個人功利心態導致了這場悲劇。中國是人治社會，政局的變化往往與某個政治強人的生死有關，人存政舉，人亡政息。鄧小平的去世一定會帶來中國政局的變化，由鄧欽點的江澤民一無權力基礎，二無政治聲望，必定是華國鋒式過渡人物，而由於「六四」蒙冤的趙紫陽會如同1976年以後的鄧小平復出，「六四」也會如同1976年的「四五」得到平反。那麼因「六四」而流亡海外的民運領袖就可以在中國大展政治宏圖。華盛頓會議是爭奪海外民運的主導權和話語權，為將來中國發生的政治變化作準備。海外民運尤以八九年以後為海內外矚目，在這一段時期內的民運以民陣的運動為主，主導民陣這一時期運動又屬當任主席萬潤南。這就不難解釋為何定要將萬除之而後快了，因這不僅是主義之爭，更是長遠利益之爭。

　　民運悲劇就這樣發生了。人們也想阻止悲劇的發生，但都人不如勢。衝突的雙方也都盡力斡旋，無奈相互缺乏信任，始終無法妥協。無人能高瞻遠矚，認清大勢和後果；也無人有足夠威望平息事態，就連從前威望最高而當時也不能為聯合工作組派所接受的王若望，也無可奈何的以退場表示堅絕不與民運中不正之輩為伍。近一百五十名與會代表對事態和後果的嚴重性看得清嗎？應該說相當一部分人是不清楚的，這與民運組織的運作效率和民

運組織特定的條件有關。民運組織的運作效率比較低下，又分散在全世界不同地方，除少數領袖人物為人認知（而這種認知僅限於領袖人物的個人知名度，而非他們的思想、理念、行為、品格），代表相互之間認識有限，許多代表的認知水平有限，難免偏聽偏信，是非莫辨。由地區和歷史形成的人際關係，派系利益和親疏好惡就會無視是非曲折，反而會推波助瀾。那麼海外民運的巨大挫折、民運力量急劇衰敗的悲劇就無可避免地發生了。

華盛頓會議給海外民運所帶來的負面影響和巨大的震盪是很深遠的，這次分裂使海外民運蒙汙，形象嚴重受損，公信力急劇下降，原來頗受人敬重民運組織和人士從此受人側目。分裂擊碎了許多多年投身民運人士對追求民主的熱情的心。不少代表捶胸頓足，痛哭流涕，滿腔的熱情換回的卻是極度的失望。相當一批有才華，有品格，有貢獻的老資格民運人士因此「清流退出」，遠離民運而去。事情雖已經過去六年多，但給海外民運所造成的傷痛到現在還不能平復。幾位當年與會的雪梨代表常對當時的弱勢行為進行痛苦的反思，認為民運人士除有堅定的民主理念，更需有博大的胸懷。儘管遭受委屈甚至打壓，仍應忍辱負重，自我犧牲。美國的立國先驅也曾遇到類似的情況，他們卻能以國家為重，犧牲自己而妥協，為以後兩百年民主制度發展和鞏固樹立了光輝的典範。就這一點來說，中國民運人士是十分欠缺的。因此，中國民運人士需要提高自身的民主素養，更應注重正心和修身。

五、海外民運受挫後的新格局

為了彌合對立雙方的嚴重裂痕，挽救分裂對海外民運造成的惡劣後果，在胡平的倡議下，約二十天後舉行了一個「辯論會」。雙方把問題攤開，當面對質。退場派指出聯合工作委員會

利用籌備會議之便徇私舞弊，聯合大會上違規當選新組織「民聯陣」領導的徐邦泰等，必須承擔違背政治承諾造成的政治後果。「民聯陣」方面對上述指責拒不接受，無意彌合裂痕，挽回分裂後果，繼續擴大「戰果」，雙方分歧巨大，沒有妥協讓步的可能。同日（2月20日）王若望、劉賓雁和方勵之倡議舉行一次人權與民運團體的聯席會議，以研究新形勢下民運與人權面臨的新任務，提升這個運動的道義素質和政治洞察力。

1993年5月7日，「全球中國人權與民運團體聯席會議」在美國洛杉磯舉行，與會者充分討論了華盛頓會議失敗的因果和今後海外民運的走向。與會者普遍意識到大陸文化中斷造成的道德、教育、法律、宗教破壞，已體現在部分海外民運人士身上。民運隊伍中「劣幣逐良幣」的負淘汰現象，其原因在於堅持了「少數服從多數」，忽略了「多數尊重少數」，其實這兩者同為民主的基本原則。一位美國朋友說如果美國人把「重建美國」看成是當今美國人的重任，那麼，中國海外民運應該把「重建人」放在重要地位上。聯席會議給海外民運帶來深刻的反思，也帶來新的思維。民運組織內部出現的紛爭，基本上是兩個原因，一是前面已提及的受共產黨政治文化的影響，雖在海外從事民主事業，追求民主的方式卻是非民主的；二是不考慮自身的條件，將一些西方國家政治生活中的民主方式，比如「三權分立」，「搭檔競選」，「任期限制」等生搬硬套到組織中。其實，一個政治組織和一個國家的政治生活，雖然有一些基本理念是相近的，但它們畢竟屬於兩個不同的範疇，因此，組織結構的缺陷反為內部紛爭提供了便利。

華盛頓會議後，眾多原民聯民陣在歐洲、美洲、日本和澳洲的分支部拒不認同華盛頓會議的選舉結果，繼續維持原有的民聯民陣的旗號。在洛杉磯的聯繫會議上倡導民運組織內部清廉、公正、誠信和寬容的風氣；鑒於海外民運當時的實際狀態，與其在

同一組織內發生惡性爭鬥，不如在組織上分開，為推進中國大陸的民主化進行良性的競爭。因而重新確定了民聯和民陣的繼續存在，並決定在當年舉行各自的世界代表大會。1993年11月末在澳洲墨爾本召開民陣的「三大」，12月初在雪梨召開民聯的「六大」，萬潤南再次當選民陣主席，吳方城當選民聯第四任主席。在民陣和民聯的澳洲會議上做出了以後海外民運工作的重大調整，即由國外造勢轉向國內佈局，並開始嘗試經濟上的自立，為「後鄧小平」時代的到來做準備。至此，民聯、民陣、民聯陣三家主要海外民運組織同時並存的新格局形成。

六、澳洲的民主運動和民運組織

澳洲的反對中共民主運動開端於1983年，一個名叫黃凡的香港青年學生加入王炳章的「中國之春運動」，在墨爾木創建民聯澳洲分部，參加的人很少，幾乎沒有影響力。1986年4月起一位從中國福建經過印尼偷渡到澳洲的非法移民藝術家開始以民聯的名義在雪梨活動。1988年10月，一群在坎培拉的中國學生借中國總理李鵬訪澳之際亮出「民主中國」的旗號，之後也在「八九民運」期間參與過一些聲援活動，1991年因申請在澳人道居留，遲遲未獲移民部審理，進而狀告當時的移民部長韓德，此後自澳洲的民運活動中銷聲匿跡。1989年5月後，澳洲華人聲援大陸學生的活動十分踴躍，尤其是「六四」以後，不同名稱的、帶有民主傾向的、三五成群的民聯開始公開活動了，中國留學生會成立了。值得一提的是「民主沙龍」，發起於5月初雪梨唐人街一個募捐籌款活動，第一次研討會是6月11日，六四發生一個星期以後。沙龍每週聚會一次，之後改為每月一次，後來就偃旗息鼓了，前後壽命不超過5個月。儘管如此，這個沙龍還是很自豪地以「黃埔軍校」自比，因為以後雪梨民聯和民陣的主要領導人

大多出自這個沙龍，就連二十年後引起澳洲政壇風波，使澳洲國防部長引咎辭職的相關人物劉海燕*女士當時也是沙龍的常客。到7月初沙龍還出版了《自由呼聲》，這也許是澳洲第一份中文雜誌，這份雜誌只出了兩期。一時間海外華人和大陸同胞紛紛投入民運，澳洲民運持續高漲。

　　隨著民陣在法國成立，截至1989年底，澳洲民陣的各分支部也相繼宣告成立，其中以雪梨支部的聲勢最大，到1990年7月已有逾七百會眾，成為全世界最大的地區支部，是以有17名代表獲選參加9月美國舊金山的民陣「二大」。澳洲由於自身的特殊環境，民運參加者集中在雪梨、墨爾本和坎培拉幾個城市，就雪梨而言，民聯民陣的成員逾千，這相對於其他任何一個國家和城市是絕無僅有的，所以顯得參與者踴躍，民運活動聲勢頗足。但總體的水準應屬全球下乘，原因是到達澳洲的大陸人士總體素質低於求學於歐美者。在澳洲沒有海外民運的明星人物，無論是思想理念或是行為水準，遠不能與薈萃於歐美的耀眼明星同日而語。雖然在澳洲參與民運者眾，但有堅定理念者寡，為數不少的功利心強，他們更在意的是得到澳洲永久居留的巨大利益，這種現象在澳洲的民運中極為明顯。澳洲是具有高度民主的國家，又是寬容和諧的社會，澳洲政府和人民對中國八九民運極為同情，對中共「六四」鎮壓的憤慨和以後採取的相應保護措施都對澳洲民運的發展和變化起過重大影響。澳洲的民運在1990年初以前充滿推動中國大陸民主化的熱情，在這以後民運參與者的初衷則與之前有所不同。當然這裏並沒有一條明確的界線。參與者投入的熱情和目的大約在這個時候產生了微妙的變化，一是因為時間的流逝，熱情急劇減弱；二是澳洲政府對旅澳中國學生和公民的多番保護措施，使得1989年6月20日前抵境的人明白在以後相當長一

---

* 這件事情是最近新添加說明的。

段時期內，不必過於擔憂在澳生活的壓力或者返回中國，便隨著熱情和自身壓力的銳減而悄然離開民運組織。而另一族的人士，即1989年6月20日以後抵澳者，則必須通過加倍的努力打通通道，彙集到前一族中去，民運和民運組織就成了最現成的通道，於是澳洲的民運和民運組織開始嚴重變形。自此澳洲民運在很大程度上變相成了「居留運動」。

內鬥似乎是一個擺脫不了的惡魔，從一開始就伴隨著海外民運，澳洲更不例外。澳洲民運參與者多，內鬥也多，堪稱海外民運內鬥之最。最早的可謂1989年下半年起發生的「民聯澳洲分部」之爭，雙方在媒體公開發表文章攻訐，造成不良公眾影響。次年9月民聯雪梨分部紛爭再起，經過數月的臺底臺上的較量，由民聯總部裁決，否定其中一方的合法性，才暫時平息爭端。從1991年初開始的民陣雪梨支部內部紛爭歷時之久，爭鬥之烈，在海外民運史上歎為觀止，最終也只得將雪梨支部一分為二，平息這場紛爭。之後澳洲民運組織內部紛爭愈演愈烈，每開一次會員大會，就幾乎不可避免地出現一次新的分裂。1989年，雪梨只有一個民聯分部和一個民陣支部；到1993年1月，已裂變為六個民聯和民陣的分支部了，由此可略見民運組織內部紛爭之一斑。這樣的權力內鬥遠非主義之爭，多為利益之爭。

澳洲民運有兩大缺陷：「變相的居留運動」和「民運內鬥」，而其正面意義常為人忽視，也就是人多勢眾，曾形成多年壯觀的民運聲勢。「六四」一週年紀念時，超過一萬五千中國學生和公民雲集於集會上，中共高級官員訪澳每每遇到有聲勢的抗議和集會，1992年末中國著名異議人士王若望到訪澳洲，光是前往機場迎接的就超過二百人。由於眾多民運參與者「居留前景不明朗」而非常依賴民運組織取得某種安慰性保護層，使得澳洲民運繼續保持「虛假繁榮」。直到1993年末，澳洲政府對中國學生和公民永久居留澳洲的一攬子方案「11.1」決定宣佈以後，澳洲

民運總算塵埃落定，過去的「風光不再」。居留運動完成了，內鬥暫時消失了，絕大部分的民運參與者悄然退出他們曾為「一官半職」爭得不可開交的民運組織，僅留下很少一部分執著者惺惺相惜，相逢一笑泯去以往恩怨，繼續堅持理念，默默維持艱難狀況下的澳洲民運到如今。

七、海外民運的現狀

自1993年末海外民運新格局形成後，近六年來，海外民運和組織的狀況可謂每況愈下。參與者愈來愈少，聲勢愈來愈弱，處於海外民運的谷底。這有許多內外原因。從內部分析，民運組織內部自嘲民運人士有三種人組成，即「有病有仇有瘾的」。「有病的」指「一根筋」地反對中共政權，「有仇的」指中共建政後本人或家人曾遭受中共迫害的，「有瘾的」指有政治野心的，期望在今後中國政治舞臺上能有所作為的。後來旅居美國的原上海《世界經濟導報》的張偉國把這種劃分更進了一步，另加了「有利益的，有鬼的」兩種人。「有利益的」指可以通過參加海外民運獲得自身實際利益，諸如取得所在國的政治庇護權或藉民運換取可觀金錢利潤；「有鬼的」則指假裝積極投入民運，以瞭解民運動向，進而報告中共當局的。另一種民運人士組成的分析，是以這些人參與民運的目的來劃分：為利益而來，為義氣而來，為理念而來。為利益而來者，早就因個人利益已獲得而民運又處低潮而退出；為義氣而來者，由於與民運中許多有影響力或領袖的人物長年結下較深的個人情誼，因而仍能留在民運隊伍中一段時期，但由於國內政治變化前途不明朗，隨著時間的流逝也逐漸離開民運；只有最後一種為理念而來者，不論國內政治局勢變化有利或不利於民運，始終保持著高昂的意志，堅持理念、旗幟不倒、隊伍不散、聲音不斷，一如既往地致力於推動中國民主化

進程，其信念就是「收穫不必在我，耕耘我在其中」。但這部分人數量極少，所以顯得目前民運組織相對高潮期的嚴重「縮水」。

　　從外部分析，中共在對內政策上有了調整，淡化意識形態，大力發展經濟建設，同時維持政治高壓，封殺政治反對派生存空間，使國內民主力量難以立足。在國際上中共又逐漸為國際社會重新接納，包括以美國為首的西方國家也注重與中共政權的交往，放棄經濟制裁，換以親睦對話，使中共逐步走出被孤立的困境。中共和民運是此消彼長的關係，中共處境改善了，民運處境就必然惡化了。海外民運人士大多是理想主義者，而非職業政治活動家，民運組織是在幾乎沒有財政資助下運作，民運人士因而只能業餘地投入，這就使得民運組織的運作效率很低，也造成進一步的惡性循環，民運組織效率低下和民運聲勢低落更得不到同情和認同，也就更談不上支持。西方政府和海外華人易於看到中共經濟發展和表面上維持的政治穩定，不願深探中共政權腐朽的本質和沒落的趨勢，也看不到民運力量推動中國民主化符合世界潮流以及今後具有的政治前途。另外，現在旅居海外的中國大陸同胞的心態與本世紀初留洋的有很大的不同。當時留洋海外求學的目的是為了學有所成回去拯救中國，他們在海外積極醞釀組織返回中國推翻滿清政府；而現在的中國同胞大多期望在海外永久居留下來，不希望返回中國去實現「遙遠」的民主化。這些都是海外民運目前門可羅雀的原因。

　　近年來，中國發生了一些變化，在經濟上有長足的進步；意識形態上進一步減弱。1997年初中共政治強人鄧小平離世，為中國的政治變化提供了一些條件，中共在對待異見人士方面跟以往有所不同，更具懷柔專制的特色。著名異見人士往往以「保外就醫」的名義被從監獄直接送往西方國家，如魏京生、王丹等，他們獲得了自由翱翔的天空，卻失去了生根發芽的土壤。魏

京生，王丹等到達海外，理應給海外民運帶來新的希望，實情遠非如此。魏京生初到海外，受到很高的禮遇，海外民運組織的領導人希望魏能藉其海內外的個人聲望整合支離破碎的海外民運，重新把力量集聚起來。魏沒有給予應有的積極回應，待魏京生於1998年11月開完中國民主運動海外聯席會議已時過境遷，個人感召力已不如一年以前。而且由於魏京生的個性使然，非但有孚眾望整合海外民運，還出現了另一些著名民運人士不能與之合作的現象。這不僅是魏個人損失，也是海外民運的損失。王丹到了海外基本保持低調，追尋失去的時光，返回校園補上未竟的學業，比較多地自責在「八九民運」中的失誤，較少與海外民運組織交往，保持個人超然形象。王丹的行為在某種程度上與天安門前的學生領袖們相仿，他們都屬於閃亮的明星，有耀眼的光環，一般不願輕易進入民運組織，但可以獨樹一幟。「八九民運」十年後的今天，大部分著名的民運人士已被中國政府放逐海外，若這些人聚合在一起，也可形成可觀的反對力量，但事實是這群中國民運的先進在海外卻無法形成一個有影響的反對力量，他們都有權衡利弊、籌畫方略之能，缺少審時度勢、整體默契之識。

現在全球各地的民運組織大都是這樣的狀況，用流亡法國的岳武的話來形容，維妙維肖：「無兵、無將、無錢、無帳。下崗分流，自謀出路。本應是一場轟轟烈烈的民主運動，卻演變成冷冷清清的名人運動。在民運的棋盤上，小卒子失業，車馬炮下崗，只剩下將士相，不管共產黨的棋局如何調兵遣將，立陣佈勢，民運一方只能支士飛相，絕不過河」。1998年初，海外民運創始人王炳章博士為突破海外民運僵局潛入大陸從事發起組織反對黨運動，王在2月被中共逮捕並驅逐出境，但他的組黨運動得到了大陸方面廣泛的響應，浙江的王有才等人於6月公開組建中國民主黨，之後在全國多個省市成立了中國民主黨，衝擊中共黨禁，成為中國民主運動的重要里程。王炳章這一舉動在海外引起

不小的爭議，包括魏京生在內的許多民運人士對王炳章的行動提出了批評，同時也引起了海外民運中一場論戰。

結論

現在海外民運面臨著許多問題，旅居美國的項小吉一語中的：「首先，綱領不完善，海外民運在其綱領方面都有追求民主的基本訴求，但這只是泛泛而談，在民主制度下的中國可能產生的其他問題並沒有進一步闡明，諸如政治的民主和個人的自由，經濟的發展以及多民族的和平共處等相關的重大問題。其次，組織不健全，民運組織沒有嚴明的規則和紀律，追求的政治目標也不明確，缺乏運動運作資金；絕大多數的民運人士只是業餘性的而非職業性的，而且沒有規範的政治訓練。第三，領袖不成熟，民運的領袖一般都是由名人充當，但名人不一定就是領袖，許多名人有學問和觀點，卻缺乏膽識和責任，或有膽識和責任卻欠學問。第四，方向不明確，在海外民運的方向上有失衡之處，在中國實現民主自由人權法治，最根本的是現有的政治制度的改變，而非表面的人權的改善。沒有民主制度作為保證，人權是不可能從根本上改善的。」

對於領袖，按中國人的傳統要求，必須是有學問，有觀點，有人品，有膽識和有責任的；德國思想家韋伯認為把政治作為一種志事的人只有具備以下三個條件，才有資格把手放在歷史舵輪的把柄上：堅定的理念，熱情的追求和獻身的精神。除此以外，還必須具有敏銳的政治判斷力，高強的事業心和百折不撓的持久力。目前海內外中國民主運動領袖中很難找出符合上述條件的。海外民運的主流力量一味地著力於敦促西方政府向中共施壓以改善人權，而放棄自己主動將海外民運引向中國大陸。這一做法太失偏頗，而且經時間證明其效力愈來愈弱，須知西方政府在向中

共施壓時，一定會兼顧本國的實際利益，若發生衝突時，一定會
以本國利益為先。海外民運若費盡移山心力將重心引向國內，在
中國掀起新的追求民主自由的高潮，國內民眾會響應支持，一旦
中國的民主運動有望成功，才會贏得馬太效應的支持。

　　海外民運的追求符合全世界的歷史潮流，而中國大陸政權
所維持的則是走向沒落的政治制度，歷史的潮流和趨勢是沒有任
何個人、任何政黨和政府所能阻擋的。中國的海外民運組織和力
量雖然幾經挫折，但畢竟屬朝陽政治；中共一黨專制雖然仍控制
中國，但畢竟屬夕陽政治。日出日落乃自然規律，中國海外民運
組織和民運力量已走上一條推動中國民主化的不歸之路。可以斷
定，中國走向民主是一個歷史的必然。**

1999年6月

** 此文寫於1999年，是作者就讀澳洲西雪梨大學亞洲研究碩士學位的一篇論文，不曾
　公開發表。

芸芸眾「運」

2007年5月8日，再次走上環球行的旅程。前一次是三年前的時候，趕赴美國紐約參加八九民運十五週年的紀念活動。這次反過來走，先去歐洲，後去美洲。前一次沒有特別的要務，就是趕赴民運圈內可能人數集聚最多的地點，煽起一種悲情，烘托一種氣氛。這次出遊將參加兩個會議。一個是5月11-14日在比利時布魯塞爾舉行的第五屆西藏問題國際會議，另一個是5月末到6月5日長達將近10天在美國羅德島舉行的中國民主黨聯合總部海外第一次會議。

一路上遇到那麼多的舊雨新知，就用文字白描一下。

武振榮（韓國漢城）

雪梨時間上午起飛，經過10多個小時的飛行，當日下午漢城時間6點半到達本次全球環行的第一站漢城，這也是我生平第一次踏上韓國。何以我對韓國如此情有獨鍾，是因為韓國有一個武振榮。

寄居韓國的武振榮先生三年前的一篇文章引起我的特別注意，他精闢地分析了民運人士與異見人士的區別，說出我一直想說卻苦於無法準確地表達出的感受，因此我不遺餘力地為之說項，成為我與這位高水準民運政論家開始神交的第一步。以後與武先生不斷的網上往來，從他那裏得到了許多珍貴的只可意會不可言傳的收穫，終於使我下定登門受教的決心。2005年末原想經過漢城拜訪求教，無奈機緣不逢，機位告罄作罷。一出漢城機場關卡，就見到三位旅居韓國從未謀面的民運人士在候機大廳迎

迓，年長身材高壯者就是仰慕已久的武振榮先生，另兩位是他的助手鄧韞壁和來自東北鐵嶺的小吳。

有朋自遠方來不亦樂乎，懷有共同理想和求索的同道雖是初次相逢，欣喜溢於言表。簡便熱情的韓國料理，席地而坐的韓國居所，有點像日本的榻榻米。設施之簡陋，生活之清貧，一覽無遺。位卑不忘憂國，武先生自學成材，對文學、歷史、哲學、宗教、藝術、政治均有涉獵，而且著述豐富。旅居韓國近四年光景，儘管生活拮据，條件受到極大的限制，武先生和小鄧、小吳等人組織起一支人數可觀的民運隊伍，因地制宜，利用有限的資源和方式，不屈不撓地在當地開展與中共專制主義殊死的鬥爭。漢城短暫兩天停留，促膝長談，從搖籃到成長都有透徹的交流，彼此有了比較充分的瞭解和認識，共同的理想和各自的理念也得以交融認同。武先生生於陝西咸陽，乃關西漢子，長年軍旅生涯。文可揮筆成文出口成章，武可提槍跨馬陣前衝殺，智可洞悉細微運動籌劃，謀可運籌帷幄決戰千里，勇可身先士卒不畏艱險。這是我對武先生的感覺和認識，也慶幸我決意登門拜訪求教是明智的，更是值得的。

韓國也有當地人士關注中國的民主化進程，雖然是鳳毛麟角。經武先生的介紹我認識了韓國的崔晃奎牧師，崔牧師對中國的民主化非常關注，對中國的民運人士如數家珍。崔牧師漢語功底不錯，能夠用漢語進行基本的交流，對中國也有特別的情懷，他創辦的中國人教會，主要宣講對象是來自中國大陸的人士，引領他們接近上帝。他的夙願為：信仰中國、聖書中國、宣教中國、和平中國。武先生及其助手鄧韻壁等這些年來多有得益於他的幫助。我不禁問崔牧師何以對中國如此特別關愛，牧師回答：我愛大韓民族，所以我必須愛中國。我愛一個民主化的中國，有了一個民主化的中國，南北韓的統一才有可能。牧師進而建議我：要韓國人民支持中國的民主化，必須把同南北韓的統一聯繫

起來，這樣才會獲得韓國人民的支持。武先生身邊有這麼一位具有民主意識、宗教情懷和世界格局的摯友，真令人欣慰。特別令我感慨的是，韓國人和中國人的民族性的確不同，八十年代初韓國發生光州事件，催生出一個民主化的韓國，而八十年代末發生在中國北京的學運卻歸於失敗。性格決定命運，國民性格決定國運，上天冥冥之中早已指定，那麼中國人只能默默接受安排的宿命。

齊墨（德國法蘭克福）

　　從漢城飛往德國法蘭克福，飛行時間約十一個小時，漢城時間下午兩點起飛，到達法蘭克福是當天下午六點半。從1990年民陣二大上認識了齊墨，算來也有十七個年頭了，從2004年起，接連幾次去歐洲，每次總是少不了打擾齊墨，落個腳，休整一下，給他們全家添些亂，同時還敘敘舊，這次也一樣。

　　齊墨是民陣第四任主席，在第五屆任上代辭職的前主席杜智富，正式當選第六屆主席。民陣1993年遭受來自華盛頓的嚴重挫折，齊墨屬於堅定堅持民陣旗號的民陣中興人物（用齊墨本人對民陣不同歷史時期的劃分的語言：初創時期、中興時期、魏京生聯席會議時期。我稱自2003年10月以後的民陣應屬法輪功和臺灣民主基金會時期），在這個時期這樣的人物在歐洲除了齊墨還有法國的蔡崇國，美國的馬大維，在澳洲可以當仁不讓地說還有秦晉。

　　齊墨主政民陣長達5年，對民陣在低谷的堅持有不可詆譭的貢獻，2002年或2003年他大病一場，幾乎擁抱死神。卸職民陣主席後，主要從事報業發展，夫妻、孩子、母親、弟弟、弟媳一個大家庭生活在法蘭克福，與民運牽涉不多。

　　早在2004年初我就聽聞對齊墨的微詞，對於這些我不能附和，也無法為他辯解。原因是與齊墨的交往主要是遠距離的，距

離容易產生美感，距離的美感使人不能切身體會一個人的品行好壞和能力的強弱。如果評論者與被評論者無個人恩怨和過結，這些負面評論有一定的可信度並可以產生一些有限的影響，但如果評論者與被評論者有恩怨和過節，那麼這樣的評論就不可輕易聽信。

2006年德國柏林會議把齊墨從民陣一擼到底，對於齊墨為民陣立下的功勞、苦勞和疲勞全然不顧，我覺得太有失政治道德倫理，齊墨反而不以為意。為了一家老小的生計，行事低調，不激烈地反對中共，不讓中共將他視為眼中釘，這樣的選擇，本在情理之中。我認為齊墨有權利做這樣的取捨，民陣前主席嚴家祺、萬潤南現在都比較低調，唯獨對齊墨苛刻，不合情理。齊墨出國前曾是中共黨校講師，知識豐富，下筆快捷，從1993年到2003年卸任民陣主席，民陣許多文件均出自他的手筆，可謂民陣的才子。我於1997年回國，中共國安方面對我戲稱齊墨為「民陣文膽」。

仲維光（德國艾森）

第五屆西藏問題國際會議在這裏舉行，來自世界各地約二百多名代表出席為期三天的會議，包括中國大陸背景的人士約十多位。原定達賴喇嘛會出席會議，至少開幕式，但因會議所在地政府受中國政府外交壓力的影響，最終達賴喇嘛未能到場，這是一個很大的遺憾。同時應該承認，中國政府儘管在價值和制度的選擇上不符合世界潮流，但對西方民主國家施加政治壓力往往還是很有效的。會議有很多分組專題討論，參加會議的十餘位中國大陸背景人士被分在不同的討論小組，工作語言是英語，這就極大地影響了這群對中國社會和現政府有深刻認識的人士本應對該次會議提供良好貢獻的作用，其實應該把他們放在一個專題討論小組，也許會對整個會議提出一些建設性的意見和方略出來，這是一個遺憾。

在會場上接觸比較多的是來自德國的學者仲維光先生。仲維光夫婦2003年底來澳洲雪梨參加一個學術討論會，是我們之間的第一次交往，很短暫，個把小時的時間，在雪梨機場，維光兄夫婦離開澳洲返回德國前。維光是一位有深刻思考的學者，可惜我對他的著述的閱讀比較有限，給我感觸更加深刻的是他的熱情好客、古道熱腸，是一位性情中人。近年來維光數次來到南半球的澳洲和新西蘭，有過多次溝通和交流，所以知道在布魯塞爾會有一見。網路上的聯繫與溝通也比較頻繁，不久前為寫一篇文章特意向維光求證有關的論點和論據，維光兄給予了幫助和指點。維光對專制主義的認識可謂鞭辟入裏，鞭撻可謂入木三分，由於我對各種主義和理論比較匱乏，通過與維光的交流，還真獲益匪淺。

錢達（臺灣）

比較意外的是在布魯塞爾又碰到老友錢達。錢達出生在臺灣，對海峽對岸的大陸一往情深，父母是國共內戰結束前夕隨國民黨政府播遷臺灣的公務人員。錢達早於八十年代在美國加入中國民聯，民聯成員楊巍在上海被捕，錢達冒險進入中國，聆聽楊巍案的開庭審訊；後因民聯內部發生裂變，調解不成憤而辭職，旋即加入法國巴黎成立的民主中國陣線，當選民陣首屆和第二屆監事會主席。

我直接與錢達交往始於1991年初，也是直接的衝突。雪梨民陣發生內爭，雙方將狀子遞送總部監事會，民陣內部多處紛爭，監事會主席錢達為此疲於奔命。1993年初華盛頓民運合併大會是海外民運的一次滑鐵盧，雖事過境遷，卻記憶猶新，歷歷在目。老民聯的徐英郎以頭撞牆號啕大哭，錢達、白蒂兒也是淚流滿面，勸解退選的王若望返回會場，姚勇戰坐在牆角狠狠地抽著煙。至今想來，依然情緒激動，潸然淚下。錢達那天留下一段不

朽的退選演說：我們是魔鬼的嬰兒。錢達引用了一首詩：「假如你不是淺薄，就會在痛苦中尋找，我願意在誤解的重軛下，耐心地把你等待。」最後錢達這樣表示：我向大家保證，我一輩子不會退出民運組織，不論有職務否，不論在朝在野，我都會盡自己的一份力量，有職務時盡忠職守，沒有職務時諍言直諫。錢達引用的那首詩，和最後那段話，這麼多年來，一直深深地留在了我的記憶之中，尤其是那段詩，當我遇到挫折和心情沮喪的時候，經常不斷地調整我的思想和情緒。

華盛頓會議以後，我去舊金山錢達家滯留了大概一個星期，每天有很多的交談，令我記憶至今的是一段關於宗教問題的對話。得知錢達原先篤信基督教，從小上的是教會的學校，成為基督徒有十八年的時間，最終放棄了。錢達讀了《老子》，豁然開朗了，《聖經》上的話，都隱含在《道德經》中。錢達對我說，回澳洲以後好好讀一下《老子》吧，中國的國粹和精華都在裏面。錢達一手蠅頭小楷極棒，可惜當年往來的傳真都褪了色，沒有保存下來。有一回傳真發來，其中有這麼一段話：「飄風不終朝，驟雨不終日；不由正道者，必無遠景。」一看便知出自老子的《道德經》，我是聞者足戒，並在今後民運遇到問題時，不斷回想這段文字而自我檢點。

錢達後來當選中華民國新黨僑選立法委員，放棄美國籍，回到臺灣。之後我就跟他失去聯繫。一直到2005年3月的澳洲民運大會，錢達突然出現，老友重逢，又驚又喜。十餘年過去了，錢達對民運的熱情依然不減當年，他沒有變，還是那樣的忘情和奔放，動情演說還是他的一絕，講到傷心激動處，還是淚流滿面，非常感染到會的其他代表。

錢達在政治上追求民主自由，不僅僅是臺灣的民主，更令他關注和投身的卻是中國大陸的民主化進程。在臺灣島內政治板塊上屬藍色陣營，也許是從其他渠道得知臺灣島內政治生態藍綠

陣營的明爭暗鬥會演化在澳洲民運大會上，所以趕來澳洲。我作為澳洲民運大會的籌備人對民運以外的勢力對澳洲大會可能出現的暗中影響竟懵然不知，實為一大失策。一直到了大會第一天澳洲大會將要通過兩項與民運自身發展沒有多大關係的議案《反對中共的「反分裂法」》和《反對「歐盟解除對中國軍售」》，錢達對此提出嚴重質疑的時候才聞出了異味。最終澳洲大會沒有通過民陣提出的議案《反對中共的「反分裂法」》。錢達要先行離開，臨走前做了一段精彩感人的演講，末了引吭高歌一曲，感動得在場的代表紛紛卜前與他握手、擁抱、話別。

馬英九當選國民黨主席，在我看來也許會帶來未來臺灣島內政治板塊的移動和變化，也許會對未來推動中國大陸的民主化帶來我所期待的希望。抱著這個夢想，托錢達幫助活動以期未雨綢繆。錢達重視我的建議，聞聲而動，得見履新馬主席。回告我，耐心等待，以靜制變。我視錢達為難得的良師益友，他感情充沛，豪情滿懷，時開懷大笑，也常淚濕衣襟。

蔡崇國、侯芷明、孫維邦、鄭欽華（法國巴黎）

巴黎到過好幾回了，每次總得見一見老朋友蔡崇國，老蔡八九年流亡海外，有很深厚的理論功底，每每開會他都有一番宏論，這次老蔡偏偏不在。在布魯塞爾的時候，遇到了法國長期關注中國人民主和人權的漢學家侯芷明，約定了在我到巴黎的時候再好好談一談。

按約打電話過去，侯芷明很熱情，一定要請我吃個飯，巴黎地界不熟，找了1979時期的山東青島的老民運戰士孫維邦做伴，一起去拜會侯芷明。當年孫維邦曾經利用一天的工餘休息時間從青島坐火車到北京西單民主牆張貼大字報，由於對中國底層民情的深刻理解以及文字的犀利，許多北京市民自發地呵護孫維邦的

大字報達一個月之久。孫維邦兩次入獄，總共刑期超過18年，命不好，在山東青島，國際社會關注不到，老老實實地服滿刑才出獄。孫維邦有一句最為值得回味的一句話：「豆芽菜也可頂翻大磨盤。」我的解讀是：別小看了基本民眾單個弱小無力如同豆芽菜，只要同心向上，照樣頂翻看似強大的專制主義大磨盤。

受託徐文立在巴黎的時候拜會鄭欽華。這位鄭欽華原來是淡出民運江湖多年的前民聯副主席柯力思。早在1970年代末，鄭欽華求學北京，關注中國的前途，與民主牆時期的徐文立結下莫逆之交。後成為王炳章創立的海外第一個民運組織中國民聯早期盟員，1989年王炳章因黨盟分家事件淡出民運，定居巴黎。通過鄭欽華獲得了1989年初民聯內爭從未聽說的一方說詞，更加理解民運脫離本土在海外堅持的困難程度。

由孫維邦引領，按約定時間登門侯芷明府上。坐定，上茶，小點。談的是民運和人權。侯芷明一口流利的中國話，我不禁讚歎。侯說還是一位小女孩的時候就到北京讀書了，學會了中國話，也瞭解了中國。快是晚飯的時候，侯芷明建議去用餐，附近找了一家中國餐館，特別說明，蔡崇國不在，但很熱情地先墊下了這頓晚飯的費用讓侯芷明代為款待來自南半球的我。我也藉此機會向老蔡表示謝忱。飯桌上又談了很多，從中國的生活經歷到成年後繼續對中國的關懷，與海內外民運和人權人士交往共事，有興奮也有傷心。侯芷明也許是我所知的法國漢學界中，除白夏以外，對中國前途有如此關懷的碩果僅存的一位。

岳武（法國巴黎）

巴黎有一個備受爭議的民運人物——常以燕南人的筆名在網上寫文章的岳武。1989年天安門學運高潮時，岳武正值出差北京，熱血沸騰捲入運動。學運被鎮壓以後被通緝，一路向南奔

逃，天緣巧合搭上一條便船，在靠近澳門水域的時候跳水泅渡澳門獲救。正好法國政府大門敞開，提供天安門事件流亡者政治庇護，也就轉道去了法國。9月份流亡者在巴黎成立民主中國陣線，岳武當選民陣總部監事。大概是1992年的時候，從越南潛回中國，到了北京天安門廣場，回想起從前這裏曾經人聲鼎沸，民運高漲，不禁淚如雨下。1993年初華盛頓會議上岳武參加主席競選的演說詞，一聽就令人發笑：「以知識分子和留學生為主體的民運組織是沒有力量的（這分明是當著和尚罵禿驢）。如果我當選新成立的組織的主席，我將聯合起所有海外的民運力量，以工人和農民為主體，結合留學生和知識分子，以歐洲和北美為民運的大本營，以澳洲、日本和香港為前沿陣地，向中共發起一輪宣傳戰……。」岳武有點說單口相聲意味，東北腔，說話帶著一點口吃，他走到哪裡，調侃到哪裡，眾人就在那裡笑得前仰後合。

　　岳武做事常出人意料，1993年中與香港的劉泰和楊崢一起到澳洲，考察在澳洲下屬的自由民主黨分部的民運工作。竟發現這幫人根本不是什麼從事民運的，全是一幫借民運名義搞身份的人。一怒之下，三個人一商量，以中央的名義做出決定不承認這個地方分部，並且予以解散。然後重新拜訪當地的移民局，通知移民局他們的決定。第二天聽到了這個故事，真笑破了肚皮。

　　岳武之後又有兩次進入中國，都是從越南進入，輕車熟路的。1998年送民聯陣－自民黨主席王策博士進入中國，進了中國境內就分手了，岳武原路返回。王策隻身前往浙江，帶著保證中共三十年執政地位不變但必須制定政治民主化時間表的計劃，會見新一輪組黨運動的首發者王有才，被抓，同時有了「王三十」的稱號。王策被抓，岳武安然無恙，引起了坊間的猜疑，岳武是否與中共暗通款曲。2002年六月與中國海外民運創始人王炳章博士一起在越南境內被綁架回中國，半年後被放回法國，而王炳章被判處無期徒刑。疑慮更起，又把王炳章送進了中共大牢，自己

卻又是安然無恙。1995年夏，蔡崇國陪我拜會岳武，岳武表示海外民運就是缺乏像王炳章這樣的勇者，岳武家裏保存與王炳章個人交往的信物，且王炳章走越南只讓岳武同行，可見岳武對王炳章是敬服的，王炳章對岳武也是信任的。岳武送王炳章進中共大牢自己全身而出的疑問想當然成分大，當然岳武的這個清白有待中國發生政治變化、王炳章獲得自由身的時候方能徹底還給。王策重新獲得自由已經多年，王策與岳武依然保持良好的個人友誼，那麼在王策問題上的疑問應該不攻自破。日後走訪西班牙的時，我有機會就這件事情問了王策，王策的回答是，1998年潛回國內，是王策去找岳武幫助，而非岳武主動慫恿，王策被抓失去自由多年，責任不在岳武。

岳武是一個很有才氣的人，離開中國的時候已經四十出頭，在中國沒有學歷和文憑，現在年近六十，居然能夠靠街頭作畫為生。岳武曾在巴黎埃菲爾鐵塔下領導好幾十位中國畫家為了生存與其他族群（如俄羅斯和中東地區）的畫家展開虎口奪食的肢體鬥爭，在岳武有魄力的領導下，取得輝煌的勝利，穩定了巴黎幾個旅遊景點畫區中國裔畫家的生存環境。因此，岳武更有機會得到名師的指點和代勞，經由在巴黎街頭作畫獲得一份說得過去的飯轍*。岳武現在信心更足，居然在網上公開他的作品，接受他人指點江山。我不懂這玩藝，看不出好與賴，但衝著岳武這個膽子，知道這個活就不會是假的。

看岳武寫的東西，會笑得噴飯，也會笑出傷感的眼淚。1998年的時候，岳武曾經寫過一篇文章這樣描繪民運的狀態：「現在全球各地的民運組織大都是無兵、無將、無錢、無帳；本應是一場轟轟烈烈的民主運動，卻演變成了冷冷清清的『名人運動』；在民運的棋盤上，小卒子失業，車、馬、炮下崗，只剩下將、

---

*　「飯轍」是中國北方的用詞，表示謀生的一種手段和能力

士、相，不管共產黨的棋局如何調兵遣將，立陣佈勢，民運一方只能支士飛相，絕不過河。」很形象，很具體，很真實。這段文字，一氣呵成，讀來上口，細看卻很傷心，民運就是這樣的狀態，一點都不假。王若望去世，岳武寫了一片題名「王老戒煙」紀念文章，前面部分還是那個路數，幽默，讓讀者笑得噴飯，後面部分讀來感覺是傷心的幽默：「剛接到消息，說改革開放，閻王那邊也過聖誕節了，連新年一塊放的還是長假。陰曹地府各機關現在不辦公，王老註不了冊，還站在望鄉臺上，他聽得見我們的呼喊，聽得見我們的悼念，王老多麼希望民運有一個新氣象。」岳武借題發揮了：「民運不是劉禪，應當是劉邦。我們要凱旋歸故里，高唱大風歌。」我非常喜歡這段文字，不時拿出來讀，讓自己笑一笑，讓自己哭一哭。

岳武很得罪人，在巴黎朋友不算多，很多人都跟他翻了，固然有他的很多不對。他自述中有自我認識和悔悟，包括對巴黎侯芷明女士的傷害，可惜覆水難收。岳武的內心和外在的表現可能會出現距離，常以插科打諢的方式寫些讓人不解的文章，比如「我為胡哥搓把澡」、「我為胡哥捏把汗」之類的，甚至罵罵民運的。其實是無奈和內心不平衡，來自於民運的不爭氣，以及他對民運的熱切卻出於人際處埋不當被擠了。民運應當是劉邦，高唱大風歌凱旋故里才是他內心的真實一面。滿腦子想的是如何「奪共產黨的權，賺資本家的錢」，已經六十的人了，還一事無成，怎不心寒，行動懶散。民運對同道應不以一眚掩大德啊。

王策、黃河清（西班牙馬德里）

在西班牙馬德里的民運和異見人士好像都是浙江溫州人氏，民聯陣自民黨主席王策博士是，曾同學萬潤南於清華的民陣創會成員李力也是，自學成材、悲天憫人的黃河清還是。歐洲好像

是溫州人的天下，尤其在拉丁語系的國家如西班牙、葡萄牙和法國。

黃河清內心如一團火，溫暖人心。當得知天安門毛像潑汙的湖南三勇士之一的喻東嶽處境艱難，便勇於作為，大聲疾呼，在全球發動廣泛的捐助，提醒曾是同難之人動些惻隱。河清性直善感，特別關愛流亡海外的長者，王若望和劉賓雁先後離世，河清先後為兩位逝者文集的編輯。河清去年末到澳洲，有緣一會。多次去歐洲，唯西班牙未曾一遊，因此特意旅遊西班牙，藉此機會回訪河清，同時再見王策和李力。性直的河清，是非曲直講當面。雖然見面初次，也不講客套，直言表達。我與河清的兩次見面中，就有過兩次不同看法的爭執，各自堅持己見，互不相讓。也正因為如此，河清的品性令我讚歎。

王策博士領導過一個民運組織「民聯陣－自民黨」，1998年為推動中國民主化也曾經坐過中共幾年牢，殊不知還寫得一手好字。聽河清介紹，王策在用獄中使用的鐵筆練一種失傳了八百年的「游絲草」書體，建議我向王策索要墨寶。王策說需要一種心境才能寫就。我理解雖不一定是經過焚香沐浴，但總需要達到某種意境才可一筆揮就。

金曉炎（英國倫敦）

這是我第三次到英國，每次到的都是倫敦。第一次是1981年的3月初的時候，經過一個多月的海上航行，過臺灣海峽，進南中國海，停留馬來西亞檳城，走馬六甲海峽，入印度洋，掠斯里蘭卡科倫坡，穿亞丁灣進入紅海，經過蘇伊士運河進入地中海，走直布羅陀海峽進入大西洋，搖來晃去淌過比斯開灣到英吉利海峽駛入泰晤士河停泊倫敦港。以後又一路走比利時的安特衛普，荷蘭的鹿特丹，西德的漢堡和不來梅。第一次用眼睛到西方資本

主義國度，也第一次發現那裏的人民沒有生活在水深火熱之中，而是幸福愉快地生活得比我們在中國要好得很多很多，更是第一次用事實向我做了證實，在我的內心產生了很大的震撼：一直在我心目中偉大的祖國，偉大的黨和偉大的政府沒有對我說真話，我被欺騙了。從此開始了對中國社會和現狀的重新觀察和認識，也開始學著反過來解讀中國政府的宣傳和輿論一律的政治社論。

去倫敦市中心是一個星期天，一天以內春夏秋冬四季全有了，難怪英國人見面打招呼是以問天氣開始的。白金漢宮門前，衛隊換崗，馬隊前面開道，儀仗隊吹吹打打，後面皇家車輦，裏面坐著英國女王，還不時地伸出手來向兩旁觀場的民眾揮手致意。那天是女王迎接一個來自非洲國家元首，哪一國的就不知道了，聽一位倫敦市民說的。

本來放棄了這次去英國的機會，因為從歐洲大陸進入英國行程安排比較麻煩。在劍橋攻讀的鍾錦江建議我來一下英國，正好看一看名勝劍橋，另外民陣老友金小炎和1998年以後一直為英國民陣扛著旗號的稅利也該會一會。到英國三次，說實在沒有好好觀賞英國倫敦的景致。儘管兩次金小炎都帶著走動，去了好些地方，就是沒有好好記下來，有點像豬吾能吃人參果，囫圇吞了下去，沒有嚐到味道。

英國民陣的金曉炎女士是1989年民陣創立時的老會員，也曾擔任民陣英國分部主席。她參加過1990年舊金山民陣二大，她給我的印象是一位非常投入的、有責任心、有持久力的熱心熱情人，站在臺上能說，提起筆來能寫，而且中英文俱佳。過去民陣的國際會議金曉炎參加了的不少，像1990年二大，1993年華盛頓會議，1995年瑞典會議，1996年肯塔基會議，1998年多倫多會議因病未參加，但凡與民陣或民運有關的會議上，不論在歐洲還是北美，總能見到她。

金曉炎在英國一直堅持參與民運和民陣組織。當年民運如火

如荼，留學英國的學人大多投入民主活動，連大腕影星現在還紅於中國的張鐵林都曾是英國民陣分部的理事。奈何當年民運門庭若市人頭攢動，如今門前冷落車馬稀。但不論是擔任民陣總部監事，還是沒有任何頭銜，金曉炎總是一如既往，初衷不改，始終與其他在英國的民陣成員堅持民運和人權活動，讓民陣的旗幟在英國高揚不倒。

2006年的柏林大會，金曉炎曾告訴我她會去，儘管她對舉辦該會議有不同意見。但後來因為會議組織者不做任何說明就把會期改了，她因事無法脫身，只得放棄參加柏林會議。儘管不能參加會議，她依然和其他英國民陣成員一起盡心盡力在極短的時間內，幫助大會組織者翻譯民陣的宣傳資料，並對此宣傳資料中的不妥善意的提出建議。不過建議並未被接受，反遭斥責。在柏林會議中的所有文件中，都沒有英國民陣分部的名字，甚至在那份宣傳資料中也沒有，民陣英國分部在民陣中應該具有的地位被無意的疏漏抑或有意的否定和抹殺？這就是英國民陣在柏林會議後，更加獨立自主地在本地區進行民運活動的原因。英國民陣的朋友們長期堅持民主理念，相信民運的多元化發展是健康的，有益的。英國民陣願意繼續保持民主中國陣線自1989年創立以來，在中國民運中長期堅守的原則及運作風格。

十八年來英國民陣的朋友們努力面對中國大陸風起雲湧、此起彼伏的民主，人權和維權運動，不斷發出自己的聲音，提供力所能及的支援和幫助。英國民陣面對2008北京奧運，也配合全球民運和人權組織，發表自己的文字聲明並參與具體行動，表現出自己的作為，真正做到了民陣的「旗幟不倒，隊伍不散，聲音不斷」。用她自己的話說，「無論怎樣，我們只要堅持下去，讓民陣的旗幟不倒就是我們對得起天安門廣場上的吶喊和奮鬥了」。

杜智富（加拿大渥太華）

去加拿大沒特別的事，就是見見民陣第三任主席杜智富，一轉眼三年沒有碰到了。去過渥太華三次，都住在老杜家，這次老杜換了新居，買的是新房，而且還大了一些。

老杜生於中國青島，父輩曾經比較殷實，1949年大陸政權易手，好景不再。解放軍進入青島，老杜的父親被拘押，旋即又釋放，抓緊機會趁青島香港還通航，買了船票，隻身逃亡，才算躲過一劫。站穩腳跟後，將家人接到香港。

老杜在香港完成中小學教育，在臺灣完成大學教育，大學畢業後移民加拿大，是民運中的兩岸三地人物。老杜的婚事說來是件趣事，在一次學校典禮上，老杜的太太自我介紹姓冷，叫若冰。老杜聽了以後也上去自報家門姓熱，名如火。這個玩笑成全了他們姻緣。

老杜表現儒雅，在民運圈中一直享有比較高的接受度。我跟老杜的認識是從1993年初華盛頓民運合併大會時候開始的。華盛頓會議是中國民主運動里程中的重大一幕，但凡親身經歷者也許都有著刻骨銘心的記憶。來自世界各地近兩百來位民聯和民陣的會議代表以及嘉賓封閉在這個會場裏，三天四夜昏天黑地地進行民運內部的激烈鬥爭，那個火爆場面，至今想來還深感痛惜。老杜在大會上提出民運組織應採取扁平形草根性組織結構，並相應的提出了七個章程議案之一，老杜的扁平形章程深受歐洲和澳洲代表的支持，可惜沒有被大會接納，老杜在會場上幾次努力試圖調和內部紛爭，都未成功。雖然老杜華盛頓會議上當選新合併的組織民聯陣總部理事，但是老杜繼續努力推動華盛頓會議上造成的民運巨大裂痕的癒合，與錢達共同提出民運癒合的緊急呼籲，會議之後三個星期我到舊金山，碰到了老杜，老杜向我表露了這層意思。4月底就辭去了理事的職務，返回民陣，在同年11月澳

洲墨爾本舉行的民陣三大上當選民陣監事會主席。

民運自從華盛頓會議以後一落千丈,隊伍急劇萎縮。民陣經脈枯竭,人脈凋疲。1996年美國肯塔基民陣四大上接替前任萬潤南出任民陣第三任主席,真有點像受任於敗軍之際,奉命於危難之間。老杜接任後不久出訪民陣在歐洲、日本和澳洲分支機構,檢視隊伍,計劃重整。其時民運景況如冷落清秋節,老杜因而開創了民陣幹部自掏腰包幹民運的辦法,民陣理,監事每人每年定額捐獻的方法就是從此開始的,其用意就是要保持民陣政治上獨立自主的風格。老杜個性也很具有獨立性,不依附他人和其他政治勢力,凡事總是秉承這麼一種形式風格,不卑不亢、不張不揚,分寸拿捏的火候掌握得恰到好處。反觀今天的民陣領導人,自立自強的風格已經不再,活脫一個替人吹喇叭抬轎子的小丑形象,為一碗紅豆湯可以出賣自己的長子權,怎不令對民陣懷有政治期盼人士的心寒齒冷。

老杜擔任民陣主席的時候表現出了謙和大方、尋求高效、謹慎沉穩、行事內斂的民陣特有風格。這期間民陣與其他民運組織重建了友好關係,尤其是與民聯的合作,共同支持當時國內組黨運動期間產生的民主黨的後援工作。

1998年民陣和民聯共同推動魏京生出面全面重新整合海外民運,雖然形成了聯席會議鬆散民運新體系,但最終以魏京生有限接納聯席會議的初始成員組織以及不接受選舉制而功虧一簣,留下比較大的遺憾。老杜因而辭去民陣主席一職,這個事情對民陣和老杜來說都是一個巨大的損失。

我在2004年去北美,建議民陣新領導人啟用民陣老人馬,如前任主席杜智富,發揮其特長為民陣開拓北美外交空間。老杜安排了加拿大外交部和國會議員與民陣的會談,也安排了美國華盛頓國會律師團律師與民陣會談,交換營救楊建利的意見。這些活動都得益於老杜的個人外交能力以及對民陣的真實情感。新領導

人情不自禁得隴望蜀希望老杜回到民陣，老杜有條件地同意了，新領導人承諾澳洲大會期間具體兌現。澳洲大會業已完畢，此項承諾尚未兌現，我提了出來，副主席盛雪表示老杜的要求不符合慣例，不可接受。新領導人馬上附和，我吃驚地看著語塞，食言無信，令人瞠目。我不禁想起這麼一段來自《左傳》的文字：「武夫力而拘諸原，婦人暫而免諸國，墮軍實而長寇讎，亡無日矣。」

　　這次來到渥太華，發現老杜雖然離開了民陣多年，但對中國的前途和民運的大方向依然關切，老杜認為民運對未來中國政體的改革應有更深入的探討和自我提升，老杜這幾年也沒有閑著，近年開始重新學習，回到課堂為中國的民主運動探索新的理論。並致力於中國未來政體改革方面的研究和寫作，對人權理論、外交政策、聯邦制、農村改革、兩岸關係、國際金融體制等都有文字發表。

美國的角色

I

　　華盛頓，美國先賢，創立美利堅合眾國的偉人；華盛頓，世界最發達民主國家的首府；華盛頓，中國民主運動遭受重創之地。1993年第一次經歷，異常的痛苦和辛酸，經歷三天四夜的艱難折磨，帶著一顆傷痛的心失落惆悵地離去。

　　闊別十一年以後再去，是另一種景象，輕鬆地趕過紐約舉行的八九民運十五週年的集市以後，來自澳洲的9人一起趕赴華盛頓，看看白宮、林肯紀念碑。正逢前總統雷根新喪出殯，華盛頓街頭人山人海，來自澳洲的雷根崇拜者，其英文名也叫雷根，一定要見見這個陣勢，這是千載難逢的，華盛頓永遠在那裏，下次來還會是這樣，但是雷根的葬禮是絕無僅有的，過了這個村就沒

有下一個店，一定要參加葬禮。苦熬了一整天，錯過了返回紐約的順便車，又受了點涼，到紐約的時候感冒了一場，不過心裏還是挺痛快的。

　　雷根總統是近代世界史上一位偉大的政治家，早在1982年6月的時候，他就在英國國會做出過一個世人懷疑但是不到十年之內便得到初步證實的偉大斷言：蘇聯是一個邪惡的帝國，正義最終戰勝邪惡，共產主義和所有的獨裁政權一定會被掃進歷史的垃圾堆。1987年6月12日，柏林牆倒塌前兩年，雷根在德國勃蘭登堡門前做下了不朽演講，直接挑戰當時蘇聯總書記戈爾巴喬夫：總書記戈爾巴喬夫，如果你尋求和平，如果你尋求蘇聯和東歐的繁榮，如果你尋求自由和解放，請到門前來。戈爾巴喬夫先生，打開這扇門。戈爾巴喬夫先生，拆毀這堵牆。一年前有幸到德國勃蘭登堡柏林牆的遺址，同行的亞當斯博士，澳洲工黨議員的辦公室主任，手指著雷根總統演講的地點對我說：「看，秦晉，就是這裏，美國總統雷根在1987年向前蘇聯最高領袖戈爾巴喬夫以及共產主義世界提出了強有力的挑戰。」雷根在我的心目中非常的高大，他的偉大在於東西方對峙強烈之時，他目光深邃，信心十足，勇於承擔，真做到了世人皆睡他獨醒，世人皆醉他獨清。

　　美國歷史上出現過兩次父子先後擔任總統事例，前一次的年代久遠了，不說也罷。現在的美國總統小布希也是子承父業，我個人覺得現任總統小布希比他的老子老布希要出色，青出於藍勝於藍。儘管小布希遭人詬病的有很多，我對他還是情有獨鍾，他也是敢於作為、敢於承擔的一位政治領袖。雷根指稱蘇聯為邪惡帝國，小布希提出了邪惡軸心，當然沒有把共產主義中國包括進去，這應該與當今世界普遍的新綏靖主義有關。今年6月12日小布希出席了建立在華盛頓的共產主義受難者紀念碑的揭幕典禮，我默默祈禱願神保佑出現二十年前雷根勃蘭登堡門的效應。

美國建國才兩百多年，很得上蒼的惠顧，一舉成為領先世界的頭號強國，已經持續了六十餘年了，還將持續下去。我看美國即將按天意譜寫歷史新的一頁，出現女總統，夫妻總統，先夫後妻總統。如果美國民眾不接受這個安排的話，這段可以流傳子孫後代歷史佳話就永遠不復出現。

　　在華盛頓有一對篤信基督的夫婦，他們內心世界的亮麗以及行為的豁達很是感人。最讓我感動不已的是這麼一句話：只要是主內兄弟姐妹，只要是還記得住1989年天安門前的一幕並且繼續為之奮鬥的，都能在我家有夜宿晝食。幾次打擾他們，內心總有惴惴不安。正好我與他們也有一些相近或者相似的語言，就是對神的我個人的理解和認識。藉此機會說一下，權作內心深處的思想交流吧。

　　神是一種超自然的力量，他主宰我們這個世界，我們這個星球，以及整個宇宙。聖經上說人類是按照神的形象被創造的，我作為人無法驗證，只能簡單地信和不信。

　　我的理解是任何生命都是無始無終的，人的生命不是通常意義上的從生到死。因此，生命的意義就不僅僅是從搖籃到墳墓。在這個世界裏的存在只是生命長河中的很小的一段，在這個世界裏也許有平均六十到八十年的時間，但是相對在整個生命的長河就實在微不足道了。認識到了這一點，我們作為人就沒有必要對這個世界裏的輝煌和榮耀太刻意追求了。

　　我相信公平法則，在這個世界裏多得了，那麼就應該在以前或者以後的世界裏要有所失去。我相信每一個生命體到這個世界裏來是應該按照超自然力量或者神的意志完成某種使命的，我們如果用心，可以感受到在這個世界裏的一言一行是受到了某種自身意識之外的力量的引領。

　　應該承認我們人類是很渺小的，微不足道的，我們的生命也是十分脆弱的，我們生存於這個世界或者離開這個世界都不是由我

們自己決定的，都是由我們的主宰，我們看不到、悟不透的超自然力量控制的。我們在這個世界裏做的每一件事情，他都觀察著。

II

這次再到華盛頓，除了拜訪幾位與人權和民運有關係的朋友如作家鄭義、主要從事中國人權活動的勞改基金會的吳宏達、廖天琪和陳奎德等人。更放在心上的一件事情就是拜會美國國家民主基金會。這個機構的英文名稱是：National Endowment for Democracy。

美國國家民主基金會成立於1983年，是雷根當政時期對付國際共產主義的一個政府資助的非政府機構，其目標就是強化全球民主機構通過非政府的運作並努力推廣民主政治，每年撥出款項支持非洲、亞洲、拉美、東歐和前蘇聯等非民主國家和地區的政治和經濟的自由發展、促進這些地區公民社會的發展、鼓勵新聞自由和新聞從業的獨立性、推動非民主國家的人權改善和政治制度趨向法治化。

去年八月，美國國家民主基金會主席卡爾·戈什曼訪問澳洲，有機會得以一會，乘此機會瞭解一些基金會的運作方式。基金會的運作方式很紳士化，很費爾潑賴（fair play）。前總統卡特非常關心全球的人權問題，也關心中國的民主化進程，尤其是中國鄉村的村民選舉，在他們看來這將是中國民主化的起點和前奏。殊不知中國政府很有辦法，很多年來這樣的村民選舉就是原地踏步，對民主化有標誌意義的自由選舉一直停留在中國政府需要愚弄國際社會和國際友人的地步和範圍。這是從袁世凱那裏學來的專門糊弄洋人的法子，可是西方人士還一直為此感到成績卓越。

中國近代史上也曾出現過幾個很有政治遠見的人物，但是這些人大都只是幕僚，不在主導政治變化的關鍵性政治地位上。最值得一提的是滿洲國總理鄭孝胥對中國幾個歷史階段的興替所

做出的分析和預測：滿清亡於共和，民國亡於共產，共產亡於共管。中國的政治反對派內也有幾個很有政治智慧和政治遠見的人，平心而論，我很受益於他們。我們討論分析過，借鑒以往的歷史經驗，但凡一次重大革命性變革到來的時候，在人們不注意看到的地方總有一股無形但非常有力的力量在後面推動，有思想觀念主導的力量，有強大的軍事力量，更有雄厚的經濟力量。美國獨立戰爭的勝利依靠法郎，中國辛亥革命依靠日元，俄國十月革命依靠馬克，中國共產革命依靠的盧布。當今的中國民主運動期待在中國大陸得以成功靠的是什麼，除了思想和理論，更加實惠有效的是財源。現在民運自然不能見效，民運目前所擁有的，主要的只是口號和文章。巧婦難為無米之炊。

　　西方民主世界對中國的民主運動不太上心，遠沒有把民主主導世界政治發展提到議事日程上來，更談不上把推動中國的政治變化提到議事日程上來。推動全球民主化、爭取在2025年之前將以中國共產黨為首的剩餘的40餘位獨裁者攆出歷史舞臺、實現全球民主化的宏偉設計還尚在少數幾位理想主義者，如前美國駐匈牙利大使、雷根總統英國國會演講稿起草人馬克‧帕瑪等人的構思之中。類似打太極拳練站樁功的身體鍛煉比較容易得到讚賞和鼓勵，渾身肌肉突出怒目圓睜上臺打擂的對抗性衝擊一般不易被接受。以民運組織的名義進行政治性操作，推動中國發生政治轉型的政治性運動，主流民主國家在目前階段是不會支持的。

　　早年尚在搖籃中的蘇聯就很顯得有政治技巧和智慧，為了打破他們的孤立處境，開始在東方認真地尋找同盟者，在莫斯科建立起中山大學，專門為中國革命提供理論提高、幹部培養和軍事訓練。目的非常的明確，就是輸出革命掀起國際共產主義運動的狂潮。如果說當時留學歐美的學生把他們記著科學與民主內容的課堂筆記和書籍，也許還連同他們的夢想一起帶回中國的話，那麼從莫斯科回來的中國共產黨人帶回來的卻是建立一個國家政權

芸芸眾「運」

067

的具體施政綱領和具體的方式手段。可以說中國共產黨和在1949年建立的中華人民共和國都是蘇聯共產主義運動的催生產物。現在世界共產主義運動早就式微了，但是民主世界還是那樣的麻木，看不太清楚世界發展相對西方民主的有利局面和趨勢。很多年前澳洲的一位國會議員安德魯博士問我，中國民運在中國政治推手中有什麼王牌可出。我回答無牌可出，政治王牌在別人手裏，我們拿不到。是以流亡海外的中國民運組織和人士對此感到一籌莫展，萬般無奈。

III

美國自從二戰後一躍登上世界霸主，至今已經六十餘年，其地位依然固若金湯，未見絲毫衰敗跡象。但是這六十年來美國在國際格局的縱橫捭闔中屢屢出錯。

雅爾塔會議將中國在太平洋戰場獨自戰勝日本的勝利果實無端讓史達林分享，使得蘇聯有機會染指遠東，首先將朝鮮半島一裂為二，讓蘇聯獲得與美國為首的西方民主力量軍事上分庭抗禮的地利。削足適履的馬歇爾計劃困死了仰賴美援心氣不佳的蔣介石，將中國大陸拱手相讓共產主義世界，埋下了韓戰的種子，庸人自擾地引來長達四十年之久的東西方冷戰。首鼠兩端越南撤軍引起共產專制再次高漲席捲印度支那，造成生靈塗炭百萬之眾，印支逃難船民投奔怒海飄流世界各地。

和平社會仍然需要警察維持治安，國際社會也需要世界警察對付流氓國家的無賴行徑，美國自領國際警察的使命，由於過分強調國家利益至上，在中東和東南亞扶持專制集團，有悖西方民主國家時常宣示的民主人權普世價值觀念，當真的希望展現道義形象的時候往往容易被人質疑其真實性。1996年臺海軍事緊張，美國又一次表現得猶抱琵琶半遮臉，國務卿克里斯多夫沒有發出保護民主大家庭一員的政治實體中華民國的鏗鏘之言，卻說美國

派航母產生威懾作用是因為那裏有它的利益，底氣很是不足。就如同管仲伐楚責其包茅不貢。

911改變了世界格局，美國未能宜將剩勇追窮寇，尚未將恐怖襲擊的主謀捉拿歸案，卻迫不及待地出兵伊拉克，雖然很快摧毀了薩達姆政權，但至今未能在伊拉克建立起行之有效的民主政府，恢復當地的社會治安和秩序，反而使恐怖襲擊幾乎天天發生。一個世俗政權被推翻了，卻打開了被薩達姆封死了的伊斯蘭原教旨極端主義的魔盒。困境下美國要撤兵了，工程尚未完成就要撤走資金和專家。留下的空間將由相互為敵的什葉派和遜尼派之間激烈衝突填補，這個世界將更加動盪不安，極端恐怖主義者一旦獲得大規模殺傷武器，他們將毫不猶豫地立刻投放使用。

1972年尼克森訪華，在上海的一位老銀行家、陸小曼表弟吳耀南先生不禁老淚縱橫：這下完了，美國來救了中共的性命，中國老百姓不知又要等多少年才能擺脫中共的奴役和統治啊。恰巧澳洲著名歷史人物畫家沈嘉蔚先生有一幅模擬畫，用他的作品描寫了1972年美國總統尼克森訪華這段歷史，惟妙惟肖地刻畫了這段歷史背景下含義和後果。

這幅畫是模仿唐代畫家閻立木所作的《步輦圖》，原畫《步輦圖》描繪的是貞觀十五年，唐太宗會見吐番（今西藏地區）贊普松贊幹布派來迎親的使者的場景。坐在「步輦」（相當於轎子）上的唐太宗，看上去像是在閒暇時與老友聚首，如有靈的兩眼及無動於衷的神態，露出了尊貴的光亮。站在最末端的譯員因地位低下而面見皇上惶恐不安。而穿紅袍的禮官有著見過世面的老練、圓熟。祿東贊是自吐番遠來的使者，他滿面鬍鬚，面露疲態，同時莊重、誠懇，與他面見皇上時應當保持的崇敬，及與所肩負的使命的重要性相適合。

澳洲畫家把原畫中的幾位重要人物改了，把坐在步輦上的唐太宗換成了毛澤東，站在上首穿紅袍的禮官換成了周恩來，把吐

芸芸芸眾「運」

069

番使者換成尼克森，把譯員換成了基辛格。模擬畫的歷史和政治含義就立刻不言自明了。不久前一位來自日本的記者看到了這幅畫，一定要一幅，我給了他，並向他解釋了其中的政治幽默和含義。やあい，原來有這層含義，如果把畫上的尼克森和基辛格改換成田中角榮和大平正芳，其他什麼都不用動，那麼與中國文化淵源更相近的日本人就更加能夠理解這層幽默和意義了。

傅家兄弟（美國紐約）

紐約的地理位置與中國的天津和大連差不多，基本上屬同緯度。我去紐約的時候是冬夏兩級，夏天熱得如火爐，冬天凍得像北極。走進法拉盛，就像回到了中國的上海，髒、亂、差這裏都有了。這裏還有一個很大的華人社會：淘金時期的好幾代的老移民、大陸政權易手以後移居美國的中國移民、中美建交以後通過各種途徑定居下來的大陸新移民、近年輾轉到達的福建偷渡客。

中國政治異見人士和民運人士流亡海外，很多人的首選地為美國。在美國主要生活在美西的舊金山和洛杉磯以及美東的紐約和華盛頓，除此以外的美國各州的這群人士的居住比較零星。美國又以紐約為這些人士的定居首選，根據自己的粗略目測，光紐約一地就可以開出一支人數可觀的民運部隊，很多有影響力的人物都在紐約或者紐約周邊地區生活，若真有什麼重要的事件，可以做到召之即來，來之能戰。紐約是中國海外民運藏龍臥虎之地，儘管對紐約的環境印象不是太好，但是每次到美國，基本上必到紐約。

傅申平、傅申奇兄弟是來自上海的民運人士，先後到達美國，都在紐約定居。出國的時候都已經是四十好幾奔五十的人了，估計在上海的時候沒有學過英文，在美國這個英語世界裏，生活還真不容易。

傅家兄弟是上海民運圈內的資深人士了，當北京有西單民主強的時候，傅申奇等人在上海人民大道也來拉開了場子。1992年的時候，傅申奇、王輔臣和張憲梁三位被上海拘押，我當時還組織了民陣紐省支部的一大群骨幹和會員到中國駐雪梨的領事館門前抗議過。

　　1998年6月初開完加拿大民陣第五次代表大會到紐約，在王若望家裏見到了傅申奇，第一次建立起直接聯繫。給我的印象傅申奇還是激情高昂的，對民運當時的狀態很是不滿意，對民陣也很有看法。他當時和王炳章、工希哲等一起搞一個叫民主正義黨的組織，在美國和海外後援國內的組黨運動，要求我在澳洲也搞一個，我滿足了他們的要求做了，成效如何天知地知。

　　傅申平去國赴美前不久被上海公安扣押，罪名是「偷竊自行車」。這是近年來中國方面的一大發明，就是把政治問題刑事化。大概就是那個時候，流亡美國的張林和魏泉寶返回中國，希望用具體的行為來推動中國的政治變革，卻被中國政府安了一個「嫖娼」的罪名課以勞教，與政治毫無關係。這是將海內外從事民運的政治人士醜化的極好極有效的方法，可悲的是海內外不少糊塗人對中國政府的新手段看不明白，還對中國政府給政治反對派安上的各種刑事罪名疑疑惑惑似信非信的，其惡果就是如今仍在中共大牢內煎熬的王炳章和彭明在海外獲得聲援的聲音非常的低弱。

　　2001年末去美國紐約，住在傅申平家。傅申平夫婦都是古道熱腸的性情中人，始知傅家兄弟兩家還是虔誠的基督徒家庭，每餐飯前還要禱告。一個家庭的家道興衰取決於男人，而家門冷暖主要取決於男人後面的女人。大嫂很熱情很豁達，也很有勇氣。熱情和豁達表現在對丈夫同志朋友的接待，對丈夫的政治追求的認同和支持。勇氣表現在困境下不拖後腿，不論是在國內政治高壓下，還是海外的艱辛生活奔波中與夫君同甘共苦共進退。

這次又去紐約，還是投宿在傅申平家，還給他添了更大的麻煩，不是我一個人，而是來自澳洲的一共三個人。傅家不寬敞，澳洲三位不速之客著實給傅家帶來了幾天麻煩，人去主才能安。

　　在傅申平處還遇到了其他的來自上海的民運人士，敏行訥言的魏泉寶，已經打道回府的楊勤恒。在王若望家見到過楊周，曾在江蘇海豐農場接受勞教的蔡桂華，在法國見到過王輔臣。我看這些人來自上海的早期民運人士都有一個共性，其一，不善言辭；其二，為人實誠，幾乎不存在上海人普遍的精明個性。我問王輔臣為何去法國而沒有去美國，回答是因為在國內的時候不知道中國以外為何物，從電影中得知有一個巴黎聖母院，就這樣去了法國。可見他們當年投身民運還真是有點不知虎威的黔驢之氣。

　　到了海外，基本上都在非中文世界的語言和文化障礙裡裏足不前，在重壓下為生計奔波，幾乎沒有人有機會從事職業性的民運生涯。不過我得說明，我這個推斷的是以他們投入民運作為參照的，而不是以一般意義上的日常生活作參照。如果把這些上海籍的民運人士放回日常生活中，上海人的小事精明大事糊塗通性也許還是可以時常顯現的。我只能做一個「悃到地」式的自嘲，也許大上海這塊水土養育出來的，缺的是「天庭飽滿地閣方圓中南海領袖相，多的是橫鼻豎眼尖嘴猴腮滾地龍賊坯相」。這句話是一位早年參加過雪梨民運的一位文人對雪梨民運的惡評，十幾年後我又見到了他，原封不動地背誦了這段給他，他感到很羞愧，我們畢竟在海外艱難困苦地堅持民運沒有後退過一步，他卻已經遠遠地離開了民運。

　　傅申奇過來見了聊了。在我的心目中，傅申奇是上海出來的一班1979年時期民運人士中最具才華的一位，能說會寫，中國略有政治鬆動和氣候變化的時候就表現得非常有勇氣，成了1979年與北京西單民主牆相映生輝的上海民主運動的代表性人物。今天

的傅申奇略顯無可奈何，給我的感覺有點心冷。從1990年代中離開中國到美國紐約以後經過十年的折騰，在民運的道上走得比較艱難，退而求其次，把他滿腔的的政治熱情暫時轉向了其他方面，等自強以後再重新返回民運做更大的貢獻。

嚴家祺（美國紐約）

嚴家祺先生原為中國社會科學院政治學所所長，1989年天安門事件以後受到中共當局的通緝，高居通緝令榜首，被迫流亡海外。1989年9月民主中國陣線在巴黎成立時當選首任主席，而後移居美國紐約。嚴家祺先生以政治學見長，廣泛地研究了中國和世界的政治，經濟，文化，思想和宗教，頻繁地在香港和北美報刊雜誌上發表政論文章，對中國和世界的政治格局與變化有精闢分析和獨到見解。

與嚴家祺先生直接往來始於1996年夏，距今十一年了，之後經常通信往來，更常有機會拜讀先生寄來的關於國際格局、臺海關係、中俄領土、中共政治心態、二戰罪魁德日的戰後認罪態度、人生哲學、世紀展望、宗教信仰、人類學、宇宙學等等範圍廣泛的著述，這麼些年成為我個人思想和知識增長的一個重要攝取源泉。2001年到紐約，與先生通了一個很長的電話，那次講的是神和基督教，先生坦誠自己不去教堂，不能算作基督徒，僅以通過讀聖經來直接與上帝溝通，通過聖經的話語結合自身的體會和感悟理解基督的精神和真諦。

2004年6月再到紐約，前去拜訪嚴家祺先生，那天除了來自雪梨的幾位，還有來自美西的汪岷和林牧晨以及紐約本地的蔡桂華。屋裏空間有限，大家一起圍坐在後面的小院裏，暢快地交談。來自雪梨的幾位除了我都是第一次見到嚴先生。因為對嚴先生國內經歷早有所聞，尤其是曾經在中共胡、趙兩位總書記時期

擔任政治學研究所所長，參與了那個時期兩位比較開明中共總書記時期的改革活動，為當時中國政壇的高層智囊成員，參加這次如此輕鬆愉快、如此近距離的談話感到很是興奮。那時候中共最高領導人已經是胡錦濤了，恰好嚴先生曾經與小胡有過共事的經歷，拗不過眾人的要求和好奇心，那天嚴先生給大家分析和講述了一些當年胡的行為風格的逸聞趣事。

澳洲有一位朋友非常敬重嚴先生，一定要托我送個禮物給嚴先生，嚴先生礙於我將繼續滿世界跑，勉為其難地收下了。後來約一個月以後我回到雪梨，卻收到了嚴先生給我寄來的信件，裏面有一份美國世界日報關於我6月28日從德國法蘭克福登機進香港被拒的報導和一些現金，理由是不能破例收下一個尚未謀面之人的禮物。我從另外一個地方看到一篇文章說得也是和這個相仿的事例，這就是嚴先生的個人性格了。我也犯難了，那件禮物本來價錢不貴，不需要付這麼多。正好澳洲民運大會要籌辦，我正武訓辦學似地滿世界籌款。嚴先生就說，權作為支持澳洲民運大會吧。這樣我就只得收了下來，藉此機會向嚴先生再次致謝。

這次去紐約，又一次去嚴先生家拜訪。嚴先生希望我早點去，多談一會兒，吃個午飯。那天嚴夫人做的飯，簡便可口。那天還是隨意交談，嚴先生雖然已經六十開外，依然孜孜不倦手不釋卷地每天學習，大到宇宙天體小到昆蟲細胞，依然懷有極其濃厚的興趣。通過網路可以從電腦上直接看到自己家的房頂，嚴先生對此新技術很是欣賞，還特意教我如何使用這個網站，正確輸入位址後可直接看到所查位址建築物的清晰全貌。我現在還真用它查看自己在澳洲雪梨住處的周圍環境和我所知道的地址的周圍環境，有時用它查看上海的老家，以解思鄉之情。

先生到了美國以後，主要精力用於伏案著述，新近出了一本書，曰《霸權論》，是一本用廣義行為學研究國際關係理論的專著。從廣義行為學角度闡述了國家行為、主權、霸權、人權、國

家板塊、支配費用等概念的科學涵義，通過人類五千年世界史大量例證闡明國家之間爭奪霸權的規律性。此書內容駁雜，涉及生物學、動物學行為、地質構造學、政治學、社會學、系統理論和複雜科學，是一本跨學科的著作，有助於讀者開闊眼界，從衛星觀測高度看待人類史及爭奪霸權現象，看待二十一世紀的國際關係。那天隨談的時候還特意把有些內容筆錄下來，走的時候卻忘了帶走，真是遺憾。

以前嚴先生不用電腦打字和網路，所以相互間經常書信，先生一手工整清細的水筆字，這些年來多有收留，還真字如其人。不久前學會了用電腦打字，知道了打字的效率和正確性比手寫要高的多。食髓知味，現在每天在電腦前用鍵盤打字在一個工作日以上的時間。

辛灝年（美國紐約）

1998年在王若望先生主編的《探索》刊物上看到辛灝年先生的連載文章，又聽羊了介紹這位先生演講水平堪稱一絕，操漢語者無人能出其右。2001年末去紐約，王若望先生的追悼會上，辛灝年先生有個發言，其中有這麼一句話，我感到很不同一般。辛灝年稱王老「不僅是個被共產黨所不要的人，但卻更是一個堅絕不要共產黨的人」。我們一起度過了除夕夜，我還獲得了辛灝年先生的特別饋贈，他發表在海外的代表作《誰是新中國》。

辛灝年先生發表在《探索》刊物上的連載使我獲得直接教益，王老每期都把他的刊物遠寄澳洲，我那時正在雪梨讀亞洲研究的近代中國這一課程，辛灝年先生的文章我正好拿來就用。比較了晚清的洋務運動和1978年以來中國的經濟改革，更加理解中國歷史進程的圈型發展；比較了孫中山、黃興等先賢領導辛亥革命艱苦歷程，就容易理解我們當今的民主運動不過是百年前興中

會、華興會等反清運動的今日再版。在中國現代史上，民主曾經短暫地來到過中國，辛亥革命的成功，在中國建立起了亞洲第一個民主共和的政體。中國的民主道路曾經暢通過，從君主專制轉變成民主共和，成為亞洲第一個民主國家，這是中國的成就和驕傲。可惜這朵民主花卉很快就夭折了，中國回到了專制社會，而且這個政治復辟使中國回到了比君主專制更加嚴密高效的專制制度中去。

　　辛灝年先生更樂意我直接稱他老辛，我按照老辛的意願從此改換稱呼。2004年6月初一天一大群來自中國大陸華東地區的民運人士熱情作東舉行聚會，歡迎來自南半球的眾多民運人士。那天老辛用他帶有安徽口音普通話批評民運的常態：開會激動，會後不動，到頭來什麼也沒有用。

　　《誰是新中國》這本書在海內外的影響力是很大的，我知道澳洲就有為數不少的非常欣賞這本書中對誰真正代表新中國的分析和闡述。這些人能經常回中國，告訴我在中國好多城市的地下書市上可以看到這本書的盜版，他們曾一再攛掇我邀請老辛來澳洲巡迴演講，老辛都沒有能夠滿足我的要求。不過老辛2005年來訪澳洲，在雪梨進行了三場演講，我場場出席聆聽。誠如羊子所說，老辛的演講果真一絕，我更覺得是一種藝術享受。這哪僅僅是演講，我的感覺像是評彈說書，抑揚頓挫恰到好處，開篇結尾一氣呵成，史料、數據、時間、地點、人物等等引用精確不誤。而且引用的主要來自於毛選和中共官方文件，以子之矛攻子之盾。英文翻譯李剛也是輕車熟路全然同步。老辛告訴我，演講的背後有大量的勞動，三個小時的演講，最起碼配上好幾天的精心準備。

　　老辛推崇孫中山先生以及他的三民主義，希望孫中山的三民主義為當代中國民運所認同、接受並且沿用。不少人認為孫中山的三民主義曲子老辛唱得最為逼真，鼓勵老辛承擔起這個歷史的重責。老辛婉言拒絕了，一再表示他不是民運人士，只是一個文

x

化人士，他更注重的是思想理念的傳播。

　　通過與老辛的交往，我舉一反三地有一些體會。蘇聯稱抗擊
德國法西斯的戰爭為「衛國戰爭」，而我輩只知道中國在那時候
進行過一場由中國共產黨領導的「抗日戰爭」。為何不能把這場
戰爭也稱作為「衛國戰爭」？實際上中國從1931年「九‧一八」
事變起到1945年8月15日日本太平洋戰爭戰敗，中國在蔣介石國
民黨政府的領導下進行的也是一場實力對比懸殊的偉大的「衛國
戰爭」。只是以後蔣介石國民黨政府在與中共進行的內戰中失
利，退居臺灣，歷史就由勝利者任意描寫，任意閹割和歪曲。經
過艱苦卓絕浴火重生的中國和偉大的中國軍人浴血奮戰贏得的聲
譽被內戰勝利者無情地拋進了歷史的故紙堆裏封存了起來。中國
的民主運動的先賢孫中山、黃興等已經鋪築過一條由君主王朝專
制通向民主共和的成功之路，但是這條路現在荒蕪了，能夠記起
的不算多，在當今被我們這一輩人淡忘了。當辛灝年先生來訪澳
洲時候與之談起這個心得，很得贊同。

呂京花（美國紐約）

　　呂京花給人的感覺是心直口快，風風火火，屬於敢怒、敢
恨、敢罵、敢愛、敢笑那麼一種性格直率的女性。她是八九民運
的積極參與者，當年北京工人自治聯合會的核心人物之一。「六
四」後被政府通緝，流亡美國，被中國公安部列入不許入境人員
名單。後在美國勞聯－產聯下屬的國際女服工會工作，致力爭取
工人權利。1990年獲選人權觀察年度人權觀察員，現任中國民聯
副主席。

　　京花說了，之所以參加民聯而沒有參加民陣，就是因為不願
去名人一大堆的民陣裏面湊熱鬧，自甘寂寞加盟當時看似聲望和
影響被民陣奪去光澤的民聯。華盛頓會議場面比較大，人也多，

幾回看見京花為會議程式或代表資格等問題跟人急，但是彼此不熟悉，沒有多的交流。以後民運陷入低迷，各自在民聯和民陣裏咬緊牙關默默堅持，不改初衷。

2005年澳洲民運大會，原本應該四家民運組織，再廣泛邀請其他民運組織和民運人士參加，也許會造成民運力量一個集合的效應。我作為主要籌備人，對民運生態和文化中的艱難和曲折低估了，雖然最後勉為其難的開了下來，其實是不蒸饅頭爭口氣了。京花代表民聯參加了，一是開會，二也是到過了世界的另一端。京花很有性情，發言很積極，出口出手都快。會議上發生爭執的時候，京花立刻舉手發言，如主持人要求按秩序發言，京花會提出程式動議，以此把自己的想要發表的意見提到前面來，這也是一種會議發言的技巧。

京花不作假，喜怒哀樂全一臉寫著。碰到意見相左，也不隱瞞自己的想法。有時看見別人做事不乾脆俐落，心裏一著急就會自己上前越俎代庖。最有意思的一件事情發生在德國柏林會議上，臺北駐柏林辦事處主任謝志偉博士在會議主持中把持話語權，京花生氣了，竟從背後擊一猛掌以示警告，弄得謝博士好不痛快。還聽聞了這麼一個花絮，魏京生剛從中國出來不久，一大群紐約的民運人士在胡平家裏排隊與魏京生見面，京花就不客氣地當面一句：「見您像見毛主席似的，這樣可不好。」這就是中國民運京花性格了。

當年華盛頓會議上，來自世界各地的靚女民運人士一大群，如今安在？京花還真是碩果僅存的少數意志堅定理念不變的，民運存留骨血的一個重要組成部分。此話來自王軍濤，最近坐鎮南半球，稱澳洲秦晉和新西蘭潘晴這班人，褒貶不一，總之動輒得咎，貶大於褒，但是已經堅持了民運這麼些年，是民運僅存的骨血。所以我這裏拾人牙慧，把這個光榮的稱號借花獻佛轉贈給呂京花。

宋書元（美國紐約）

　　據宋書元自己講，也許是生長在天子腳下耳濡目染的緣故，使得老宋與民運政治結下了不解之緣。中共的體制，催生了一批又一批，一茬又一茬連綿不絕的政治反對派，老宋就屬於這種不斷觀察中國現狀，逐漸反思而認識中共本質的人。老宋的性格很直，眼裏容不得沙子，看不慣中共專制極權的政治黑暗而走上了反專制的不歸之路。他曾全程參加1976年四五運動，1978年西單民主牆時候，幾乎每日都要到那裏活動活動。1989年間看著北京學生與政府對抗愈演愈烈，又組織了個摩托車「飛虎隊」，環繞北京市區郊區為廣場的學生打氣助威。1993年，與武漢的秦永敏等8人發起和平憲章運動，被法國媒體評為當年中國十大新聞之一。1994年在北京與人共同發起成立「勞動者權利保障同盟」，受託進行民政局登記註冊事宜。9月被迫出走香港，次年6月抵達美國，現定居紐約。

　　1996年5月去肯塔基參加民陣四大，頭天晚上半夜以後還不能入睡，在樓下大廳裏碰到了老宋，一見面就很有面緣。怎麼還不睡？同屋人打呼嚕厲害，沒法睡，索性下來閒聊。老宋顯然性情中人，直來直去，不拐彎抹角的。說話特幽默，很有北京人的特點。老宋很奇特，在民運圈中不算大腕人物，但是個人活動能力挺強的，是個在面上走的人，人脈關係非常廣泛。但自認不是政治人物，缺乏從事政治的手腕和心計。也許是受到有關部門的特別關照，因此回國探望老母不容易。有話放出來，軟一軟就行了。老母聽說了，轉告兒子老宋，不能軟，有什麼好軟的。定是母子相傳的基因，使得老宋也非常的剛硬。2002年到澳洲，就是「曲線救國」似的找一個中間點家庭團聚一下，見一見來自北京的母親和定居澳洲的胞妹。

　　老宋的胞妹住雪梨西區，1970年代前後來自中國有俄羅斯

血統的中國人主要集居在那個地方。有的吃過中共一茬苦，有的吃過蘇共和中共二茬苦，為避難被澳洲政府接受，所以對蘇共和中共都很敵視。那天他們那裏聚會了很多人，老宋很認真地把我介紹給了這些人，還得讓我說幾句，我那天說了什麼現在無從記起。不過我記得很清楚的是老宋用他對中國的真實情感和對國情的憂慮朗誦了一首杜牧詩：「煙籠寒水月籠沙，夜泊秦淮近酒家。商女不知亡國恨，隔江猶唱後庭花。」我對老宋的內心有兩重讀解，也許有錯。第一，在中國的所謂的經濟大潮之下，大家都活得醉生夢死的，從上到下，沒有理想，沒有道德，沒有國家和民族的未來，只有眼前的歡愉和刺激。第二層意味更為明顯，有感於海外民運的處境發自內心的傷感和無奈。老宋是姓宋，但不是宋江，不是殺人放火等招安的。被共產黨逼上了民運的梁山，但民運梁山上儘是白衣秀士王倫之輩，弄得老宋竟然在民運梁山上沒有安身之處，甚至要被逼下民運梁山。民運已經非常的艱難了，民運白衣秀士還像商女一樣，不知自身何處，做著為淵驅魚、為叢驅雀之事。

我能明顯地感覺到老宋內心受到傷害，那時在這個具體的事情上我們有點同病相憐。政治的殘酷性不僅來自於敵對陣營和自己陣營的明槍暗箭的傷害，還表現在歷史的無情淘汰上。歷史上的洪門，現實中的我們。有一次國內自由派學者朱學勤先生作客雪梨，我們也談及了歷史的無情淘汰。我只能表示，心態是出世的，做事是入世的。往往是動輒得咎，未及被歷史淘汰，卻先因各路友軍亂箭齊發而中矢落馬。現在常想這麼一個問題，中共對其內部不同派別進行殘酷的政治迫害令人毛骨悚然，早在三十年代江西蘇區就有AB團的內部殘酷鬥爭無情打擊；現在的民運若具備中共當時的條件是否也會如法仿效？相信是會的。老宋是這麼說的：中共對內部同志實行的是生命的扼殺，而現在的民運圈中對同道實行的是心靈的扼殺。

胡平（美國紐約）

　　胡平成名於1980年代初的北大競選，是當時三派的代表之一。張偉代表了穩健派，王軍濤代表了激進派，而胡平則代表了自由派。胡平當時的代表作就是〈論言論自由〉，首發於1979年西單民主牆上，在1980年11月北大競選期間曾抄成大字報張貼並以油印形式作為競選文件而廣泛流傳於北京大學，一時間有點「北大紙貴」的意味。可能是名聲在外，到達美國以後就被民聯創始人王炳章延攬加盟並被選為總舵主民聯主席，一任就是兩屆。

　　胡平以論政理論辯說見長，連得中共小國安都稱胡平是海外民運第一理論家。我趕緊連連稱是，你們服了就好，中國政治反對派人才濟濟，都是推動中國走民主化道路的棟樑之材，像胡平這樣的理論大家被你們棄置在海外，豈非對中國有限人才資源的巨大浪費？這是暴殄天物，犯罪啊。

　　胡平來過澳洲兩次，第一次是1992年下半年，還帶著兒子胡畊。在雪梨唐人街的工黨禮堂進行了一場演講，禮堂裏坐滿聽眾，大約三四百人，主席臺上也坐滿了雪梨民運頭頭腦腦們。那天胡平講了些什麼內容，已經無從記起。應該是在會場上自己開小會，與人交換關於華盛頓民聯民陣合併大會可能出現的民運新格局問題的看法，主要是未來新組織的領袖人物的如何搭配競選問題。那年初的時候，民聯的前主席胡平和民陣的當任主席萬潤南，有一個相互的協商和默契，有意向合作搭檔競選，胡平為正，萬潤南為副。

　　胡平第二次來澳洲的時候是1999年初，一是年月近，二是這次胡平從澳洲走後，留下了長長幾個月的筆仗，記憶就深刻多了。胡平這一回雪梨的演講，場面就遠不如前一次那麼大了，估計最多就是七八十人吧。前一次民運人多勢眾的，後一次民運人士已經是寥若晨星了。民運就像落在樹上的那隻烏鴉，樹下狐狸

說烏鴉歌唱的好聽，其實是嘴饞烏鴉嘴裏的那塊肉，旅居澳洲中國學生的永久居留問題一旦解決，民運組織立刻縮水解體。演講會即將結束前，一個人向胡平提了問題，關於臺灣的問題。回答他了，他卻去接電話了。第二天報紙上就出現了一篇文章，署名「悟空」，對胡平演講進行攻擊。看上去是有備而來，來者不善。就這樣短兵相接，澳洲民運人士紛紛拿起筆做刀槍，用不同的筆名和對手幹上了，如來、蔣則民、茅則洞、李白清等都是民運方面使用的筆名，對方也不斷有人加盟，雙方在雪梨的《東華時報》你來我往，一輪又一輪的筆仗，一直打到當年六月天安門事件十週年的紀念，報社覺得再打下去意義不大了。共產黨政治保守反動，經濟貪汙腐敗，雇用的寫手畢竟說話論事底氣不足，講民主自由講中國的政治改革，更是水平和能耐有限，基本上不是對手。雖然胡平沒有直接參與這場筆仗，但是戰火卻是由胡平而起，因此我記上一筆。

胡平演講有個特點，沒有高昂的激情，他講話很平平淡淡，像是談家常，娓娓道來，絲絲入扣，引人入勝。1993年民運華盛頓會議上，胡平參加主席競選，競選演說還是那個風格，不緊不慢，由於時間的限制，演講沒有結束就被中斷了。前面的話我記不住了，最後那段話我記住了：一場會議不過三天而已，一場選舉，一任職務也不過兩年而已，但是我們的民運事業是長期的。在這次三天會議上被選出來的人無非就是兩年，但是我相信，我今天說的話會產生二十年的作用。

胡平有一個雅號「甩手掌櫃」，背地裏人稱他胡老爺，尤其是他在澳洲的擁躉鍾錦江博士。所以我也比較習慣當面背後地稱胡平胡老爺。我跟錦江經常為胡老爺和萬潤南各自的形式風格長短優劣爭得臉紅耳赤的，再急了就把電話索性一甩各自閉嘴。到過澳洲的王丹、楊建利和王軍濤等人都對胡平有個很好口碑和認同，胡平思想深邃，為人平和。

去年中，受雪梨一個「大眾政治論壇」的邀請做了一個關於「澳洲鈾－中國－非民主化中國對世界的影響」的演講。其中關於中國社科院2006年5月發佈的「世界社會主義黃皮書」一段引自胡平的一篇文章，我的考慮是胡平的論述很精彩，正好採取拿來主義轉換成英文，通過我的演講轉達給西人，也是對他們無視中共所謂「和平崛起」對世界潮流的逆動以及對世界和平格局影響的嚴重警告。演講之前告訴了胡平，以期獲得許可，胡平很爽快地允許了，並鼓勵我向洋人多講講。我覺著也是我們向西人講述民運人士對中國和世界未來發展的思考成果的好機會。藉這個機會再次向胡平表示借用他的思考成果的感激之情。

胡平剛過一個花甲，很多人去給他祝壽，場面很是隆重盛大，還上了電視節目。這是民運圈中的一件比較大的事情，又是一個空前的新創舉，這是眼下民運不景氣的時候圈內維繫情誼的有效方式。我們都經歷了人生的而立、不惑、知天命的歲月，而胡平已經是進入耳順之年。按普通人的看法，都進入了人生的暮年期了。不過當代的科學進步發達，生活質量提高，我們這輩人都在無形中比起前輩人更長壽、活力更持久。老驥伏櫪，志在千里，烈士暮年，壯心不已。よぅし・かんばれ！胡老爺。

羊子（美國紐約）

王若望先生是海外民運中第一個客死異鄉的民運人士、異見人士，留下遺孀羊子在海外民運中繼續夫君未竟的遺志。

1992年我曾代表民陣澳洲紐省支部邀請王若望夫婦訪問澳洲，為旅居澳洲的四萬中國公民爭取永久居留澳洲向當時的澳洲工黨政府陳情。王老攜夫人羊子應邀來訪，在雪梨機場獲得空前絕後的熱烈迎迓，機場出迎的雪梨民運人士高達數百人。旅居澳洲的中國著名歷史畫家沈嘉蔚先生認為一向敢言的王若望先生應

該在中國的政治反對運動擁有一席之地，特意要求為王若望作人物畫，此畫後來就成了王老離世時候的遺像。

以後每次去美國紐約，都要看望王老夫婦。2001年王老去世，我也許是民運圈中參加追悼會路途最為遙遠的一個。一是表示對逝者的敬重，二是期待民運悲情下的痛定思痛力量重新聚合。何以我對王若望特別的敬重，不是他的文采，不是他的政治才能，而是他的棱棱風骨。1989年的時候，只有他兩次肩披布條，寫上「棱棱風骨。鐵石心腸，可悲可歎；救國救民，先救孩子」他的內心呼聲，走上上海街頭，抗議江澤民取締《世界經濟導報》，支持北京學運。這需要激情，而且不是頭腦一時發熱的勇武，是以自己自由和生命作為代價的道德勇氣，只有極少數有良知和脊樑的中國知識分子能夠做到。這是我能讚佩王若望，為他最後送行的根本原因。

屋漏又值連天雨，福不雙至，禍不單行。王老去世後不久，羊子出過一次車禍，傷了腿，這麼些年過去了，現在走路還要拄著拐杖。同樣，一個為人無私奉獻的人也會得到人尊重和幫助，王老去世後，一個原來與民運毫無關聯但非常敬仰王老大陸移民王姓女士專門在紐約購置了一間房讓羊子安居，羊子從原來的住處搬了出來，得到了很好的照顧。

羊子年輕的時候就表現得與一般女子不同，具有女獨主義的自立精神。文革期間，王若望遭難，羊子在王若望危難時刻與之相遇相識。感佩王若望的才華和品格，不畏人言，不顧雙方年齡二十年的差異，不顧家人的疑慮和反對與王若望結合了，足見巾幗之氣，在旁人的眼裏，有點宋慶齡氣概。王若望以大膽敢言著稱，晚年在中國一直坎坎坷坷，羊子也隨夫一起經受磨難。1992年中隨夫王若望離開中國去美國，之後經歷多年的繁瑣手續在美國定居了下來。王若望到美國已經是年過古稀的74歲高齡老人，早就喪失了謀生能力，全憑羊子艱苦工作無怨無悔地照料王若

望，過著比較艱難的生活。

王若望離開了我們，但是羊子還是一直與民運在一起。每次去紐約，看望羊子是必不可少的。2004年，羊子還拄著拐杖和我們這些遠道來自澳洲雪梨的民運朋友一起參加了「六・四」十五週年的一系列紀念活動。

民運文化中有一個非常自我傷害的東西，就是民運人士之間的互信建立、民運領袖的誠信建立極度困難。紐約人事複雜，可能情況比澳洲更加糟糕，一個虛假的資訊和故事，都可以不脛而走，嚴重傷害民運和其中的人士。羊子應該是在這個氛圍中吃塹長智了。去年7月，澳洲發生了網絡捉鬼事件，羊子寫信詢問事件的真實性，我回信對羊子一絲不苟的態度表示極大的推崇。這麼仔細地對事件窮根刨底，是判斷是非的的基本要素，不人云也云，不三人成虎。我發現很多人這方面思路是有問題的，往往見了風就是雨，不問青紅皂白，不問消息是否可靠，以訛傳訛。甚至自命德比堯舜、心有吞吐天地之志、謀能佈局迎戰中共、勇可放言與中共一決高下的領軍人物，這樣的低級錯誤照犯不誤。

羊子受邀參加位於澳洲墨爾本的文化運動會議，問我知道否。我說聽聞了，但不清楚。再問我是否會參加。我回答不會，因為我不是文化人，資格不夠。我向羊子表示對這個會議樂觀其成，歡迎羊子重遊澳洲。我還希望羊子幫助我瞭解還有何人到澳洲參加會議，為的是對究竟有多少遠道而來的朋友，心裏有個譜，不至於到時候怠慢了。

2006年11月，羊子又來到闊別了十三年的澳洲。當然這次故地重遊，沒有當年的風光了。只有我們夫婦倆去機場把她接到了家裏。晚上澳洲民運人士約二十多人陪羊子共進晚餐，暢敘離別多年以後重逢友情。羊子很感觸舊地重遊，澳洲民運人士的人在，情在，唯獨王老不在。又是一番觸景生情，一番傷感悲歡。

今年5月去紐約，離開紐約前見了羊子，由蔡桂華做東一起喝了一個午茶，末了還是羊子駕車把我送到機場。看著羊子的車慢慢遠去，我默默祝福羊子一切順利安好。

洪哲勝（美國紐約）

中國海外民運應推王炳章博士為開山鼻祖，參與這場運動的人士主要來自中國大陸，他們以七十年代末中國打開國門後出來的留學生為主體。開始時候參加的人主要是由受中共迫害有切膚之痛的「地富反壞右」的後代組成，屬於苦大仇深的一類，簡稱「有仇的」。海外民運從1982年王炳章舉旗算起，有四分之一世紀了，民運人士結構從那個時候起一直有變化。1989年一大批體制內人士流亡海外，這個形勢下產生了民主中國陣線，這些人大都本來就是中國政治活動人物，屬於「有癮的」。另有一批出國人員在中國大陸歷次政治風波中不受政治衝擊、出身城市工人家庭、農村貧下中農家庭的屬於苗紅根正的，民運圈中自我調侃稱之為「有病的」。到了1990年代以後，偷渡客、旅遊商務活動逾期不歸者，捲款出逃者，中共官員，形形色色，各種各樣的人都紛紛投奔進來，又悄然出去。民運沒有大門，沒有圍欄，什麼人都可以進來，隨時都可以出去。「有利益的、有目的的、有任務的、心裏有鬼的」、「為義氣的、為理念的」統統混雜在一起。很多時候，好人壞人，推動民主和破壞運動的，不睜開眼睛仔細看，不用腦子仔細想，還真分不清楚鬧不明白的。民運就是這麼的艱難啊。

另有一撥人來自臺灣，他們對中國的民主化懷有與來自大陸的民運人士相同的激情。柯力思很早就到了中國大陸讀書，還是在1978年西單民主牆時期就與北京的徐文立先生結下了莫逆深情之交，錢達和郭平都在1980年代就參加了民聯，他們都是中國民

主運動的參加者。

　　紐約的民主論壇主編洪哲勝博士則是我定義的中國民主運動的真誠支持者，具有堅定的臺灣獨立的政治理念。我在網絡上公開發表民運文章始於洪哲勝主編的《民主論壇》，是在2000年底的時候。我寫了一篇對民運狀態的感想，發給了王希哲，希望聽取他的意見。王希哲又把我的這篇文字轉給了洪哲勝，洪哲勝希望發表，並且作了編輯和文字語法的修正，題名為「海外民運的困境和解困」。原來可能是沒有題目的，只是我個人的一個感想或者我對民運思考的紀錄，並沒有打算發表。洪哲勝要給我支付稿費，並要求我提供個人小檔案。我還以為小檔案內容是論壇的內部掌握的，還提供的比較詳細，出生年月和個人經歷等都給了，未料到卻是公開的，什麼人從網絡上搜取都可以獲得，弄得自己像一條魚缸裏的金魚。過了很久我才發現，內心叫苦不迭。沒有想到寫東西還有稿費，食髓知味，那就接著寫。稿費支票收到好幾次，但從來沒有去兌現過，不是讓支票過期了就是讓洪哲勝替我捐給他認為應該捐助的地方。

　　與洪哲勝交往通過王希哲，後來這兩位仁兄的關係搞得劍拔弩張的，在臺灣關係問題上，兩個人觀點和看法在兩個極端。這種事情个好勸，觀點和立場問題，各自追求不同，無法要求一方去迎合另一方。我也寫過好幾篇有關臺海關係的文章，在洪哲勝的《民主論壇》上發表過，洪哲勝喜歡給我的文章加個編者按，表達他與我不同的看法，或者就我的論點提出他的不同看法直接發文章予以反駁。2004年初，我在《民主論壇》上發表了〈臺中美三角演義〉一文，洪兄就對我的看法提出批評，公開發了出來。我回信表示感謝對拙文的直言批評指正，尤其是本人史學不精，洪哲勝的文章使得我知曉一些臺灣簡史。我的文章對臺灣領導人李登輝和陳水扁關於中國民運的態度頗有微詞，洪哲勝對此不同意我的看法，我理解洪哲勝的個人立場和態度，並給予尊

重。當洪哲勝發編者按或者文章對我提出不同意見，我都是樂意接受，同時高懸免戰牌。

　　互相文字往來有多年，就是沒有見過面，可能通過電話。2004年去紐約，就是想找機會和洪哲勝見一面，由於互不認識對方相貌，在一個會場裏碰到了還是擦肩而過。一直到這次，通過電郵先聯繫好，到了紐約再通電話定下時間和地點，總算在一家小鋪裏面坐定面對面，從交往到正式見面，間隔長達六年半的時間。

　　洪哲勝坦誠具有臺獨理念，但是在洪哲勝看來，自從1996年臺灣的中華民國舉行總統民主選舉，並選出了李登輝為總統，臺灣本土的民主化成熟，臺灣選出了自己的民選總統，臺灣獨立已經完成。獨立的臺灣就是中華民國，修改國號就是畫蛇添足多此一舉。現在臺灣需要的就是幫助中國實現民主化，中國民主化了，兩岸緊張關係自然化解。我對洪哲勝這番見地還真由衷叫好，也許我的見識短淺了，還得遭到對這問題更有見地人士的無情批判，或者現在就抱頭蜷身準備接受民族主義情緒高漲者的亂棍暴打。學唱別人的曲子總有點彆扭和走樣，還是讓洪哲勝自己唱吧，字正腔圓。先發給洪哲勝看了，原唱者洪哲勝不厭其詳地提供了完整的詞曲，現照錄如下：

◆從事臺灣獨立運動，是希望能夠終結臺灣的外來統治，讓臺灣人可以在自己的家園當家作主。
◆當時並沒有預期臺灣人氣勢高揚時蔣經國會選擇放棄鎮壓，因此主張徹底推翻國民黨統治，建立自己的共和國。
◆1996年3月23日，臺灣全民首次普選總統，給在臺灣的中華民國政府授權，讓它不再是外來政權，讓自己從而擁有了中華民國。因此，目的在於擺脫外來的中華民國的臺獨運動此刻已經成功。臺灣人可以民主自由地建設自己的家園。

◆至於臺灣是否和中國（PRC）統一，那就看統一是意味著臺灣的夜魘，還是可以導向雙贏。有權決定臺灣要不要和中國統一的是臺灣人；有權決定中國要不要和臺灣統一的，是中國人；而只有兩者都主張統一時才有統一。

◆PRC（中華人民共和國）從建國開始一直沒有統一過臺灣，臺灣不是它的一部分，因為一開始，臺灣就是和它分離的，分離是個事實，因此，當今的問題不在於要不要和中國分離，而在於要不要和中國統一。PRC把中國一分為二，然後大呼：只有一個中國，中國主權不可分割，這是毫無道理的。它從中華民國ROC手中搶走的大陸，ROC就得把還在手中的臺灣拱手奉獻給它一符合它的「一個中國」的要求，天下哪裡有這個道理？！

◆我自小關切中國。當我參與解決了家鄉自我解放的問題之後，我理所當然的要求協助中國人民的自我解放，讓中國人民也像臺灣人民這樣，得以在自己的家園當家作主。

◆我並不熱中追求統一。但是，我對統一抱持著開放的態度。如果說能讓中國民主化，讓中國人採用文明的態度對待臺灣人，並且讓統一會同時帶給臺灣人和中國人以幸福，我想這時統一水到渠成。即使有人反對，他們在「統一公投」裏面只能是少數派。

◆儘管我並不熱中追求統一，但是我知道，我協助中國民主運動，其結果客觀上可能有助於構建「統一意味著雙贏」的條件。但是，我還是得幫助中國民主化：我怎麼可以讓十三億的中國人在二十一世紀這個人民的世紀，還在中共黨人面前觳觫呢？

我先為洪哲勝鼓掌喝彩。

本以為洪按哲勝的資歷並且主理《民主論壇》，理應得到臺

灣方面的支持，是個吃皇糧的綠營方面支持民運的人士，一直到今年4月初才得知事情並非如此。洪哲勝的《民主論壇》做了現代馮諼在薛地替孟嘗君買義，可惜阿扁政府缺乏孟嘗君的君子風範。洪哲勝對外廣泛地發出呼救信號，聽到信號後，就發了文章「輕重緩急、前後順序要認清，大陸民主優先於臺灣獨立」，以示對洪哲勝的《民主論壇》的保衛戰提供個人有限的支援。我在文中提出了這麼一個看法，相對臺灣領導人來說，主張臺灣獨立的訴求留待中國大陸民主化以後提到兩岸關係的議事日程上來為更加明智和策略。

中國民主化成功之日，洪哲勝博士長年為中國民主化所作的努力應該為中國未來民主社會所表彰，就如同艾森豪威爾將軍要求給予凱‧薩莫斯比美國公民資格和勳章一樣，以表彰將軍戰爭時期前線戰事繁忙緊張時刻所得到的種種幫助和安慰。

項小吉（美國紐約）

人都說項小吉是天安門時候的「北京高校對話團」團長，項小吉自稱是召集人。這符合小吉的一貫方法，低調高效。第一次聽小吉說出「低調高效」這四個字的時候是1993年5月份洛杉磯民運協調會的一次演講中。我是有點楊露禪偷拳，以後經常喜歡這麼說，也喜歡這麼做，不過也常走樣。

小吉給我的第一印象是冷靜沉穩、才思敏捷、極其雄辯。1993年華盛頓會議結束不久，2月20日和21日在當時的「中國之春」辦公室舉行過兩次辯論。我參加了第一次的辯論會，到場的是華盛頓會議矛盾雙方的主要當事人和其他參加會議的代表、嘉賓和記者，約二十來人，主持人老民聯的楊懷安。一方是會議留守派以徐邦泰為首，另一方是會議退場派以王若望為首。雙方辯論激烈，據我的觀察和感覺，退場派在辯論中占比較明顯的上

風。徐派計有郭平、朱嘉明、張伯笠（不過張自己表示無黨無派）等。王派計有萬潤南、胡平等人。其他參加辯論會的有：鍾錦江、呂京花、姚勇戰、秦晉、項小吉、倪育賢、胡安寧、石磊、華夏子、曾慧燕等。會上對徐邦泰的詰難頗強，就是承諾和契約的問題。郭平對徐邦泰的華盛頓會議的個人責任給予全力的維護，朱嘉明提出了承諾由於事態的發展產生了情勢變遷的問題，也以此護衛徐邦泰。精彩之處就是項小吉的發言，借用了商業法規的合同和契約的關係來說明和比喻華盛頓會議的矛盾和衝突。合同可以分為書面的和口頭的，書面的合同訂立雙方共同遵守，一方違約，另一方理所當然可以獲得賠償。口頭的合同比比皆是，它的有效性照樣成立，雙方也應該予以遵守。比如電話訂外賣，這就是一個口頭合同，一方給了一個要求和條件offer，另一方予以接受acceptance，這個合同就生效了。外賣店的夥計冒著嚴寒把外賣送到了客戶那裏，客戶說不要了，因為這是個口頭合同，所以可以不予承認，從情感上是說不過去的，從法規上講是違約的。政治上人與人之間的承諾更多的是口頭的，因為是個口頭的承諾而予以否認是一個政治誠信的問題。另一個是情勢變遷的問題，比如中日兩國簽約在太平洋中間某個小島共同開發，突然一場海嘯使得這個小島消失了，這是不可抗拒的自然力量產生的情勢變遷，兩國簽訂的共同開發協議或合同無法實施。華盛頓會議並沒有出現如此不可抗拒自然力量的所謂情勢變遷。

以後每逢民運會議，小吉發言我總不願意錯過，聽聽他的雄辯的言詞。1998年多倫多會議上小吉的演講還是那樣別具一格，幾行字的草稿，從不照本宣科，不疾不慢，娓娓道來。給我留下最為深刻一段話大概是這樣的：從事民運，要跟一隻獅子，至少要跟一隻狼，而不能跟一隻兔子或是一隻羊。在民運的領袖人物中，迄今我還沒看到獅子或狼，頂多是披著狼皮的羊。會後到紐約，跟小吉見面，問了他的比喻。我問道：你看我們的民運，民

陣和民聯，用你的動物類比，是這四樣動物中的哪一類？小吉幾乎不假思索的回答，如果不是兔子的話，充其量也是一隻羊。從這番話中可以體會小吉對民運策略和前景的思考，可以理解小吉對民陣行動綱領和平、理性、非暴力的疑問了，可以理解小吉對整個海外民運無所作為的內心深處的憂慮和焦躁，可以理解小吉以後與楊建利關於暴力和非暴力一場辯論的立場和心理了。

小吉看問題很清晰，對未來的發展和變化有獨到的見解和認識。以政治為志事者應該具有能力前瞻幾十年，後顧數百年，以銅為鏡、以史為鏡、以人為鏡。看出細枝末節的變化，能夠秋毫明察，做一個能夠遠見於未萌的明者，避危與無形的智者。從宏觀上，小吉總結了美國獨立革命、中國辛亥革命、俄國的十月革命、中國的共產革命，橫向縱向地進行了比較，以此推算未來的世界演變和中國的演變。從微觀上，小吉觀察了美國紐約華爾街的經濟，美國華盛頓K街的政治（華盛頓K街的律師事務所以遊說美國國會聞名），中國高層人事變化，底層民眾疾苦和呼聲，以此洞破歷史先機。

華盛頓會議對民運來說是一個嚴重的挫折，但是其中的慘痛為後來還是提供了很多教益的。我是第一次從這次會議的前後理解了從事政治活動，要多遇到正派人，同時更為重要的同時又是明白人。小吉是我認為一個符合這兩個方面的不可多得的人物。小吉對當今的民運和領袖的認識可謂一針見血：民運人士理性的多，血性的少；往往用」理性」來掩飾怯懦，用」和平」來犧牲正義；一廂情願地盼望改良，葉公好龍地等待革命。從事政治活動，也必須是有取有捨，不可能面面俱到，全票通過。有時寧居少數但判斷正確。從長遠看，投機者終不成大事。民運所面臨的對手是強大的，四面的，至少是腹背的。民運的敵人不僅僅是強敵中共，更多的時候是內部不同的派系。前線戰事不緊張的時候，主要的時間和精力就是同條戰壕裏面的格鬥。古往今來，

每朝每代，從民國到紅朝，從西方到東方，都逃脫不了，今天的民運也一樣，因為這是政治生態。每一輪都有一個主要對手，往往一輪沒完，下一輪的對手就跳出來了。小吉很有感慨地說過，什麼是「戰鬥的一生，革命的一生」。上了民運這條船是沒有岸的，四海為家了。既然上了這條船，只有無懼無悔地面對航程中所遇到的任何驚濤駭浪和暗礁險灘。我也只能緊握小吉的手說聲：共勉共勉。

徐文立（美國羅德島）

稱徐文立為中國當代民主運動中為數不多的、攤開巴掌數五個手指頭以內的幾位最重量級領袖人物不為過分。這次環球行有兩件正事，其中一件就是參加美國羅德島中國民主黨海外聯合總部（海外）的第一次代表大會。

徐文立2002年12月24日聖誕夜以「保外就醫」的名義被直接從監獄送上飛往美國的班機，從此匯入中國政治反對派的海外流亡大軍。用徐文立自己的話說，他的流亡美國是中美外交之間的相互滿意的聖誕禮物。以後徐文立獲得美國常青藤大學之一——布朗大學授予的榮譽博士學位，被聘請為沃森國際研究所高級研究員，講授「中國民主牆和中國民主黨史以及中國近現代簡史、及中國大歷史」。

2005年澳洲舉行民運大會，我是籌辦人。邀請了老徐前來赴會，由於澳洲大會籌備過程中一波三折，灰頭土臉的，破壞容易建設難，很多人都被嚇跑了，老徐也許也在其中，反正最終沒有過來參加。但是中間相互間有了幾次比較深刻的溝通，老徐建議我把所思所慮寫下來，我同意了，後來一直沒有時間重新去回顧，也就沒有形成文字。雖然沒有形成文字，我與老徐溝通時的所思所慮已經散見在近年的文章之中了。

　　2006年柏林會議前，與老徐有更進一步的溝通和交流。老徐轉發萬潤南寫的文章「為什麼共產黨氣數未盡」給民陣人士看，從我的理解上，老徐對老萬的文章比較讚賞。接到老徐給民陣人群發信件，我給了他回信，也許我是唯一給他回信的民陣人。因此與老徐的共同語言更多了。我建議借柏林會議為平臺，借世界各地民運組織和民運人士憋了華盛頓會議以後十三年的勁，在柏林會議期間完成民運力量的新的聚合，以形成國內共產黨主政下經濟發展、政治反動、環境破壞、道德下滑、民怨升騰的當今民運新形勢下的陣容。希望老徐時不我待，老當益壯，當仁不讓，聯合各方力量，包括雖為同條戰壕但是互相往來甚少的聯席會議派。老徐有顧慮，我建議關鍵的是形成民運集合的氛圍，而不在乎誰能首執牛耳。此時此刻的民陣有實質性支持，得以主辦海外民運二十餘年來最為輝煌可比聯合國模式的會議，有海市蜃樓光環，可以讓民陣首先當值或者居總舵主之高位。我舉例1994年初有其他民運組織力邀我加盟，許以副主席職務。我感謝盛情但堅拒，理由是：我本午餐晚宴茶盅小碗，放置宴席正中央替代茶壺大盤作用，鳩占鵲巢貽笑大方，上海方言叫「倒配夜壺」，萬萬不可。情勢之下民陣應該有所體會和覺悟不致遺人笑柄。老徐性格所致：步步為營，穩紮穩打，謙虛謹慎，絕不造次，不借他人營盤，不惜氣氛遺失。

　　澳洲有民運朋友與老徐乃國內故交，力主邀請老徐來澳洲共商大計。其實沒有什麼大計，聯絡感情增進理解而已。但是氣可

鼓不可洩，澳洲民陣眾位朋友商議此事並定了下來，由我向老徐發出邀請。老徐來了澳洲，一次行程多個目標，前後兩次停留雪梨，先參加一個文化活動的會議，然後再回雪梨，發表對中國人士的公開演講，會見澳洲政壇政要。其主旨更是組建民主黨澳洲黨部。澳洲黨部於2006年12月7日重新組建，二十幾人參加了會議，經過老徐帶領的鄭重宣誓，選出了胡堯為黨部主席的新組織結構，從此一哨人馬舉著兩面民運組織的旗幟。老徐這一年借兩次國際會議，環遊歐洲，遠走澳洲，所到之處都是為中國民主黨延攬人才夯實基礎，用老徐的話來說，只有中國民主黨自身強健了，才能搭建更大的民運平臺。

羅德島（州）中國民主黨海外聯合總部（海外）「一大」開頭的幾天會議是在老徐家裏舉行的。老徐對所有代表都親如兄弟，情同手足，幾乎每個代表到會，他都親自到車站迎接，熱情擁抱、幫著提行李、親手發放牙刷、牙膏、香皂、拖鞋、浴巾，甚至還幫著鋪床疊被。老徐做事非常的仔細，對會議參加者的衣著服飾、外觀形象和個人衛生都提出了具體的要求，甚至會議中間餐廳用西餐的刀叉、湯勺使用法，事無鉅細都列出了具體的注意事項，明文放在會議文件裏讓每一位與會者參照執行。我個人認為領袖人物要具備至少以下三要素：洞察力、持久力和親和力。在我所見到老徐的場合，其親和力的表現是很多領袖人物難以望其項背的。投入民運近二十年，接待過來往澳洲的許多民運同道，在寒舍小住的也不少，老徐的自律、細心，和愛整潔很受我那個有點潔癖太太的由衷讚賞。

一到羅德島（州），老徐就開著車帶著我觀賞一下小城的景致，看了看幾天後就要舉行會議的會址，還介紹了一個很著名的小教堂，受邀在這個教堂裏發表演講在美國是一種很高規格的殊榮，老徐有幸被邀請在那個教堂做過布朗大學2003年畢業典禮的演講。羅德島（州）會議是我投入民運以來會議時間最長的一

次，連頭帶尾共一個星期，要不是我沒有按照老徐的要求提前兩天到達，會期也許會長達十天。這個會開的與其他民運會議還有一個不同，主要開會時間是在老徐家裏舉行。白天同吃一鍋飯，晚上同住一間房。十好幾個大男人橫七豎八地躺得滿地都是，滿屋子的如雷鼾聲如同夏夜的蛙鳴。早晨醒來依次排隊用盥洗室，光著膀子露著身體的，如同回到了野營拉練、下鄉學農的少年學生時代，久違了。既討論了民運大業，又親密了相互感情，還能比較充分地瞭解各自的思想脈絡和具體的行為方式，這才是羅德島（州）會議的別具一格。

老徐身邊，而不是在身後，有個賢內助——夫人賀信彤。賀信彤具有徐文立相同的政治理念，賀信彤是一個外柔內剛的女性，這是她能夠在丈夫兩次入獄總共十六年（是被判二十八年、實際坐了十六年牢）間不改初衷的內心依託。只有具有這樣的理念和性格，她才能夠長期忍受夫君從事民運給家庭帶來的極大犧牲，她才能夠時刻與懷有遠大政治目標的夫君榮辱與共。

老徐有判斷力，有持久力，有親和力，我所認定的領袖人物的幾大要素他都有了。老徐領袖群倫，率領流亡海外的中國民主黨，心繫國內身陷囹圄的同仁同道，可在未來的中國政局突變中起到未可估量的作用。

王希哲（美國舊金山）

論資歷，中國民主運動中王希哲的民運資歷最老。1973年，年方二十四歲的王希哲執筆，與李正天、陳一陽等人合寫的大字報〈社會主義的民主與法制〉，以筆名「李一哲」張貼於廣州最繁華的街頭，轟動了廣州。這篇文章被認為是自一九五七年後，西方從共產主義中國鐵幕後面第一次聽到的要求民主的呼聲。聽王軍濤說起，有一位女學者曾感歎，大意是這樣：同樣一個坐牢

十五年刑期，雖不能以「座上賓」和「階下囚」作比較，但是兩者受到的認識和禮遇是截然不同的，而「階下囚」無論是思想水準和個人品行都在「座上賓」之上。希哲1996年與劉曉波合寫雙十宣言，曉波入獄三年，希哲流亡海外。

　　初流亡海外以後的王希哲，不適應國內和海外的差別，停留在刻舟求劍的狀態下。最出名的一個舉動就是要求加入國民黨，期望代表國民黨與佔據大陸的共產黨進行政治談判，達到兩岸統一之目的，民運圈內譁然。其實王希哲的想法沒有錯，可惜是不得其時不得其位。如果國民黨能夠聽取正確的政治建議，兩岸關係的主動權和有利態勢是可以獲得的。早在1994年的時候，我們在澳洲就探討過，如果國民黨大膽地接受對岸「三通」要求，同時提出自己的「新三通」主張。要求兩岸全面政治和解，國民黨和民進黨都可以到大陸登記註冊，發展黨員，當然共產黨也可以到臺灣合法註冊。海峽兩岸的媒體報刊可以自由地在對岸發行，讓共產黨的學說在臺灣自由傳播，同時也讓臺灣的民主新氣氛公開合法地吹到大陸。雙方的軍事力量國家化，槍不可指揮黨，黨也不可指揮槍。我們認為這是臺灣在兩岸關係較量中的一張王牌，量共產黨不能再把「分裂祖國」的罪名推給對方。當然共產黨還是可以罔顧事實，那就是耍賴了，世人都能看得清楚。不過無論是李登輝還是陳水扁都沒有這種政治家的雄才大略和胸襟眼光，他們更多考慮的是做當代摩西譜寫一篇〈新出埃及記〉。臺灣的生態下也許很難出現科西嘉小島上的拿破崙，國民黨新秀馬英九在臺灣人氣很旺，在我看來，人們對他的擁護更多地體現在欣賞他的外觀形象，而非政治才能。2006年5月9日馬英九在澳洲雪梨有一場演講，我去了，看到很多年輕女孩都去捧場，而且還是大陸的。我不禁問其中一些女孩，你們是把馬英九當影視明星來看的吧。她們趕緊回答：對對對。

　　1998年國內組黨運動興起，發起人徐文立、秦永敏、王有才

全部被收監。王希哲獨自跑到紐約聯合國門口，冒著嚴寒靜坐抗議，要求西方關注中國的人權問題。我記得王希哲曾寫文章公開質問天安門一代，王有才可是你們天安門的同學兄弟，今天王有才遭難，你們都幹什麼去了？王希哲冒嚴寒為同志朋友所表現出的肝膽相照令我由衷地欽佩。後來美國國會就中國新一輪組黨運動被鎮壓一事舉行聽證會，王希哲卻未被邀請為徐文立等被收監的民主黨人出席聽證會提供證詞，發生了聽證會的所謂「鬧場事件」，外界輿論紛紛，矛頭指向王希哲，外間對王希哲的批評在我看來更多是源於他初到海外人地兩生情況下的失誤而對他的繼續誤解和負面評價。說實在我的內心是很同情遭受攻擊的王希哲的，日後聽老杜（民陣主席杜智富）向我比較詳細說出「鬧場事件」來龍去脈，雖然老杜並不在當時的現場，老杜版本的「鬧場事件」比較符合情理，也符合我初始的分析和推斷。平心而論，這次聽證會的舉行，應該是得益於王希哲、王炳章等人的直接推動，但是「二王」不佔有美國主流社會關注對象的位置，不具有此一時彼一時的「主流」民運的話語權。那麼王希哲燒火做飯，他人正坐筵席就在情理之中了。1986年世界盃賽，馬拉多納接隊友傳球，一個躍起把球送入英格蘭隊的大門，奠定了這場球的勝局，以後又一路過關斬將，最終捧杯。但是這個入球是犯規的，因為他用的是手而不是頭，馬拉多納面對記者辯稱是上帝之手。賽事後沒有聽到對主裁判有何處罰。美國佬眼睛長歪，搞錯事情是常有的。杜魯門、馬歇爾壓著蔣介石，結果就是把中國大陸拱手讓給中共，鼓勵了金日成發動韓戰。這一類錯誤層出不窮，王希哲受點小冤屈，算不得什麼。

　　之後王希哲擔任了中國民主黨聯合總部四主席之一，另外三位徐文立、秦永敏、王有才都已經身陷囹圄，只有他一人在海外，尚且自由，為國內的民主黨人奔走呼號。與王希哲緊密合作的在當時是王炳章和傅申奇，我被他們要求在澳洲組建一個民主

黨分支機構，澳洲的中國民主黨始於那個時候。

王希哲兩次到過澳洲。2000年「六四」十一週年的雪梨紀念活動，王希哲是活動的臺柱，他講話很有激情，也很有文采。那天我也有一段發言，大概是這麼說的，民主運動是一項巨大的社會工程和革命，是需要民運人士傾畢生精力和盡移山心力從事的志事，要有持久力，有責任心，還需有判斷力。對自己多平常心少功利心，既然要投身這場運動，從事這樣的志事，就需要渾然忘我。授命之日，則忘其家，臨軍約束，則忘其親，臨敵殺伐，則忘其身。我是在表達自己的心志，既對他人說，更是對自己說。

那次演講會上突然冒出了一個人來，跟王希哲發生言語衝撞。後來不知怎的王希哲對他比較信任，委以重託，還讓我從中聯絡，以後就杳如黃鶴了。王希哲還從澳洲搞了一個電腦高手去了美國，幫助搞民主黨的網絡工作，現在也可能與民運離的遠遠的。王希哲第二次到澳洲是為了王炳章，在王炳章越南蒙難被綁架回中國以後。我們有過一個短暫的見面，當時張羅王希哲澳洲幾天的那個人估計已經刀槍入庫馬放南山了，儘管他曾經向我信誓旦旦表示必將餘生獻給中國的民主運動。由此可見豪言壯語的極度不可靠性，從以上一系列事情也可見王希哲的「狗熊掰棒子」統軍效果。

紀念活動以後我們一起坐車去坎培拉活動，會見澳洲政要，要求關注中國的人權和民主。夜間車上王希哲伸出手來，抓住我的手，加上另外的手，我們幾個人幾隻手抓緊在一起。為了這個運動互不背棄，緊密合作，迎接中國的民主化那一天。車上黑咕隆咚的，基本上看不清各自的面部表情，這有點像歐陽山筆下的《三家巷》情景，說時心情激動澎湃，做時拋之九霄雲外。七年過去了，我沒有忘記那個情景，也信守那個承諾。應該說王希哲也重諾。

王希哲無疑是一個現代政治活動家，他的戰鬥性很強，經常擺出一副打擂臺的架勢，不把對方駁斥得啞口無言，絕不罷休。

王希哲寫過文章批評民運的現象，多人權鬥爭，少政治鬥爭。「人權民運」在近十餘年來在海外幾乎取代了「政治民運」。在我看來，「人權民運」有如淺池嬉水，無風無浪也無險，熱熱鬧鬧你方唱罷我來演。「政治民運」如同舊船出海，風急浪高更有險，駕船人須有識有勇更有膽。

這次羅德島中國民主黨海外聯合總部（海外）的第一次代表大會上，黨章有個別條款幾乎是量體裁衣，量王希哲的體而裁定的服飾。王希哲被民主黨邀請擔任顧問，可以又顧又問，也可既不顧也不問，既有發言權也有表決權。

王希哲似有西域人的基因，一頭銀髮，雙眼深深凹陷，我感覺很神似美國現總統的小布希。他性格豪爽，很有魅力。希哲出生於一個電影世家，原籍四川，生長在廣州。希哲講四川話，講廣東話，更講一口標準的普通話。曾說希哲可以成為一個硬派演員，希哲回答說，他現在就是在演一場戲劇，在自演一場不用替身的歷史劇⋯⋯。

汪岷（美國舊金山）

「我是汪岷」。這是汪岷擔任活動或者會議的主持人的時候慣用語。1993年華盛頓會議第一天僑界宴請世界各地會議代表的宴會上汪岷是主持人，汪岷開始的第一句話就是這句；澳洲民運會議輪到汪岷主持的時候，第一句話還是這句；羅德島會議中，大多數的會議主持都是汪岷，幾乎每次的開場白都是這句。

汪岷在國內的時候是廣州市第十六中學的教師，中國大陸早期民運參與者，曾因為「反革命宣傳罪」被開除公職，接受群眾專政，就地勞動改造，長達六年。1979年民主牆時期是廣州地區大專院校地下民刊《未來》的編輯之一。1980年代出國留學，曾任《中國之春》主編、中國民聯副主席、總幹事。

汪岷是我見到的最早的海外民運總部級領導人。1989年中的時候，澳洲的冬天，汪岷來考察澳洲民運的工作，也許是解決雪梨和墨爾本之間在民聯澳洲分部的大小問題。那天晚上天氣比較冷，好像還下了雨，雪梨的民聯盟員三十來人彙集在澳洲民運創始人田廣的家中，聆聽來自總部的指示。後來從一份《中國之春》澳洲版上看到了那天的合影，十八年前的照片，我們都年輕。這麼些年過去了，照片上好幾十個人現在只剩下汪岷和其他不超過三個人還在這場運動裏面堅持。很慘兮兮的。

　　華盛頓會議上汪岷競選副主席一職，以一票差輸了，輸給了楊建利還是張伯笠就記不清楚了。以後汪岷在華盛頓產生的新民運組織「民主聯合陣線」一直擔任重要職務，經歷了徐邦泰離職，內部刊物《中國之春》的波折，一直很艱難困苦地維持了這個曾經一度可誇耀的海外最大的民運組織，汪岷起到了挽狂瀾於既倒，障百川於東之的作用。一直到了去年的時候，才把「民聯陣」按規則移交給了後人。

　　從知道認識汪岷到開始進一步的接觸，間隔了十二年的時間。汪岷代表民聯陣出席了2001年5月新西蘭民運工作會議。民運內部派系矛盾的發展和演化，原先矛盾的當事人逐漸遠離民運淒涼的舞臺，使得在尚在民運組織中堅持下來的人相互之間產生了一定理解和同情。「沒有永恆敵人和永恆的朋友，只有永恆的利益」，這句話在這裏不算貼切，只能部分的牽強附會。聽說過一部未來世界的幻想電影或者劇本，故事是這樣的：美蘇之間爆發核大戰，整個地球上的人類和動植物都基本毀滅了，世界一片寂靜。這個時候從廢墟中慢慢地艱難地站立起了兩個人，一個是美國的男子，另一個蘇聯的女子。仇敵相見，分外眼紅。但是雙方又都冷靜了，殺死對方也就意味著自己的毀滅，於是兩個上帝存留下來的新亞當和新夏娃握手言和了，重建家園，重新生兒育女，重新分佈世界的人口。人類經過劫難以後得以重新繁衍。澳

芸芸眾「運」

101

洲民運1994、1995年陷入困境的時候，剩下來的幾個人就有點像核大戰以後的美國男子和蘇聯女子。2001年新西蘭見到汪岷的時候民運的境況也是如此，所以新西蘭民運工作會議上喊出了民運要絕地而起的雄壯口號。一旦困難稍稍緩解，人類的原始病灶還會復發，因為是人，上帝造就好的。基督徒希望人類都能擺脫原罪上天堂，那是個理想境界，永遠不會達到。民運也完全如此，懷有一廂情願民運應該精誠團結一致對付專制中共，出發點和願望是好的，善良的，但是做不到的。

為何我對那次見到汪岷有如此特別的感受？原因是墨爾本的民運朋友熱情極其高漲，他們看到了民運內部互不合作的後果，希望中國海外民運產生統一的組織，產生一統的民運領袖。他們情緒激昂，環指當場的幾個民運山寨主，自民黨主席倪育賢、民聯陣主席汪岷、民主黨海外聯總四主席之一的王希哲，捎帶《北京之春》的薛偉：馬上解散各個組織，削平個山頭，統一歸魏京生領導。這個心情是可以理解的，但完全違反民運組織的操作規則。如果當時在場的幾位主席聽從了這番豪情，就地簽約實行了，那一定成為民運的笑柄。民運組織內部操作是民主的，不是主席一人說了算的，對於一個組織的解散與合併這類重要的議題必須有本組織內部的審議和表決。如果組織很小，只有幾個人維持的，至少這幾個人要通氣商量。我當時笑了，跟汪岷開了一個玩笑，汪岷二十多年投身民運，還沒有在正職上待過，總算當了一回主席，屁股還沒有坐熱就接受一個不成熟的建議而解散一個完好民運組織，裏外都不好交代。汪岷也笑了笑。

真正從內心深處佩服並感激汪岷的是2005年的澳洲大會。2004年中以後，民陣、民聯、民聯陣和自民黨先實行了合作，成立了聯絡處。聯絡處的成立應該是後三家組織的共識，以及個別熱心人士的推動，我能看到的最熱心人士是姚勇戰，從中牽線搭橋，穿針引線。能夠讓民聯陣與民陣、民聯1993年華盛頓會議留

下的裂痕一部分地彌合，其功不沒。聯絡處成立以後，就籌備民運泰國大會和澳洲大會。對於2004年12月的泰國會議，我曾給民陣內部的信件上這麼表示：「十二月的泰國會議本人無力赴會，但作為民陣，我認為應該有個別代表參與，以示對多方民運會議的重視和誠意。不然求得其他民運組織來澳洲赴會就可能有難度。誠所謂『欲人愛己，必先愛人；欲人從己，必先從人』。」

泰國大會在各方的合力之下夭折了，澳洲大會的籌備也十分艱難。攻擊來自很多方面，各路友軍亂箭齊發，這個時候的友軍汪岷給澳洲大會的是最堅定的支持，他不為任何外間傳言所惑，不為受到的攻擊發生動搖，按時與副主席林牧晨到達大會，用無聲表達了他的重諾的友情和信義，使得澳洲大會在寒風中尚有一件單衣禦寒。對此我向他深鞠一躬。誠然，澳洲大會所達到的政治成效是十分有限的，各路友軍對澳洲大會的誤解無需追究，因為覆水難收。我們都在挫折和錯誤中成長和成熟。

以後德國會議和這次的羅德島會議，我們又相逢了，在組織關係上更為密切了。汪岷很務實，不唱高調，不說大話，沉穩內斂，眼睛關注的是中國大陸。在澳洲大會上，在羅德島會議上他的發言和思慮都是如此。汪岷來自廣東，前面說過。沒有說過的是清末民初曾經風雲一時，謀刺攝政王視死如歸留有〈慷慨篇〉著名詩句「引刀成一快，不負少年頭」的汪兆銘乃汪岷祖父輩的叔伯兄弟，是否汪岷因此也有了反抗黑暗的天然屬性？

草庵居士（美國洛杉磯）

洛杉磯這個城市開始進入我的記憶始於1984年的奧運會，那是中共建政以後中國運動員第一次參加奧運會。由於政治掛帥，文革左傾的遺風尚在，更兼中蘇關係冷淡，因為蘇軍佔領阿富汗，親美反蘇的中國政府這個時候出於需要，跟隨西方陣營杯葛了本來應

該參加的1980年莫斯科奧運會。雖然中國運動員啼聲初試,卻成績斐然,一舉奪得十五枚金牌,實現了零的突破,當屆奧運會的首枚金牌還是被中國射擊選手許海峰奪得。那次奧運會賽事最讓中國人留下記憶的應該是中國女排擊敗美國隊奪得冠軍,心理學家塞林格率領的擁有身高一米九六超高扣球手海曼和另一位黑珍珠克羅克特的在分組賽中戰勝過中國隊的美國隊決賽時候零比三不敵袁偉民鄧若楨率領的擁有鐵榔頭郎平、二傳手楊錫蘭、怪球手張蓉芳、四川梁豔、福建二珠鄭美珠和侯玉珠的中國隊。

洛杉磯所在的加利福尼亞洲先後有兩名美國電影明星成功轉入政界成為州長,其中一位更成為美國歷史上少數有作為的總統之一,他勇敢地對抗共產專制主義的邪惡,導致了蘇聯和東歐共產主義陣營的土崩瓦解,他必將名垂青史。

洛杉磯去過很多回了,每次去美國,必去洛杉磯。在美國的民運人士,東部的集聚地是紐約,西部的集聚地就是洛杉磯和舊金山。這次去洛杉磯就是想見見當地的民運人士,不管他們現在是否還在這場運動中苦苦堅持。

甫下飛機,草庵居士就到了。初見到草庵是在「新唐人」的電視節目上,是和老民運人士伍凡合作評說中國問題。2005年澳洲大會結束後,我按約定上伍凡主持的「中國與世界」這個網絡論壇介紹大會情況,介紹完畢,草庵與我之間有一個直接電話溝通,約定下回無論我去美國還是草庵來澳洲,都要見面喝茶,認真探討切磋。所以這次去美國之前早早就把這個事情約定了。草庵是最近幾年出現的為推動中國民主化比較熱心比較用心但又不參加任何一個民運組織中的很獨特的人士,一直到了今年的三月才破了這個戒,社民黨洛杉磯舉行會議時候加盟了二劉國凱和劉因全的旗下。定睛一看草庵,高個北方人,好面熟,似曾相識,當然不是電視節目上。想起來了,三十多年前的時候就見到了,不是在電視上,而是在電影裏,紅極中國的日本電影「追捕」裏

面的男主角，扮演杜丘的當紅日本男明星高倉健。在洛杉磯滯留了三天，有過很長的交流，建立了互信。邀請草庵來加盟今年九月在雪梨的「亞太峰會」期間一系列民運活動，草庵欣然應允。草庵準備動身來澳洲前代表洛杉磯民運人士捐獻三百件帶有圖案的T恤衫給「峰會」期間的活動，要求我幫助在澳洲印製。我也欣然應允。最終草庵不被允許登機來澳洲，「峰會」民運盛事草庵未能身臨其境，因而我也沒有能夠在澳洲盡地主之宜與草庵進一步相識相知，甚是遺憾。

莫逢傑（美國洛杉磯）

　　草庵開車把我從機場接到莫逢傑處，那裏已經好幾個人等著了，一起用了晚餐，又聊到凌晨的時候。莫逢傑是洛杉磯的老民運人士了，1991年就知道他了。那年民聯在加拿大開了五大，會後刊發的《中國之春》雜誌封面是新當選的民聯主席于大海，下面還有一句話：把票投向了大海。內頁中有一張照片，莫逢傑和伍凡的緊密擁抱，兩個曾經有齟齬的民運人士捐棄前嫌重歸於好。第一次見到老莫是在華盛頓會議上，穿著工裝服，帶了頂帽子，對會議的發展態勢非常的憂心忡忡，也憤憤不平。三個月後，我們又在洛杉磯見面了，參加的是王若望、方勵之、劉賓雁共同倡議召開的人權與民運聯席會議，老莫還是那套裝束。會議最後一天有個餐會，老莫主持的，餐會上老莫代表「美西避難者協會」向一些有傑出貢獻的民運人士頒發了獎狀，那天晚上老莫的表現非常出色，妙語連珠，妙趣橫生，我至今記憶猶新。老莫很勇敢，敢獨自一人無懼親共人士搖晃五星旗去抗議中共大員，有點張翼德獨立長板坡當陽橋嚇死夏侯杰、嚇退曹孟德的意味。老莫的家現在成了洛杉磯一個民運景點，有民運之家的稱號，到洛杉磯不到老莫那裏，似乎缺了點什麼。老莫十七歲的時候被判

「反革命罪」五年徒刑，老莫的父親被活活打死在中共的監獄裏面，老莫全家遭到共產黨的嚴重迫害，遭受批鬥，家產被沒收。不言自明，老莫屬於我前文說到過的民運中典型的「有仇的」這個類別。

吳仁華（美國洛杉磯）

　　吳仁華是1989年天安門民主運動的參加者，「六四」鎮壓的見證人目擊者。兩千禧年以後三次去洛杉磯都跟吳仁華見面談一談，聽聽他對未來中國政治變化見解。吳仁華第一次出現在我面前的時候是1990年9月舊金山的民陣二大的最後一天，上了會議的主席臺發表了一個情感充沛的發言。吳仁華是江浙一帶人，但不像江浙人那樣柔弱，而是表現得很有血性。那天晚上我們談到這個事件的時候他所表達的內心，他是比較強硬的。他認為如果四君子不去與戒嚴部隊談判，廣場剩下的上萬名學生同心敵愾，劊子手的屠刀不一定能夠砍下來，只要等到天放亮，黑暗中的罪惡就不敢表現在光天化日之下。當時的局面就要變化，中國那一幕的歷史就要改寫，中國的政治狀況就不會是現在這個狀態。他最近寫了一本書，講到天安門事件的最後一幕。我當時是應該索取一本的，因為從歐洲到北美，一路上獲得的贈書大大加重了行李，已經在紐約因為書本過重而拖壞了行李箱，所以未敢開口。記得2002年初見到吳仁華，談到了中國的政治變化，他認為江澤民所剩時間不多，不可能再期待他有任何政治改革的作為，他能順利地把權力平和移交到下一個人手上，就是江澤民對中共的貢獻了，他不可能為中國人民考慮未來，因此不用再關注他了，就看當年的中共十六大的人事變化吧。根據中共的情況來看，胡錦濤十六大接受總書記一職應該無驚無險，不會產生意外。胡錦濤接下總書記以後並不等於完全接管政權，要等到來年「兩會」才

能最終拿下國家主席和軍委主席職務，最終成為集黨、政、軍大權於一身的最高領導人。既是如此，胡錦濤在他的第一個五年任期中不會有政治作為，只有等他在十七大上鞏固和加強了他的權力基礎，才可以期待他做魚死網破狀的努力，表現出他個人的政治作為。如果胡錦濤真如坊間猜測和期待的那樣，是一個有政治雄心和抱負的人物的話，中國的政治改革可望出現在2007年秋的中共十七大以後。海外民運不乏有眼光和分析能力的能人，這麼些年過去了，中國政局發展和變化基本都在大家的預料之中。仁華見六年前的這番話，基本上印證了中共這些年的發展和變化。中共十六大以前長期蒙面紗的胡錦濤在這五年來的政治表現已經打碎了人們對他的幻想。從客觀上分析，從前的估計的中共十七大以後的政治改革的可能性應該說不會再有了。等十八大習近平和李克強？或者再以後的什麼人？老百姓的耐心不會再有了，世界的變化也不會讓中共從從容容地過一道道難過的關和坎。

伍凡（美國洛杉磯）

　　伍凡可是民運的老戰士了，從他1982年起從事民運，已經在這塊出地裏耕耘了一個「銀婚」時期了。伍凡擔任過於大海的副手、民聯的副主席，民聯陣理事長，《中國之春》雜誌總編，現在主理「中國事務」網站。1990年民陣二大在美國舊金山進行，我作為民陣二大代表參加了那次會議，參加那次會議還有一個額外任務，就是為雪梨民聯內部紛爭充當一方御狀的狀紙遞送人。民聯的重要人物都是民陣二大的嘉賓，當任主席胡平，下任主席于大海，民聯聯委會幾大太保徐邦泰、吳方城、伍凡，監委會主任薛偉，還有余叢和日本的董真海等都在。我還有印象伍凡與吳方城在雪梨民聯紛爭問題上各執一詞，各站一方。聽說一直到那一年10月1日雪梨的一個活動上，楊曉榕為首的一方搶奪了對手鄭

郁一方中國民聯雪梨分部的會旗，引起民聯總部的震怒，監委主任薛偉不得揮淚斬馬謖才終於使得雪梨民聯的內部紛爭告一段落。

華盛頓會議是民運內部的一個結，靠什麼去化解？最好的良方是時間，不需要說明解釋，時間長了，自然化解。「嘉定三屠」，「揚州十日」，滿人對漢人犯下的罪惡可謂滔天，三百年後不少漢人死活不願意剪去掛在腦後的馬尾辮，說明的就是這個問題。這次見到伍凡，十四年過去，感覺到伍凡還是從前那個樣，未見顯老，不免詫異。伍凡的解釋是，他已經成為大法弟子，正在世間修煉。經過修煉，提升了心性和境界，洗滌了「黑色物質」，身心都有所淨化，是故愈發精神煥發。伍凡宏願再回人間，我不禁為之動容。人說人世是旅店，人是匆匆趕路的過客，無奈天黑投宿旅店一宿，天明還將趕路，一直到自己的目的地，自己的家。人到世間是為了修煉從而擺脫輪迴，不再回到人世。而伍凡還要回到人間，豈不無量佛情懷慈悲蒼生普度眾生？

這些天在洛杉磯還有機會交流的有社民黨秘書長劉因全，來自天津的劉世賢，兩位都是相互認識有些年頭的民運老朋友了。其他民運朋友還有老民聯的吳倩、劉心虎，新認識的高個老張等。在洛杉磯幾天時間，還有很多民運朋友沒有遇到，給我一個感覺，洛杉磯的民運狀態還是比較良好，人氣也旺。也許是因為我的盲人摸象，對實情有所低估。若是如此，望洛杉磯民運朋友原諒。

馬大維（美國洛杉磯）

這次沒有見到馬大維，心裏有一種遺憾和惆悵。以前每次到美國，必到洛杉磯，必見馬大維。這次多方聯繫，都沒有成功，三年前來洛杉磯的時候還是住在了老馬的家中。老馬出生在上海，與天馬電影廠的牛奔（應該是三個牛字，字庫裏沒有這個字）都是當時的小影星。老馬作為美軍在韓國駐軍的士兵，在那

裏與太太邂逅巧結良緣。1972年中國乒乓外交以後美國亟需開拓美中關係，老馬被從軍營中調回培訓成為外交官。天安門事件激起了海外華人對中國民主運動的同情之心，老馬因此投入中國民運，沒有功勞有苦勞，沒有苦勞有疲勞。現在民運不景氣，前景不明朗，到了年歲希望激流勇退，人之常情人之常態，我們應該給予充分地理解和體諒。

七十年代初的時候，有一部朝鮮電影在中國放映，電影名記不太清楚了，大概是「鋼鐵工人」。裏面有一個片段如果用心去體會一下的話，就很能體會和理解人的心態和體能。工段長「泰正」，也許是這個名字，是個勞動英雄，長得人高馬大的。有一次讓兩個同組的工人和他一起搬氧氣瓶，他一手抓一個在頭裏走，後面兩個工人一人兩手抱一頭跟著後面走。其中一個泡病號的老頭百來斤重的東西搬不動，在後面走的踉踉蹌蹌的，泰正扭頭看這老頭，怎麼著，還在裝蒜吶。那個老頭平時泡病號工作偷點懶是很招人恨的，但是這個時候工段長就有點過分了，自己長得人高馬大一手提個百來斤東西不覺得重，不能體會到一個體弱病痛者搬不動百來斤東西的實際情況。孟子曰：「挾泰山以超北海，語人曰，我不能。是誠不能也。為長者折枝，語人曰，我不能。是不為也，非不能也。」這個時候的泡病號老頭是不能，非不為。而泰正卻錯誤地認為老頭是不為，非不能。如果民運的同道朋友以平常心看待人和事物，這個圈子和氛圍就更加可愛了。

萬潤南（美國舊金山）

這次環球行在舊金山停留了不到一天的時間，中午到達，晚上離開。老萬來接機，與三年前一樣，先一個電話過去：我到了。數分鐘以後，老萬開著車就出現了。三年不見，老萬看上去沒有明顯的變化。

首訪澳洲和民陣二大

老萬第一次來澳洲是1989年9月，法國巴黎新成立民主中國陣線不久，老萬是總部理事兼秘書長，一起來的還有天安門學運的風雲人物——民陣副主席吾爾開希。那天是1989年的12月18日星期四，四天前12月14日民陣雪梨支部剛成立。新當選的民陣雪梨支部正副主席以及有支部監察功能的支部會長等一起正襟危坐在主席臺上，會場裏面擠滿了新加入民陣不久的會員以及熱情高漲的旅居澳洲的中國留學生，借用的會場是雪梨喬治街600號的威斯里教堂。上帝的僕人，教堂的牧師對剛過去不久的六四鎮壓尚記憶猶新，民運的事情到處處綠燈放行。兩個人在臺上演講，會場特別的擁擠，空氣非常的不通暢，演講人汗流滿面的。吾爾開希的演講特點，講到激動處就要昏厥過去，喝一口水緩過氣來接著講。那次演講主要靠老萬不徐不疾的娓娓道來，沒有衝動，沒有煽情，只有冷靜和沉穩。那天演講會結束，當場就有數不清的中國留學生踴躍地加入了民陣雪梨支部。一個字：熱。天熱，情熱，心熱，民運熱。

四天前去參加民陣雪梨支部的成立大會，我是被民聯雪梨的元老田廣叫去支持二李的，本以為打一槍換一個地方，民陣雪梨支部成立以後就可以回到民聯了，誰承想民陣需要骨幹，二李又熱情，就被慰留在民陣，被民陣民聯兩邊拉扯，好不尷尬。最終民陣吸力大，就再也沒有重回民聯。1990年5月民陣澳洲分部在雪梨舉行全澳代表大會，因為本人木訥，不善言語，由李副主席提議，李主席接受澳洲分部監事會主席的位置，也許為的是將來民陣澳洲分部內部發生紛爭時，一個無能之人處理事情，甩不出殺手鐧。

澳洲分部大會後就是選舉代表出席民陣將在美國舊金山舉行的二大。此時民陣雪梨支部已因支部主席操作失誤而為今後的巨

大紛爭留下伏筆，儘管支部主席為顧全大局忍辱負重自我犧牲。以後我得出體會，失之毫釐差之千里，千里長堤毀於蟻穴。此段辛酸容後有時間精力再敘。

民陣成立大會上沒有雪梨民陣領導人參與，二大是雪梨民陣人大會嶄露頭角的機會，各方磨刀霍霍，以期有所斬獲。民陣總部「陳、萬之爭」已經明朗化，首任主席嚴家祺爭取連任跡象幾乎沒有，誰有可能問鼎民陣？雪梨支部副主席目光獨到，中意萬潤南，起草一封信，鼓勵萬潤南出馬競選。共四人聯署，其中二人為二大代表，本人裏挾其中。此信萬潤南是否看到，有何反應，至今未有得知。此信可被譽為「勸進信」、「效忠信」、「馬屁信」，應有盡有。是毀是譽，我皆有份。起了兩稿，副主席當場唸了一遍。實行四人民主，都同意副主席的一稿。文筆流暢，言之有物，情真意切，曉之進退得失，於己於公。

澳洲的民陣會員可能超過全球其他地區的總和，按會員比例分配出選代表，因而有了一個龐大的澳洲軍團，成為民陣二大炙手可熱的巨大票倉。雪梨代表李克威、李絹、楊兮、王燕妮、周捷、沈敏浩、葉佳佳、賈餘、馬冬、黃兆邦、桑晉、王囂錚、倪海清、岳剛、甄毅、張力行、潘晴，墨爾本代表賀誠、祁元、王珞、南澳代表張小剛、還有一位好像叫秦嘉浩。

甫下飛機，舊金山的民陣代表朱韻成前來接機，第一次踏上美國的土地，又有一起來的眾多民陣代表，一高興，背誦起了蘇軾的〈江城子　密州出獵〉表達自己的舒暢心情：「老夫聊發少年狂，左牽黃，右擎蒼。錦帽貂裘，千騎卷平岡⋯⋯。」還沒有背誦完畢，馬上李克威揶揄我指桑罵槐，得了便宜還賣乖，弄得我很不好意思，在身旁的幾位好像醒悟了過來，也對我笑罵。這些代表有些在大會以後就絕緣了，有兩個滯留在美國沒有再回澳洲。一個不知所蹤，另一個後來找到了，曾被誤傳捲入案件死於非命，現在還在美東學位讀了一個又一個，就是至今還沒有辦妥

美國的綠卡，老是告訴我好消息，「快了快了」。就這句「快了快了」已經整整十年了。

　　既然聯署了信件給萬潤南，那就仔細看看萬潤南，民陣二大是個好機會。一方面，三天會議，萬潤南是個矚目人物，民陣主席的候選人。另一方面，萬潤南一身便裝，很不起眼，與許多代表西裝革履領帶整齊形成鮮明的反差對比。大會期間，萬潤南老老實實地端坐在會場的前排，身邊總有一位儀容端莊的女性坐在身旁，後來知道，是安琪女士。民陣成立一年來的責任和失誤都指向了萬潤南，鬧得最凶的兩個是自稱民運「祖奶奶」的林希翎女士和岳武。大會的最高潮是主席選舉，這個時候的萬潤南一改三天來形象，一身西服領帶，容光煥發，雖然個子比起搭檔的副手許思可幾乎矮了半個頭以上。對手也是一高一矮的搭檔，高個朱嘉明和矮個的徐邦泰。這是民主程序的練習，競選人發表施政綱領，接受選舉人提問，競選人雙方進行辯論。在這個回合上，萬潤南的表現太出色了，說話分寸把握恰到好處，不張揚，柔中帶剛。而對手朱嘉明的表現明顯地遜於萬潤南。我還記得當時的場景，那天萬潤南神采飛揚，說話擲地有聲，雖然十七年過去了，萬潤南民陣主席競選時的一句話使我記憶至今：民主不是你死我活，而是你活我也活。這句話成了我以後在民運內部發生衝突時的指南，1991年雪梨民陣內部衝突發生時，我就是這個心態，用了這句話主動緩解、解決相互間的劍拔弩張的緊張，儘管這只是單方面的，對方可能完全不知道，不領情。以後但凡遇到內部不和與衝突，都這麼處理。

再訪澳洲

　　萬潤南1992年4月再度來到澳洲。那時中國留學生在澳洲的居留運動如火如荼地進行著，參加民運組織的人士也大多是衝著這個目標而來。重要的民運領袖到達澳洲，總能得到前呼後擁的

接待。那天萬潤南在雪梨公開演講，吸引了數不清的聽眾，把雪梨劍橋旅館的會議廳擠得水洩不通，連後臺也蹲滿了聽眾，有不少人還是衝著四通總裁這個頭銜去的，希望一睹曾經中國最大民營企業家的風采。雪梨民陣經過曠日持久地一年多的內部紛爭，塵埃落定，總部監事會裁決，各打五十大板分開了事。萬潤南在這個時候來澳洲，就要面對這方面的提問。萬潤南是這麼回答的，民運組織內部的紛爭本來就屬於正常，試問澳洲的政壇上沒有爭鬥嗎？澳洲的政壇有執政黨和在野黨之爭，執政的工黨內部為了領袖地位也有爭鬥，不久前澳洲工黨財長基廷擊敗總理霍克取而代之，說明的就是這個問題。但是民運組織內部的紛爭應該符合規遊戲則；要有原則和底線，不能無所不用其極；民主是你活我也活，民主是理念，是制度，還是生活方式，紛爭的雙方要爭取達到雙贏的目標。只要符合了這些遊戲規則，民運組織內部的紛爭對民運沒有大不了的壞處。

以後我知道，萬潤南流亡以後不久去過一次臺灣，正值朝野雙方吵得厲害，民進黨人當著李登輝總統的面，一語不合就開始掀桌子，而且還掀翻了好幾張桌子。當時的行政院長李煥對到訪的民運人士表示了臺灣民主過程中的無序，很是無可奈何。萬潤南的回答使得李煥感到一些寬慰：政治語言有三種不同。專制政權使用的是槍炮語言，如鄧小平用軍隊鎮壓天安門學運；初級民主社會往往使用肢體語言，如臺灣民進黨人立法會裏面的打架和衝突；成熟民主社會則使用理性語言，如西方主要用選舉語言和政策語言來體現。

萬潤南繼續回答雪梨聽眾：肢體語言比起槍炮語言是一個進步，臺灣的民主社會毫無疑問比中國大陸要進步。臺灣方才實行民主，立法會裏面的肢體衝突屬於正常，雖然臺灣立法會的辯論演變成肢體打鬥往往不上政治新聞節目，而上的是體育節目一欄，比起老牌民主國家起步時候的民主，一點都不遜色。民主制

度在英國實行得最早，當時的議會也是議員打鬥的場所，英國議會裏面議席桌上的墨水瓶是鐵器製成，而且澆鑄在桌子上，防範的就是議員發生爭論時候情緒不受控制抓起來就當武器使用。因為有過這樣的先例，不是英國人特別能夠預見可能發生的議會打鬥而防患於未然。由此可見同為中國人在臺灣率先實行了民主，表現出來的民主素養不比其他人低，只是一般人沒有進行縱向和橫向的比較，才出現了這種錯誤的審視和評判。

有一個聽眾問萬潤南，既然中共可以用坦克機槍鎮壓北京學生和市民，為什麼民陣不向它學習，在海外使用暴力綁架中共高官的親屬和子女？萬潤南笑了，這麼回答：這不是暴力行為，這是恐怖主義。民陣在巴黎的總部包括我和總部秘書不到十個人，而中共在巴黎的使領館人員數倍於我們，更還有我們看不到的它們的眼線。要論恐怖，我們不是共產黨的對手，他們就是靠這個起家的。而我們民陣與中共相比，就是具有道義上的制高點，如果我們效仿他們，我們就淪為中共的同類了，立刻失去了我們賴以存在的制高點，那我們馬上就會失去世人對民陣對民運的道義上同情和支持，民運就真的寸步難行了。

那次還安排了萬潤南在漢德森博士主持的雪梨智庫的演講，此人八十年代末曾任前澳洲總理霍華德辦公室主任，那個時候的霍華德還只是反對黨副領袖。主持人問萬潤南在法國的生活如何，平時使用什麼語言，萬潤南回答用英語。又問今天晚上的演講也用英語嗎？萬潤南回答，不，用漢語。演講開始時候，主持人幽默了一下：民陣主席萬潤南先生1989年天安門事件以前是中國當時最大民營企業四通公司的總裁，現在生活在法國巴黎，在巴黎的時候講英語，今天在澳洲，一個英語的國度，演講使用的語言卻是漢語。臺下大笑。

在新南威爾士大學有一場演講，當時澳洲SBS電視聞風前來採訪，由於萬潤南正在會場裏面演講，電視臺的只能在外面乾

等。閑著也是閑著，電視臺採訪人問我們誰能接受一下採訪，我被慫恿上前回答他們的提問，仗著會說幾句英語，硬著頭皮上陣了。記者David Gardner問：澳中關係正在解凍，你是否認為澳洲政府的表現是否太軟化了？沒有絲毫臨陣經驗，率而答道：是的，澳洲政府的表現比較軟弱，這對中國的民主化進程沒有好處。全世界應該繼續對北京採取強硬態度，迫使中國在人權方面有進步。不一會，萬潤南演講結束走了出來，接受電視臺採訪，第一個問題就是原來問我的問題，萬潤南的回答是這樣的：西方社會對中國政府的態度不應該是軟和硬的問題，而應該是國際社會的政治壓力和民主人權的呼聲保持持續性的問題。後面還有一長段精彩的回答，不能一一記住了。同樣回答「軟和硬」，一比就相形見絀。可以斷定當時沒有人做這個比較，我卻是「瞎子吃餛飩，心裏有數」。也許是我敢接受英語採訪，有點像子路率而答曰，由也為之，比及三年，可使有勇，且知方也。以後關於中國的民主和人權問題，經常受這位記者的新聞採訪。

那次萬潤南會還見了幾位澳洲國會議員，其中包括當時移民部長韓德。會談目的有如下：國際社會包括澳洲繼續施加政治壓力幫助中國的民主化，更加關注中國的人權狀況；鑒於中國的政治高壓和人權的惡化，民陣和民聯的成員返回中國都有遭受政治迫害的風險；善待當時滯留澳洲四萬中國人士，這批人年齡介於25-40之間，文化程度高中大專以上，居留澳洲有利於澳洲長遠的國家利益。第一個問題是萬潤南作為民陣主席自己帶來的議題，後兩個問題都屬於當地民運組織添加給萬潤南的議題，對民運組織成員有望梅止渴作用，對旅居澳洲的中國人士有寒冬春暖作用。那天在墨爾本還會見了當時最為關注中國人士去留問題的前工黨議員Andrew Theophanous博士。這位議員行為比較拖遝，我們一行十來人在他的辦公室足足等了一個多小時他才姍姍來遲，這也是一位不拘小節的人，來自賽普勒斯，對中國人有一

種特殊的感情，對中國的民主化非常的熱心，數年前蒙汙被判入獄，現在正在努力洗清冤屈，當他蒙汙的時候，在澳洲安逸生活的絕大多數中國人士表現得非常薄情。在這等待會談的一個多小時中，萬潤南的處境不好過，民陣墨爾本支部和民聯雪梨分部的領頭表現比較無禮，可能是勞累的原因，萬潤南坐在沙發上垂頭打起了瞌睡。我不禁暗自笑著這一幕，有點像耶穌受難前受到兩個兵油子的取笑。

老萬那次來澳洲，因為老萬在原來的雪梨民陣矛盾中沒有傾向我方，在我看來是偏袒另一方，有意躲著他不見，任何電話也不接，讓他好找了我一天，後來我不慎忙中出錯接了一個電話，被他逮個正著。老萬不以為意，我也覺得不可再躲避，便參與和安排以後的活動。老萬在雪梨的演講中講了民主運動與中共、民運組織和地方組織有對決的三盤棋，分大、中、小。地方民運組織紛爭的屬小盤棋，總部的紛爭屬中盤棋，民主力量和中共之間的爭奪天下是大盤棋。如果大盤棋不能勝出，贏了小盤棋和中盤棋都是沒有意義的事情。我對萬潤南這三盤棋的比喻是刻骨銘心的，是後我就學著經常調節自我，力圖避免精力時間偏於注重投放中小兩盤棋，在小盤棋局的博弈中能勝固然好，不勝也無所謂。最令人不安的是民運常常忙於中小盤棋的搏殺而忘了大盤棋的對弈。當然，所謂的與中共爭天下是一種比喻性的說法，真正的含義是民主運動在中國的成功，在中國建立起民主制度，而非以往意義上的打江山坐江山的改朝換代。萬潤南還用了一個很幽默的說法解釋了專制政治與民主政治的區別，前者是槍指揮黨，後者是錢指揮黨。

華盛頓的滑鐵盧

華盛頓民聯民陣合併大會是民運重大挫折，也是萬潤南在民運中從輝煌跌落谷底的一刻。在此之前，1992年12月末的時候，

「反萬派」在澳洲的主將專門約我談過一次，動之以情、曉之以理告訴了我華盛頓會議可能發生的事情，何去何從由我自己選擇，這是對我的先禮後兵。說句天地良心話，我當時真不是鐵定地屬於「擁萬派」，而是他透露的「反萬」陣營的三步方略使我成了鐵定的「擁萬派」：第一步，搞臭萬潤南；第二步，切斷萬潤南歸國之路；第三步，把萬潤南踢出海外民運。耶誕節前收到萬潤南一張聖誕賀年卡。賀年卡很普通，上無稱謂，下無署名，中間一行五個字，萬式鋼筆草書，字如其人的身形，字體優美而又敦實：共飲一杯酒。內夾一張小紙片，列印了這麼一些字：我們搬了家，位址，電話，萬潤南、李玉。一切盡在不言之中。萬潤南當時的處境困難，如何恰如其分地表達，如何分寸拿捏準確地爭取支持，確確實實是一件非常困難的事情。在大風浪面前暈船嘔吐者居多，有七十二變能耐的孫悟空過火焰山，被芭蕉公主一扇子暈暈乎乎飛出十萬八千里。我們遠在澳洲，平時幾乎沒有溝通和交流。搖擺、觀望、見風使舵，見利忘義，這些東西又都是人之常情，人之所欲。萬潤南此舉著實煞費苦心。當時有理解，但个算很深刻，過了好多年以後，才知道不是我一個人收到這封充滿特殊讀解意味的賀年卡，才慢慢品出了味。

　　華盛頓會議期間，萬潤南被安排的房間號是447，諧音解釋為「是死期」，是有意還是巧合，無從知曉，只有會議的籌備張偉知道。我所見到的情況是華盛頓會議上萬潤南自始至終神態安詳，在我視覺以外的老萬的表現另當別論。儘管敗北已成定局，老萬不出一招，不設一計，大家在一起談笑風生。我看過電影「山本五十六」，山本在中途島戰役中被擊斃，他的出巡被美軍破譯，致使受到攻擊，電影中的山本明知滅頂之災在即，端坐艙中紋絲不動。真讓我為山本的臨危不亂方寸深深懾服。當然山本座機上的隨行無一生還，事實是否如此無從考證，完全有可能日本根據山本的平時的言行舉止推斷得出，更有可能日本有需要如

芸芸眾「運」

117

此描繪山本招回日本大和魂。民陣二大以後，民陣理事長朱嘉明對主席萬潤南的不滿是民陣內部眾所周知之事，其實此二人在民陣二大之前本無恩怨，二大的競選結果使朱嘉明對萬潤南結下了樑子，以後以萬潤南為政治對手，定要贏回萬潤南一盤棋。萬潤南並不以朱嘉明為對手，聽萬潤南曾經提起過，萬對朱說，我們之間不應該成為對手，我們的共同的對手在北京，如果我們不能共同與北京對弈的政治棋局中勝出，你我之間棋局的勝負是沒有意義的。當初的民陣二大，只有萬潤南一人有意競選主席，沒有其他比較有競爭力的人出馬與萬潤南一爭。也許是怕有一種競選場面的冷場，出於好意，民陣監事蘇煒尋找重量級的人物與萬潤南一爭，使得民陣二大的主席競選有看點，蘇煒找到了朱嘉明。清末有戊戌六君子，趙紫陽主政時期有四君子，朱嘉明是其中之一，另外三位是王岐山、翁永曦和黃江南。從分量上看，萬潤南與朱嘉明的競選煞是好看，兩者的政治能力和知名度堪稱旗鼓相當。競選的結果是萬潤南勝出，朱嘉明敗北。前文說過，萬潤南表現出色，朱嘉明表現平平。但是以後朱嘉明對萬潤南的不斷的攻擊，事態的一步一步的惡化，相信蘇煒是始料未及的。有知情人分析，朱嘉明對萬潤南的敵視，完全是一種人性中的性格衝突。我的理解，人性中有一種東西，叫做妒嫉，隱藏在人的內心之中。韓國人對中國人有妒忌心，企圖把中華文化的精華據為己有。弱者希望壓過能者，技不如人就採取詆譭和暗中使絆的手段。在民運文化中比比皆是，在北美有，在歐洲有，在南半球澳洲更有。這也是人之常情，人之常態。

　　華盛頓會議的預備會議上，民聯紐省分部主任對我鄭重告誡：馬中赤兔，人中呂布。暗示在這個風口浪尖不要動搖，我很是欣賞這種危難見真情的情懷。中共1990年代的「八老」之一陳雲很令我讚佩不已，他敢於不買毛的帳進行軟性抗拒，廬山會議後，同僚對被批判的彭德懷如同瘟神似的躲避不及，唯陳雲一

頭扎進了彭德懷的座機，一起飛回北京；毛死後十一屆三中全會上，又挑戰政治權威率先打破黨內的僵局，使得鄧小平在政治權力的鬥爭中占得上風取華國鋒而代之。我以為這位也有這種患難真情，可是到了會議的第二天，會場的政治風向就使他變了立場，隨風而去。我回到澳洲，堅持民陣的旗號不變。底下會員質疑，兩大組織合併完畢，沒有了民陣總部，就不存在民陣紐省支部。言之有理，皮之不存，毛將焉附，本支部因此更名，稱作澳大利亞紐省民主中國陣線，這裏就是總部。畢竟是無根的浮萍，兩個月左右的堅持，最終內部壓力大，經過支部理、監事會以及行政部門共36人的內部表決，28票對7票，1票棄權，多數意見進入民聯陣。這是按民主程序走完的過程，根據民主精神和原則，尊重並承認投票結果，但為了保持自己的意見和立場，當場辭去支部主席一職，與殘留的另外7人，絕對的少數，繼續堅持民陣的旗幟。紐省民主中國陣線發生動搖的時候，曾就如何應付這個棘手問題求教於兩個人，民陣雪梨支部首屆正副主席。前者舉了秦王禮送尉遲敬德的故事。後者態度堅決，不惜把支部打碎也不拱手相讓。我聽取了前者的意見。這時新組織「民聯陣」吹枯拉朽地一陣風把澳洲原來的民陣、民聯基層支部基本囊括一空，只剩下很少數民陣、民聯的「殘渣餘孽」繼續民陣、民聯的旗幟和番號。其實這「一小撮」人承擔了比較大的政治風險和罵名，這些人堅持原來的旗幟不變是否對萬潤南、吳方城等人在海外民運世界級層面的紛爭中贏得時間和空間並為以後民聯和民陣旗幟繼續飄揚至今起過至關重要的作用，那就見智見仁了。

　　華盛頓會議以後，民聯陣在西澳的監事，利用鄉情來勸民陣雪梨支部前主席看清民運形勢脫離萬潤南轉去支持朱嘉明，被斷然拒絕：論個人關係，朱對我好過我對朱，朱不欠我我欠朱。論政治智慧和品行，朱在我下我在朱上。朱拉我是拉不走的，萬踢我也是踢不走的。此人應該是萬潤南在澳洲最為中意的學生，曾

對我說過：我是沒有機會坐轎子了，我只能抬轎子，我抬轎子有一個自我規定的標準和要求，就是抬最漂亮的新娘，萬就是我心目中認定的最漂亮的新娘。還追捕了一句：電影中的人物不算，小說中的人物不算，我所親眼目睹有過交往的人物數萬最高，如果萬不能獲得歷史機會為中國的民主政治貢獻他的聰明和才智，那將是中國之不幸。早在民陣成立之初，他曾比較認真地追蹤了萬潤南的言行，尤其是萬潤南首訪臺灣時候的答記者問讓他衷地欽佩，在他看來萬潤南很明顯地表現出了他的鶴立雞群。我若有所思地聽著，看著萬潤南當時的處境，心想這是必然，木秀於林，風必摧之。

民陣三大和組織發展保存的新思維

民陣三大1993年底舉行於澳洲墨爾本，民陣黃金海岸支部一群搞美工的街頭畫畫的為大會製作了民陣會標，圓中一個看上去像漢字的「同」，同時又是民陣英文的三個首字母FDC的組合。原來圖案還要複雜一些，經過醞釀和討論，刪去了複雜繁瑣部分，選定了現在大家看到的那個民陣會標，簡潔明瞭。這個同字，製作者表達了「世界大同」、「同心協力」的含義，代表共同詮譯成「同心同德，共度時艱」的含義。據其中主要的一位多次提到，他們在民陣華盛頓會議以後面臨的生存危機的時候，曾找過一位測字看相的高人，讓他分別看了萬潤南和徐邦泰二位的面相，結論是萬處境雖然困難，但有雲開日出的一天。徐雖居新組織主席之職，但以後走勢必然衰落。這番預測更加堅定了他們與風雨飄搖的民陣共存亡的決心。三大結束後，我曾陪同來自日本的楊中美、趙南、加拿大的杜智富、和洛杉磯的馬大維遊雪梨，他們與萬潤南的交往在當時都遠比我深，從他們那裏聽聞了對萬潤南的敬佩，和一些萬潤南故事，尤其是楊中美專門進行人物研究，他曾經寫過胡耀邦和李鵬評傳，這些故事到了很多年

以後萬潤南在網上發表文章的時候才得以證實。很多年以後，雪梨一位作家在《東華時報》發表一篇文章，對萬潤南淡出政治很感惋惜，在他看來，只有萬潤南稱得上海外民運的真正領袖，如果政治巨星隕落了，那是一個時代的悲哀。文章署名我不認識，一經思考就猜出作者為何人了，一個電話過去，直接對他表示文章寫得不錯，作者的推斷也正確，作者解了一道複雜的題目，只有結果，沒有運算的過程，雖然正確，卻很難服人。作者對於我一步到位的找到他感到驚訝。民陣三大舉行之前，萬潤南先到雪梨，明確地表示如果人家沒有反對意見，三大將從民陣主席位置上退下來。後來歐洲各國代表到了澳洲，情況發生了變化，歐洲代表不同意萬潤南的做法和決定，民陣正處時事維艱時期，牽一髮會動全身，陣腳會亂。可能是出於這個考慮，萬潤南就繼續擔任民陣主席。

民陣二大的時候，耳聞目睹了民陣經脈上受到的制約。萬潤南有一句最招人惱怒的一句話：「老子連共產黨都不伺候，還會伺候國民黨嗎？」吃人嘴軟，拿人手短，人就是這樣地不理直氣壯。為此，民陣三大有一個新的設想，政治上繼續保持一個壓力團體的定位，堅持民陣的「旗幟不倒，隊伍不散，聲音不斷」，其次就是試圖經濟自立，通過經濟發展「以商養運」。所以不知道是哪一位在三大上戲言民陣英文字母縮寫FDC又是漢語「發大財」的諧音。客觀地說，民陣三大上的經濟策略是不成功的，民陣內部從事經濟活動的人物以後若干年在經濟方面的發展大多受挫。即便若有成功者，也與民陣的關係漸行漸遠。

民陣三大定下了經濟自立的策略，我也不甘落後，積極行動，在雪梨購地、申請建造，最後把建好的新房推向市場。整個過程充滿了曲折和艱辛，曾出現退縮情緒。萬潤南鼓勵說，凡事不可輕言放棄，正門不開走後門，後門不通跳窗戶，地下鑽出來，天上飛下來。正面讀解就是鍥而不捨，反面讀解就是不擇手

段。最終還是命與仇謀，未能成功。我自我歎息，這是機會沒有把握好。萬潤南卻說這本來就不是機會，如果是機會，機會會衝著你來，而不會輕易消失。是你的就是你的，不是你的，到了手上還會飛走。這是聖經裏面講到的「馬太效應」，萬潤南看得很明白，這使我不禁回想起小的時候聽過的戲說三國。劉、關、張三結義，為爭當大哥爭論不休。一位長者路過，見這情形就出面調解，用手一指村前一棵大樹，我看你們三位在那棵樹上位置決定你們的兄弟排座次。張飛一聽，飛跑到樹下，一口氣爬到了樹梢上，關羽不甘其後，也爬到了樹腰上，劉備不緊不慢走到樹下席地一坐。張飛高叫：我爬得最高，應該是老大。長者回對：樹是從地下往上長的，根部的最年久歲長，樹梢的新枝新芽出世不久，你在樹梢上，你是小弟，在樹下端坐的，是老大。這個故事道出了這個含義：從容不迫，知天順命。該是他的就是他的，不是他的「煮熟的鴨子照樣飛走」。我因此得出結論，不是我愚，而我命該如此，命理和運勢不是自己可以控制和掌握的，這東西不在這個世界，而在另一個世界。如果天意使我那個時候成功，就沒有我現在的狀態，熊掌和魚翅不可兼而得之，雖然眼下生活和處境比較窘迫，是自找的，無怨無悔，心裏就坦然了。

　　人生的機遇有如下幾個要素，一是「命」，二是「運」，三是「風水」好，四是「前世積德」，五是「苦讀書」，六是「不要臉」。後來在小說《紅頂商人胡雪炎》裏面看到了其中的前面四項要素，後兩項看來是萬潤南自己添加上去進行的隨意發揮。我自己的理解，前四項，命、運、風水、積德都是前世帶來的，進入這個世界的剎那間全部煙消雲散，不在人的自我意識和記憶之中。只有「苦讀書」，也就是「後世的努力」才是自己能夠把握的。當然「不要臉」也是人生成功的一條捷徑和通途：蒙坑拐騙、過河拆橋、造謠撞騙、殺人越貨，樣樣都幹，完了來個金盆洗手，洗心革面，遁入空門，虔誠懺悔，照樣進入西方極樂世

界，步入上帝的天堂。我想自我要求做正派人和明白人的萬潤南是不會採取成功之路最後一項的，我雖無涯人生中漫遊，定無居所，也絕不允許自己選擇人生之路的最後一項，那麼只剩下華山天險一條道可走，只能依靠發奮努力，謀事靠自己，成功憑天意。

　　萬潤南有一個很經典的說法，「明白人，正派人」。多年的民運經驗使我深知從事民運事業者首先人要正派，同時更要明白。不正派無以行遠，不明白事則不成。正派和明白兩者兼而有之實為不易。首先從萬潤南處聽到這個說詞，不禁詰問萬潤南，你是屬於何者？萬用他特有的吳儂軟語普通話調皮地神態反問，你看我屬哪一類？我理解既萬潤南然提出了這套說詞，應該內心對這個標準和目標有所嚮往和追求，要求自己是兩者兼而有之。明白人可以洞明世事，預知變化和發展，明白人也可以陰險狡詐，包藏禍心。謠言止於智者，同時也可以起於智者。正派人為人耿直，講求原則，但也可以是一根筋的糊塗人，凡事講死理，不懂得變通，作繭自縛，自誤誤人。所謂的真理和謬誤就是一線之差。「聽多數人意見，跟少數人商量，自己最後決定」也是萬潤南特有的領袖方式，太精妙了，無論是民運操作還是個人的人生發展過程中，都非常值得借鑒。在四通公司的時候是這麼做的，海外民運操作過程中是否也這樣做？估計機會和條件不多。

　　有一件很細小的事情讓我記憶至今，很值得回味。1995年初的一個夜晚，原雪梨民陣一位會員從國內匆匆打來一個電話，讓我千萬轉告萬潤南，鄧小平剛在301醫院去世，中國可能會發生政治變化，希望民陣有所準備應付。當時是半夜，萬潤南剛睡下不久，這麼重要的消息，而且電話人一再要求立即轉告，非常為難，還是把萬潤南叫醒了，告訴了這個消息。萬潤南半睡半醒地想了一下，不緊不慢地說了一句「不像」，倒頭又睡。第二天，還是一片風平浪靜。我暗自感覺很好笑，你真是「高家莊的高，

高，高，高」。簡單的「不像」二字，真是左右逢源，兩頭討巧，都沒有錯。這不是能力問題，這是智慧問題，不服不行。

淡出以後

1996年中萬潤南再度來到澳洲，我所知道的是最後一次來澳洲，明確地知會大家，是從民陣主席位置上下來的時候了，希望大家理解。同時也遊說我接任民陣副主席一職。一個月以後民陣四大在美國肯塔基舉行，時差的原因，連續幾天晚上興奮，白天呼呼大睡，三個懶覺當上了民陣副主席，很是慚愧。三大的時候澳洲區副主席說他是農民的兒子，這回我接替他，我說我是工人的兒子，同屬社會的最底層，現在叫草根階層。這一屆民陣會議上，萬潤南辭去主席職務，由加拿大的杜智富接替。萬潤南在民陣裏面的作用和影響力還在，主要體現在民陣的行為風格方面，自從1990年民陣二大以後，民陣經過萬潤南長達六年的主導時期，逐步形成了一套獨特的風格，政治上獨立自主，不依附他人和其他政治勢力，不卑不亢、不張不揚，分寸拿捏的火候掌握得恰到好處，高效率、低調子，行事謹慎、沉穩、內斂。這種民陣萬氏風格，一直保存到2003年10月。

萬潤南最後一次的民運活動為1999年的臺灣之行，此後就淡出了民陣和民運的具體的運作。1998年6月初去紐約的時候看了看萬潤南在世貿大廈的辦公室，「911」恐怖襲擊的時候我還為之擔心，後來知道萬潤南早已搬離了那棟大樓。更值得慶幸的是，三千多恐怖襲擊的受害者中間沒有一個是從事中國民運的人。以後萬潤南又經歷了美國的股災，這下損失慘重，好在民陣內部的同仁都有一種比較好的心態，基本上都沒有讓萬潤南更加雪上加霜，而採取的是等待和理解的態度。又一次人生路上的劫難，萬潤南沒有被壓倒，在美西重新開始新的生活方式，更讓不少知情人對萬潤南更加敬佩不已。連的法國的岳武幾次對我說過

他過去與萬潤南交往過程中的種種不快，現在回想起來還都是自己的錯，如果有人願意「練練」萬潤南的，他就一定先行一步跟人對練。以後很長時間，在民運的運作中看不到萬潤南的出現，聽不到萬潤南的聲音，一直到了2006年4月看到了萬潤南網路上發表的文章。再仔細一看，萬潤南已經寫了好幾篇文章，都發表在網路上，我覺得篇篇寫得精彩。這麼多年了，萬潤南在我的印象中是只說不著的，是什麼原因促使萬潤南動筆了？心裏不禁掠過一陣不安。徐文立把萬潤南的文章群發了過來，希望民陣的人都看一看。我回答徐文立：我已經很仔細地看了，萬潤南不鳴則已，鳴則驚人；不雨則已，雨則傾盆。這才是民陣應該具有的真正的政治智慧和水準啊。當我看到老萬的第一篇時，就迫不及待的等待下一篇的出臺，我還調侃他的一指禪，願意提供十指禪幫助儘快完成。後來萬潤南好像一發不可收拾，一口氣寫了很多篇，寫不同時期個人奮鬥和努力，我都一一讀過。其實萬潤南的文學功底不淺，平時看不見，偶爾露崢嶸。記得1995年瑞典會議的時候，萬潤南心血來潮，在去俄羅斯聖彼德堡的遊輪上一口氣把天下第一長聯背了下來：五百里滇池，奔來眼底，披襟岸幘，喜茫茫，空闊無邊！……我非常的羨慕，要求萬潤南替我手書下來，他還藉這個機會賣關子，說是字字千金，對我便宜一點，一字一美元。萬潤南的文章並非人人叫好，民陣內部也許就我對他的文章情有獨鍾，其他的還沒有這個感覺，更有甚者在柏林會議上民陣有人影射萬文有長中共志氣滅民運威風之嫌。

柏林會議以後曾經與萬潤南通話，告知自己在會上發難，而且回澳洲以後就與之脫離，自舉旗幟，有點石達開無奈出走天京的意味。自忖此舉必遭人嫉恨。但這是為了民陣的將來不遭人唾棄，無奈地使用一時意氣，犧牲了自己。萬潤南覺得的確可惜，但作為表達的政治態度和立場完全正確，這樣結果，很難說好和壞，如果事態進一步發展，儘量先採取守勢。

「收穫不必在我，耕耘我在其中」，是萬潤南擔任民陣主席的時候耳熟能詳的一句話，同義於黃興的「名不必自我成，功不必自我立，其次亦功成而不居」。對從事民運這樣一件志事者，真正的理解其含義，並且融化在血液中，落實在行動上那更是難上加難的事情。儘管如此，我以為類似這樣如有立德立言者的訓誡，都是我們應該時刻謹記在心的。

萬潤南很招人恨，「好好做你的生意，在民運圈裏面混什麼」。這也是我耳熟能詳的一句話。我覺得此話很偏頗，在我的觀察和理解中，萬潤南的才能和智慧在商業方面的表現非凡。萬潤南的四通精神「自籌資金，自願組合，自主經營，自負盈虧」就成了那個時代經濟改革紛紛效仿的典範，萬潤南提出的「打碎鐵飯碗，捧起泥飯碗」成了城市企業改革的一種模式。萬潤南有過錢，而且數目很大。曾經滄海難為水，到了海外民運中，通過民運聚點小財，不會是他的作為。雖然說萬潤南1989年前是中國最大民營經濟實體四通公司的總裁，更重要的是他的政治思想和政治活動能力。這一點我深信不少人持與我不同的觀點和看法。

王軍濤稱萬潤南在海外民運中帶出了一支隊伍，王稱這支隊伍「萬家軍」。另有人則臧否萬潤南「做人不錯，看人不準，帶人不行（注意，不是待人，而是帶人，意指披帶新人）」。評價萬潤南沒有後繼。以萬潤南的智慧和能力，雖不在民運第一線，但若有所努力，有所政治擔當，還是可以成為民運的教父級人物。曾經與萬潤南一起四通起家的下屬現在大陸已經身價上億的，點評老萬在經商上只用技巧，沒用智慧，而在政治上只有智慧放棄技巧，在淌海外民運這灘渾水與滿是宵小人物打交道的時候只懂得守住個人操守而不懂得使用技巧，安得不敗走麥城？

我的理解：萬潤南是一位不可多得的領袖人物，他思路清晰，反應敏捷，對複雜事件有非常準確的把握，分寸感強，沉穩

內斂，行事全然道家風範。用萬潤南的話就是，一切順其自然，不要計較，不要盤算，人算不如天算，天算不如不算。有一次問萬潤南，對於世間各門宗教，你信哪一個？萬潤南想了一下回答我，沒有特別信和不信，相對比較順從佛家。萬潤南太明白了，有人說他看清了中國政治中的三個面：共產黨政權的殘酷性，中國知識分子的無恥性，以及中國民眾的愚昧性。在他的內心深處告誡著這些因素對中國民主運動起到的巨大阻礙作用千萬不可低估。有一位原資深民運人士自嘲地解釋民運，他認為民運是一個病院，在裏面的人都是病號，他也曾病得不輕，但是現在好了，現在常回到民運這個病院來看望原來的病友。用另一個看透中國政治、中國國情和中國人性的人的話來解釋，民運中的智者會按照以下三部曲走：自絕於共產黨，自絕於民運，自絕於中國人民。萬潤南現在淡出民運是否也是這樣的心態？我不這麼看，我認為萬潤南看到了天不從人願，時機不為人期待，這是他的萬般的無奈。但是我倔強地相信：天命不可違，天奉不可失。看，看不見的；聽，聽不到的；想，不知道的；這才是真理。

王炳章（中國廣東韶關北江監獄）

在我的認知、理解以及認定，中國海外民主運動的第一人是王炳章博士。王炳章於2002年6月在越南境內被不明匪徒綁架扔進中國，次年被中共當局判處無期徒刑，現在仍然在中國廣東韶關監獄服刑，已近十年。

我初投入民運的時候，先投入中國民聯的旗下，也就是王炳章1983年在美國創立的海外第一個中國民運組織。那個時候王炳章已經離開了民聯，我能聽到有關王炳章的消息以負面居多。1993年2月紐約的辯論會上，新組織民聯陣的新主席徐邦泰說起有關王炳章的故事，說徐邦泰當年就讀加州柏克萊大學，王炳章

尋聲而來找到了徐，邀請徐加入民聯。在校園裏漫步的時候，王炳章信手摘下了一棵樹上的果實，既不知道這是什麼果子，也不知道口味如何，摘下後直送嘴裏，咬了一口才發現又苦又澀，忙不迭地吐了出來。我記下了這個故事，對王炳章的個性有了一個初步的印象。

1998年初，蟄伏了多年的王炳章又一次「橫空出世蟒昆侖，風風火火走九州」，用了化名潛入中國境內，旨在推動境內的民主黨的組黨運動。王炳章的動作很快就被中國政府偵破逮捕，隨即禮送出境。王炳章此舉在北美民運圈中招致一片罵聲，多位著名的、重量級的異見領袖人物聯名簽署發表聲明，譴責王炳章。罪責有二：使用假名證件屬於違法，導致了國內民主人士的牢獄之災。然後民聯和民陣也發表聯合聲明，加入這個大合唱。我雖矮子看戲，對這一局沒有看得真切，聽話聽聲鑼鼓聽音還是會的，對這些譴責和批判很不認可。根據直覺，王炳章是一位敢於作為的人，敢於為天下先的人。這就好理解「行高於人，眾必非之」所表示的人之常情人之常態了。當年5月末去加拿大多倫多開民陣會議，向民陣主席杜智富提出了異議。杜智富告訴我，他也不是很認同這些聲明的說辭，所以民陣在連署的時候已經盡力在字裏行間調低了批判的調門，只以一個空殼子形式對外宣佈，來滿足當時海外民運聲望最高領袖人物的心理要求。2002年4月楊建利博士進入中國與王炳章博士1998年進入中國可謂異曲同工，但是兩個方面的反應不一樣。在海外的本陣營方面，楊建利沒有因為持非本人證件「違法」入境而遭受非難，這是「對人不對事」雙重標準的表現還是知錯認錯糾錯，我到現在沒有找到答案。在敵對方中共那裏，對楊建利的和王炳章處理也是雙重標準，王炳章快速禮送出境，楊建利則被收監5年。也許是時空的變化，中共的策略已經改變，兩例前後4年，等量齊觀就是刻舟求劍。

1999年6月中王炳章風塵僕僕訪歐洲到澳洲，繼續推動中國境內的組黨運動。這個時候，1993年辯論會上被提到過的王炳章個性在澳洲淋漓盡致地表現了一回。沒有向主人有絲毫客氣禮貌地諮詢，王炳章反客為主，操起電話就猛往中國境內撥打，給澳洲民運圈按不同城市和地區分片包幹分派任務，雪梨負責包幹某幾個省的民主黨黨員的聯繫和資助，墨爾本負責包幹某幾個省的民主黨黨員的聯繫和資助。不問下達的任務是否有效地執行。據我事後所知，那次分派的任務在炳章走後全都扔到了腦後，幾乎沒有人去執行。這就是王炳章的個性，效果與柏克萊大學品嚐木名果子一樣，不調查，不研究，先做了再說。王炳章這一次環球之行更壞的一點還不在於此，而是在歐洲的冒失行為。1999年5月8日發生了美國轟炸中國駐南斯拉夫大使館事件，澳洲民運圈內有人要求我組織人去美國領事館抗議。我一口回絕，這不是我們民運宣誓主權的時間和地點。問題的來龍去脈還沒有搞清楚，背後的道理沒有弄明白而胡亂表現「民族大義」，我不同意這麼幹。等一等，看清楚了再說。王炳章倒好，想不起來在歐洲哪個城市，帶了一批人去美國使領館抗議侵犯中國的主權。也憑直覺，這是不明智之舉。以後王炳章被中共綁架判無期徒刑，明面上沒有美國官方有為王炳章說項的舉動，是否與這個事情有關？這個只能「陰謀論」猜測，不會有解答。傳聞有這麼一個故事，數年前上海建立交橋，有一處無論如何作業也打不下某個樁。只能問高人。高人解釋，有神在下，這個樁正好打在它的背上，只有某時某刻可以打下這個樁。在高人的指點下，按時作業，打樁成功。就在當晚，洩露天機的高人就被請到了另一個世界去了。

不過那一次與王炳章相對深度的交往，也讓我看到他的另一面：做事努力、仔細、禮貌、體貼，更經得起批評攻擊。我陪伴王炳章參訪澳洲國會人權委員會，拜訪北雪梨聯邦獨立議員，

芸芸眾「運」

出席公開演講會，王炳章都有體現。他建議我過後都需要去信或者致電感謝他拜訪過的議員，以保持今後繼續往來的一個渠道。我還發現，他不非議人。這一點後來得到很多與他有交往的人的肯定。也就在那一次，王炳章告訴我，當初他北美啟動「中國之春」運動的時候，蔣經國派人找到了他，來人飽含眼淚，總算有來自大陸的仁人志士開始了二十世紀的「揭竿而起折木為兵」，蔣經國還懷有希望有朝一日王師北定中原。第二年中國民聯成立。那個時候，中華民國與中國民聯的關係是一種政治合作關係。體諒中國大陸人士的習慣思維，臺灣方面接受中國民聯站位在臺灣海峽兩岸的兩個政體中間的立場。根據我二十多年海外民運體會和認知，中國海外民運與臺灣之間的關係，就屬這段時期最為默契。以後的兩邊關係發生變化，臺灣雖對民運仍然有支持，遠不能與蔣經國時代同日而語。

　　王炳章走後，我比較認真地思考過這麼一個問題，如果1989年初的「倒王事件」不發生，後來中國爆發學運的時候，作為當時海外唯一的民運組織中國民聯的作為將會是怎麼樣？王炳章是行動型的人，中國學運他沒置身事外。王炳章1989年民運一開始就立刻搭乘日航飛機返回中國，準備投入天安門運動，但在日本機場被堵送回美國。（日本政府接到中國政府的外交照會不允許炳章通過任何第三國進入中國）。中國民聯也曾考慮返回北京影響學運，最後只有一人返回中國，這人是劉曉波，二十一年以後成了諾貝爾和平獎得主。這裏面還鬧過一個笑話，徐邦泰也是民聯定下的回國人員之一，飛機票都買好了，臨上飛機前，徐通知民聯他不能去了，因為護照被他的太太窩藏起來，無法上飛機。但是無論「倒王事件」是否發生，八九民運的結局不會改變，共產黨的力量強於人民的力量，強於民運的力量；鄧小平的個人意志強於西方民主社會，強於曾為美國駐北京聯絡處主任、時為美國總統的老布希。

王炳章是個具有多重性格的人，有他的仔細，也有他的漫不經心。用民聯人的話來描述王炳章，王炳章把中春和民聯當作「家」全心全意，悉心照料。聽說這麼一些軼事：（1）「中國之春」初創時期，王炳章去一位朋友家做客，朋友的老岳丈進門，王炳章還是一屁股坐在地上，絲毫沒有起身招呼的意思，朋友在後面踢了他一腳，長輩前來還不趕快起身致意，王炳章才起身。（2）送一位民聯盟員去地鐵站，沒有等盟員上車，扭頭就走了，那位盟員氣壞了，以後就成了王炳章的對頭了。（3）病從口入，禍從口出，王炳章不經過大腦深思熟慮的言語，就算是原封不動不經過加工傳到當事人的耳朵，是否也會加重對王炳章的心結？所有這些點點滴滴都彙集成了「倒王」的種種因素。其實更重要的，王炳章的行事風格棱角太明顯，讓人很難接受，尤其是與臺灣方面具體經手人的關係。蔣經國1988年1月去世以後，臺灣島內主持對中國民聯支持的機構態度隨之發生變化。中共對於王炳章會有比較正確的研判，對症下藥易如反掌。按照「陰謀論」來推斷，「倒王」應該是國、共合作，通過民聯內部的程序完成。程序執行者並不一定非聽命於國、共的指令，卻是「形勢比人強」。

2001年底，王若望先生逝世，王炳章早早到了追悼會現場，希望說幾句話，但是沒有受到准許。炳章那天神色凝重，見了我漫不經心地回應了我的招呼。當時覺得奇怪，事後搞清楚原委才理解，人遭受排擠，受了很大委屈，再要裝得大度若無其事，的確很不容易。

2002年6月王炳章在越南境內被綁架，在判處之前，我們曾經拜會澳洲外交部，希望西方國家影響中國政府，爭取王炳章早日獲得自由。澳洲外交部告訴我們澳洲已經關注王炳章案，就在兩個多月前，當中共當局公佈了王炳章被捕的消息後，澳洲外交部致函中共外交部詢問王炳章被捕的原因。中共外交部回函的口徑與中共官方媒體一致。

王炳章究竟為何去越南冒此風險,蒙此劫難,有各種不同的版本,最讓我接受相信的還是王炳章的夫人寧勤勤提供的一個推測版本,知夫莫如妻。因為是推測,我這裏披露沒有意義,還是等炳章獲得自由的時候由他自己說出來為好。有一點可以相信,中共綁架炳章也好、誘捕炳章也好,都沒有做錯,因為炳章的作為最讓中共感到心驚頭痛。我認同王希哲的中國海外民運的分類法,「人權民運」和「政治民運」。前者自1989年以後長期的佔據主導地位,在我看來就是「你方唱罷我登臺」的淺水嬉戲。後者則比較被邊緣化,而且是「風急浪高」多有兇險的,王炳章從事的就是後者的。這讓我回想起一件事情,發生在1999年的8月中的時候。一位神秘人物到澳洲找到了我。他知道我將要迎接魏京生到訪澳洲,那個時候江澤民也要經過澳洲前往新西蘭參加亞太峰會,魏京生通過北京設下的澳洲「警戒線」在此專事「迎候」。我們通過複雜繁瑣的聯繫方式約定在雪梨市中心見了一面,那人帶著墨鏡,坐在室內也沒有把墨鏡摘下,所以我到現在仍然無法知道那人是誰,就是那人現在重新出現在我的面前,我無法辨認。那人讓我稱他「國」先生,「國」代表中國國家安全部。若以後失去他的資訊,請我一定記住他,等到中國的春天到來的時候,他會來找我們。國先生告訴我,所有海外民運,就屬王炳章走的路數是正確的,其他的都是小兒科。王炳章1998年初闖入中國推動組黨運動,是動真格地挑戰中共,其他的在海外呼籲中共改善人權之類聲明和集會,都是無關痛癢的玩家家。

2003年3月王炳章被判處無期徒刑,在大牢裏面一坐就是十年。很長一段時間,炳章的案例得不到關注和重視。我不知道國際社會,尤其是美國政府是否為炳章向中共提出過交涉。炳章坐進了大牢,原來對他的負面評議或者妖魔化開始逐漸減少,民運圈中有一點反思,重新認識他。辛灝年熱情謳歌王炳章具有多數知識份子所沒有的卓越品格,羊子把王炳章比作展翅高空的飛

鷹，儘管有低飛的時候，甚至低於平地越起的一隻公雞。據聞中共可以對炳章從寬處理，條件是炳章必須認罪。炳章寧把牢底坐穿絕不屈服，絕不改變自己的初衷，中共的面子和炳章的理想意志發生了對撞而無法妥協。2011年8月為謀求香港民主派領袖帶領民眾爭取香港民主從而帶動和影響中國境內的「茉莉花」革命而到紐約，看到了羊子家中掛著炳章隸書唐詩崔顥的「黃鶴樓」，同去的錢達驚歎炳章書法的神速進步，又一次勾起老民運人士對炳章的懷念。在從華盛頓返回紐約的車上，商定了民聯、民陣、民聯陣合三為一回歸為中國民聯的計畫，組織的英文名稱用民陣的FDC，遙推獄中的王炳章為重新合併的組織的主席，雜誌「北京之春」和「中國之春」合二為一，民聯陣取消番號。把目前有限的民運熱情重新集中起來，把離隊的老民運人士呼喚回來，重新集合再出發，讓重新合併的組織和旗下的民運人士時刻牢記著中國海外民運的創始人王炳章仍在中共的大牢裏，讓民運效仿越王勾踐臥薪嚐膽懸樑刺股。營救王炳章，唯有中國政局發生根本性變化，別無他途。薛偉、錢達、黃奔、汪岷和本人達成了共識，各自回到家進一步推動的時候出現了問題，阻力主要的來自於我們半壁民陣。我的理解是「武大郎開店」的心態，是不明白民運格局演變，民運處於困境採取突破和超越的能力和見識短缺的緣故，五人共識不能被理解被接受，就連王炳章的家人得知資訊後也來電表示了相左意見。此議束之高閣。

最近到臺灣拜訪了王炳章夫人寧勤勤，我看到了這位女性的偉大。她自覺地和不自覺地為炳章犧牲三十多年，她的人生被王炳章所「綁架」。第一個十年從旁協助王炳章從事民運，第二個十年獨自哺育與王炳章生育三個孩子，第三個十年為獄中的王炳章奔波，任勞任怨，默默承受。她輕鬆地說起王炳章民運之路，是她不經意的輔助，促成了王炳章把想法付諸行動，從此王炳章走上求民主反專制的不歸路。今天王炳章蒙受牢獄之災，源於她

芸芸眾「運」

1
3
3

當時不經意種下的因，實在是「罪孽深重」，因此情願被「綁架」，義無反顧地關懷著王炳章。

　　近年來經常見到炳章的女兒王天安為父親奔走呼號，頗似緹縈。為紀念八九民運，王炳章給他1989年出生於加拿大蒙特利爾的女兒取名「天安」。在我的眼裏，炳章獲得自由之日也就是中共倒臺中國政治變化之時，而中國政治大變化跡象已露端倪，很快就會以迅雷不及掩耳之勢，磅礡於全中國。炳章實際上在與中共進行賽跑，我堅信炳章會以勝者的姿態到達終點，如果中國的政治演變速度再快一點的話，炳章還有望成為一位政治領袖在未來中國的變局中有所作為。

2012年6月

悼念王若望

　　第一次聽說王若望的名字是在二十多年前。那是在上海出的一份雜誌上，依稀彷彿是《青年一代》，刊登了一篇介紹剛被脫帽平反不久的右派王若望，並配了一幅他與羊子新婚的照片。給我留下印象的不是王若望承受長達二十餘年的政治迫害，這在當時的中國實屬可空見慣，不足為怪。印象比較深的卻是當時不多見的近二十歲年齡差距的老夫少妻婚配，馬上聯想到的就是孫中山與宋慶齡，心想這王若望定是個敢說真話的英雄好漢，這羊子定是個敢做敢為的奇女子。再次聽說王若望的時候是1987年反資產階級自由化，1986學潮之後他和劉賓雁、方勵之等一起被共產黨開除。

　　第一次見到王老是1992年12月的第一個星期天，王老和羊子夫婦應邀訪問澳洲。當時在澳的四萬中國留學生居留澳洲的前途未卜，已發生強行遣返和絕食靜坐等事件。在這種情況下，澳洲的民運組織力邀王老訪問澳洲，為中國的人權狀況現身說法，為中國留學生整體居留澳洲向澳洲政府陳情。王老、羊子夫婦在完成了歐洲、香港之行之後，又馬不停蹄，風塵僕僕來到澳洲。那天雪梨機場迎接的就有數百人之眾，場面之熱烈，在海外民運史上可謂空前。王老走訪澳洲多個城市，會見政府官員以及朝野議員，披露中國人權狀況，要求澳洲朝野善待中國留學生；舉行公開演講，宣示民主理念和民運策略；與多個民運組織的眾多骨幹座談，深入細緻地瞭解民運組織的結構和狀態；會見其它社會賢達，爭取更多的對民運事業的認同和支持。

　　王若望先生1992年7月離國赴美，他沒有像方勵之那樣三緘其口，繼續大膽放言，嚴厲批評北京當局。當時海外兩大民運組

織「民聯」和「民陣」正擬合併事宜，正愁合併後新組織的主席人選。王老的出現，給解這個愁結帶來了新的解決方案。王老德高望重，立場堅定，由他統領新組織可以解決各方的不諧。當時民聯總部民聯聯委會，民陣理事會，最後民陣總部趨於共識，公推王老出任合併後新組織的主席。1993年初合併大會在美國華盛頓舉行，會議最終失敗，海外民運遭受重大挫折，民運力量分散。前民聯聯委會主任徐邦泰先生認為他與王老之間有協商但沒有契約，所以在責任和謙讓之間選擇了前者，當選了新組織的主席。

作為個人，王老是華盛頓會議最大的受害者。但是王老並非因此消沉，繼續為中國的民主運動在海外奔走呼號。近年來海外民運低沉，許多名重一時的人物逐漸褪去，但王老九年來始終如一堅定地站立在海外民運的前沿，無論是凜冽的冬日裏，還是在炎炎夏日下。每當看到此情此景，總令我內心戚戚難忍。我每次去北美，都要去王老處駐足，以示一位晚輩對長者的敬重。夫人羊子常對王老的處處奮不顧身感到無奈。我比較隱晦地表示王老應保持健康長壽，傷筋勞神的具體活動不必事事參與。王老一生追求，一生坎坷，如夸父逐日，未及入日先渴死。耄耋之年的王老以生命與中共專制相競，終未能目睹中共專制的倒臺，令人不禁發出「出師未捷身先死，長使英雄淚滿襟」的感歎。

有一件事一直讓我感到遺憾，王老在美生活近十年，靠羊子替人看護孩子的微薄收入維生，對於一位喪失工作能力的老人生活之艱難不難想像，而且王老在美的政治庇護遲遲不得解決，王老的生活更是雪上加霜。在與澳大利亞當時的影子移民部長雷鐸會談時，雷鐸坦言並非所有在澳中國人士都是難民，但你王若望是，如果你以難民理由申請在澳居留，你應該獲准。會談後我隨即向王老夫婦提出何不在澳定居，這樣也有生活保障。鑒於當時民運組織合併在即的情況，王老沒有考慮。

在我手邊，珍藏著王老贈送的二件東西，一是1997年初收到王老寄來新出版的文集一冊，附有王老顫抖手筆的親筆書信，每次看到它，長者對晚輩關懷的感激之情不禁油然升起。文集使用了旅澳著名畫家沈家尉先生所作肖像畫為封底，王老還特囑咐向畫家表示謝忱。另一件是王老的一幅字，那是1992年王老夫婦來澳期間留給我的。王老當時是名人，但他從不擺這個譜，對人襟懷坦蕩，至誠至善，有求必應，在那次短短的十數天的相處中處處可見其優秀品格。當時有許多人向他求字，他一一應承，寫了多少，我記不清了。未了王老對我說：「我給你也寫一幅字吧」。王老給我寫的是：

秦晉先生座右
世界潮流浩浩蕩蕩，順之者昌逆之者亡——孫文格言
中國特色權力之上，順我者昌逆我者亡——一言堂銘
壬申年冬王若望書

我不懂書畫，王老的草書功力，行家裏手一看便明。我能理解是其字裏行間的政治意味，我能感受是對後生晚輩的獎掖。我托朋友裱糊了，珍藏至今。

王老棱棱風骨，堅強不屈。以1937年既為寶雞地委書記資歷，完全可在中共政權裏為己謀得自己的利益。但王老剛正不阿，大膽直言，因而因言獲罪，幾度入獄，74歲高齡被放逐海外，最終客死異國。

王老是本月初被診斷出身患絕症，夫人羊子難以承受即將的生離死別，王老倒是鎮靜，勇敢地面對即將來臨的此生的完結。問什麼是最放不下心的，王老回答：一是骨肉親情，二是中國民運。又問民運不是已經失敗了嗎？王老意志堅定地回答民運是不敗的，民運定會成功的。讀來心慟。民運目前是低落的，但民運

只會成功不會失敗。民運不可能一蹴而就，民運人士定會前仆後繼使之在中國成功。民主政治是世界歷史的滾滾洪流，不可阻擋。世界共產專制覆巢之下安得中共專制完卵乎！筆者清楚民運是一件艱苦卓絕的宏偉事業，絕非一朝一夕之事，需要數年甚至數十年的艱苦努力，需要時代的潮流，需要歷史的時機，交替作用，相催而成。

　　王老走了，走得匆匆，帶著遺憾。但是王老的遺願定會有後人完成。

　　晚輩再大聲喚您一聲王老，一路走好！

2001年12月

香港的地位

　　香港，1840年鴉片戰爭後從大清國的版圖上割出去給了英國，作大清給英國的戰爭補償。1949年中國大陸政權易手，直到1997年，香港一直是中國瞭望世界的一個窗口，毛澤東和鄧小平都沒有收回香港的強烈意向，是英國首相柴契爾夫人的迂腐判斷，在1983年的時候，向中國政府提出要求，九龍新界租約到期進行續約。這個要求觸動了中國政府的顏面神經，不同意續約。英國退而求其次，放棄香港主權換取對九龍新界的治權，簡言之「以主權換治權」，也就是豬肉換羊肉。鄧小平很強硬，寧願不要香港，也不再續租九龍和新界。1993年5月借「中國民運與人權團體聯繫會議」，沾了王若望先生的光，與隱居美國洛杉磯的前香港新華社社長許家屯有過一餐之緣，席間許家屯先生說起了這段密辛。席間問道，如果英國不向北京要求續約，將會是怎樣？許的意思是說，中國不會主動要求收回九龍和新界，香港一百多年來的地位會在1997年以後在一種沒有明確界定的狀態下繼續維持下去，維持多久就要看中國和國際形勢的變化了。英國與中國之間的強弱關係的轉換，看誰有求與誰。英國人不懂中國人的政治心態，就犯了這個錯誤，吃了大虧。

　　香港的回歸，北京內心是擔憂的。因為香港有言論自由，可以成為顛覆北京專制制度的橋頭堡。但是中共很成熟，經驗也老到，充分地有效地利用了國際的綏靖主義和相當一部分港人的自律心態，迄今為止，化解了自由香港對中共專制制度可能的衝擊。

　　香港回歸以前，香港民主黨領袖李柱銘和另一位新秀鄭家富到過澳洲，在雪梨大學和雪梨唐人街一家中餐館分別辦過兩場公開演講。我和另外幾位澳洲的民運人士聆聽了這兩場演講，同時

要求與李柱銘、鄭家富進行一個會談。我們的要求沒有得到李柱銘先生的首肯。目睹這自從1989年六四以來，海外民運與香港泛民主派之間的互動，給我一種感覺，兩者之間是一個窮富不等的親戚關係，偶有走動，但不親密。也是人之常情，窮親戚找富親戚為多，反過來就比較少。

2004年5月末開始做了一個環球旅行，6月28日欲由德國法蘭克福機場登機進入香港。行李托運，機位登記，都順利進行。臨上飛機前，卻被阻攔了，被香港移民局以必須持香港當局簽發入境許可的理由拒絕入境。北京很敏感，7月1日就是香港民眾上街遊行爭取香港的民主和自由，儘管我在民運中的影響很小、階位也低。為了防患於未然，將我阻擋在外更好。香港媒體注意到了這件事情，立法會議員塗謹申還在立法會直斥董建華政府損害香港形象，抨擊中共政府自我嘲弄關於香港一國兩制的政治承諾。應該坦承，我進入香港的本意是觀摩和支持即將發生的香港民眾爭取民主的「七一」大遊行。北京很清楚，來個釜底抽薪，入境香港不予放行。

這是我與香港的第一回合，頭撞南牆，鎩羽而歸。

2004年6月28日在德國法蘭克福上機前被阻攔進入香港（日後兩天7月1日香港50萬人上街遊行）。
2005年11月18日第一次被允許進入香港。
2008年8月2日抵達香港被拒入境（2008年北京奧運會前夕）。
2008年11月27日第二次進入香港，29日去澳門被拒入境再次折回香港。
2009年4月初第三次（也就是迄今最後一次）進入香港。
2009年12月7日第三次被拒進入香港（香港正舉行一個體育盛會）。
2010年5月3日第四次被拒進入香港（適逢上海舉行世博會）。
2011年1月25日第五次被拒進入香港（赴港目的是參加司徒華追悼會）。

司徒華，中國民運的良師益友

　　司徒華先生，人們喜歡親切地稱他「華叔」，不論男女老幼。這個稱呼始於何時，我還沒有弄清楚。其實現在「華叔」早該是「華爺」了，今年已經華誕七十有九，早過了唐代詩聖杜甫「人生七十古來稀」那條人生線。

　　1989年北京天安門事件以後，「華叔」這個稱呼就成了歷史的定格，深深地、長久地烙印在海內外華人世界裏。而「香港市民支援愛國民主運動聯合會」，簡稱「港支聯」，成立於「六・四事件」的前夕，百萬港人上街遊行，有力地表示了對發生在中國北京的民主運動的支持。華叔一直是「港支聯」的主席，二十多年來，從不間斷，一直領導著港支聯全力地支持中國的民主運動，呼籲、勸戒中國共產黨重新評價「六四事件」，營造寬鬆政治氛圍，希望中國共產黨認清歷史潮流，主動開啟政治改革，走向民主社會。

　　香港的民主自由在回歸後受到制約，民主自由的聲音弱小了，民主自由的陣地也縮小了。然而，華叔依然堅守香港的民主陣地居功至偉，不論如何情勢變化，只要「六・四事件」不得到最終解決，則堅持初衷不改。甚至在2004年初，北京方面向華叔發出秘密上京的邀請，也被華叔婉言拒絕，充分地體現了他的棱棱風骨。

　　「九七」回歸之前漏掉了多次機會去看一看英國殖民主義治下的香港，想起來去香港的時候已經是回歸七年以後的2004年的6月末，當時預計7月1日有五十萬到一百萬港人準備上街要求民主普選。基本可以這麼斷定，這是一個政治敏感的時刻。香港董建華當局一紙令下，我被擋阻登機進入香港，一直到了2005年的11月末的時候才第一次悄悄地踏上香港土地。

通過輾轉介紹，在「港支聯」的辦公室拜會了華叔。在場有香港作家柳孚三先生陪同，談了大約一個小時。長者之尊，教誨循循，我作為晚輩受益很深。臨別了華叔在他的短篇集《化作春泥》上為我提了「淡泊明志，寧靜致遠」八個字作為贈別。說起這八個字，我是情有獨鍾的，來自諸葛孔明的《誡子書》，此書又引我看了〈前、後出師表〉。諸葛孔明真是萬世師表，人若宗教信仰未明確確立，這些話能夠使人在困境和逆境中巋然屹立不倒，在順境中不至於欣喜若狂而迷失自我。我也體悟到，華叔就是以這些作為他的人生準則和座右銘的一部分，在漫漫的人生路上一路走來做到了剛正不阿，貧賤不移，威武不屈。

回澳洲看了華叔著的《化作春泥》，始知華叔原係香港教育界，育人無數桃李天下。此書原是香港明報專欄文章彙集，行文樸實無華，讀來如涓涓細流，潤物無聲。既明理，又敘事。

2008年12月初再次進入香港，又拜見了華叔。那天在場的還有「港支聯」的副主席蔡耀昌以及好友黃元璋和陳景聖。我不知道華叔有沒有來過南半球的澳洲，根據我的記憶，1989年成為華人世界所崇敬的「華叔」以後應該沒有來過。後經考證，華叔的確從未踏上過澳洲，但有過其他「港支聯」的重要成員來過澳洲，支持澳洲地區的中國民運。

人生在世，就是要活的精彩，瀟灑如意。或彭祖八百，或蜉蝣天地，皆為造物主所賜。高祖提三尺劍取天下，非人力所及，何時乘風歸去，是世間使命完畢。人的身體，健康狀況，不是人的意念可以自控的，但是人的心態是可以用心理意識進行自我調控的。華叔雖然一輩子單身，未曾婚娶，但是桃李天下，受人敬重，此乃東隅與桑榆之別。華叔教書育人凡三十餘年；七十年代投入社運；八十年年躋身香港立法會，成為香港基本法起草委員會成員，八九年因「六‧四事件」憤而辭職；之後率「港支聯」堅守香港民主陣地，譽滿全球。有如此驕傲人生，夫復何求？世

界很大，也有多重。唯有閱歷豐富、參悟力強者可以明瞭，可以活的精彩走的輕鬆。今年剛過的庚寅虎年春節前後，華叔一如往年，在香港年宵攤檔為市民寫揮春。

吾嘗「三入三阻」香港紀錄，本一介平民，手無尺寸，小魚掀不起大浪，香港特區政府無需過分焦慮緊張。我與華叔僅謀面兩次，無個人私交但有公誼。華叔是香港的驕傲，是中國民主運動的良師益友，我們的父輩長者，他為我們樹立了為人處事的榜樣楷模，因此我希望能夠赴香港再次拜會華叔，再受教益。我這裏用一個不太貼切的「風樹之悲」向港府提交「陳請表」，望港府特首曾蔭權真實地表現一回「港人治港」的實權，同時也轉呈北京中央政府，恪守「五十年不變」的政治承諾。

2010年復活節

2010年《中國民主化展望與探索》國際會議開幕辭

各位貴賓、各位代表、黃昆輝主席、朋友們、民運的同道們：

2010年《中國民主化展望與探索》國際會議的籌備經過了艱難困苦、猶豫彷徨和勵志奮發，今天在民主的中華民國開幕了。

10月8日，挪威諾貝爾獎評審委員會把2010年度的和平獎頒發給身繫牢獄的零八憲章領銜簽署人劉曉波先生，是國際社會對中國人民一個世紀以來爭取民主和自由一個最大的認可和鼓勵。得獎人是劉曉波，但是受益者卻是十三億渴望民主的中國人民。這個獎項的頒發對艱苦卓絕的中國民主運動來說是好比是「旱地裏下了一場及時雨，火燒曹營颳起了強東風」。

我們會議探討的主題是中國大陸的民主化，而探討的地點是民主臺灣，這個會議地點的選擇有點類似1928年的中共的莫斯科六大，因為我們認為民主臺灣應該是中國大陸民主化航程中一個航標或者燈塔。我們有幸在臺灣舉行這個會議，這要感謝民主臺灣為我們提供了這個便利。由於一個月前挪威諾貝爾獎評審委員會的決定，使得我們所從事的民主事業重新成為世界政治的關注焦點，因而今天這個會議也倍受矚目。而在臺灣進行這麼一個政治意義含量極高的會議也是中國海外民運近三十年來的第一次，這也符合我們民運的戰略重心轉移這一政治目標（就是放棄傳統的以歐美向中國大陸進行遠程輻射，採取靠攏接近中國大陸的近距離作用和影響）。所以，這次會議的舉行對於海峽兩岸的政府和人民都特別的意味深長。我們對此特別的珍惜。

中國的民主求索已經進行了一百多年，從1895年的興中會到今天散落世界民主國家的眾多民運團體和人士，好幾代人一直在鍥而不捨地追求著這個目標。民主曾經短暫地不完美地光顧過

中國，但又很快地離去。中共1949年在大陸建政，更是專制獨裁在中國的全面復辟。中國大陸沒有追求民主和自由的政治組織和團體的生存空間和存活的土壤，因此1982年王炳章博士在北美第一次舉起了中國民運的旗幟。近三十年來，中國海外民運起伏波動，有過短暫的輝煌，更有長期的低落。然而，完成中國大陸的民主化是我們這一代人的歷史使命，在中共專制統治下的億萬人民正在翹首盼望著我們的民主運動蓬勃向前，渴望著民主自由的東風吹入中國大地，我們要有這個使命感。

我們負有歷史使命，我們長期處在困境之中，但是今天的形勢已經對中國民運來說是曙光初露。過去的二十年裏，環顧四周，我們幾乎沒有堅強的支持者，西方民主世界的領袖們對中國民主運動表現的是冷漠，海外華人對中國民主運動表達的是嘲笑。我們深知，錦上添花易，雪中送炭難。

我們的運動在幾乎處在冰天雪地之中，難以得到一盆得以溫暖的炭火，在很大程度上已經淪為一個良心運動，很難對中國大陸產生政治影響力。挪威諾貝爾和平獎評審委員會率先醒來，做出了極為有利於十二億中國民眾的明智決定，它將催醒沉睡或者夢幻中的西方民主世界。中國民運所需要的及時雨和強東風，是姍姍來遲了一些，但是還是來了。對於追求民主自由的中國來說，實在是可以堪比大洪水以後諾亞方舟上的鴿子放飛銜回了橄欖枝那一景象。

世界在變化，中國也在變化。中國的現有體制已經難以為繼，到了非變不可的地步，連的中國總理溫家寶都已經無可奈何地說出了政治改革是中國的必須了。過去二十年中共雖然盡力地抗衡著世界的歷史潮流，但是中共專制畢竟是夕陽西下，不可永久困守。我們的民主政治訴求順天應時，終將成功。所以，期望中國實現民主的朋友們、世界各地民運的同道們才會熱情飽滿，情緒高昂，自籌旅費盤纏，趕赴臺灣參加此次大會，共襄中

國民主盛舉。到這個沒有硝煙的戰場參與民主戰勝專制的一個重大戰役。

我們經歷了逆境磨難，我們即將走出黑暗迎接光明，我們要用智慧和毅力進行力量的集合而達到四兩撥千斤的作用，我們需要展示出民運人士傾移山心力建成民主中國的意志和雄心。我們大家共同奮發努力，踴躍出謀獻策，擬出推進中國民主進程大政方略，勾畫出未來政治路線草圖，最終達到本次大會的政治訴求和目標，從而讓本次大會成為中國民主運動長河中一個繼往開來的里程碑。

謝謝大家。

2010年11月11日

民運與專制的博弈

在與中共專制力量進行政治抗衡和博弈的時候，有三大相互關聯的政治力量和板塊：中國境內外的民主運動力量，自由西藏運動和比較成熟民主的中華民國。中國的民主化是中國民運的政治訴求和目標，對於流亡藏人和民主臺灣，也是可以獲益的優先選擇。這三者的命運和歸宿休戚相關。

中共崛起於上個世紀的共產主義狂潮，建政於1949年。在斯大林的默許下，五十年金日成發動統一朝鮮半島全境的戰爭，韓戰爆發，杜魯門總統從睡夢中驚醒，派美國海軍第七艦隊進駐臺灣海峽，中共軍隊一舉克服臺灣澎湖列島已成為不可能。中共軍隊遂揮師西進，打敗藏軍，強行打破西藏與世隔絕的狀態，西藏被迫與中共簽訂城下之盟十七條。對此，除了一個南美小國表示了抗議，國際社會幾乎沒有反應，默認了中共的軍事行動。1959年西藏問題惡化，達賴喇嘛被迫流亡。

達賴喇嘛和流亡政府已經流亡了五十一年，還在流亡。其間雖然獲得過美國實質性的物質支持，到了七十年代初美國需要修正與中共戰略關係的時候，情況發生了變化。根據可查閱到的記載，美國對流亡藏人的物質支持從那個時候中斷。1989年尊者達賴喇嘛榮獲諾貝爾和平獎，西藏問題重新受到國際間的關注，但是西藏問題的根本性解決，仍然沒有實質性進展。國際上對西藏種種道義的支持，都不能突破中共強硬政治框架。

根據美國的利益取向，任何曾經的戰略夥伴和同盟都可以被無情的拋棄，中華民國曾經兩次被美國無情拋棄，一次是1946年到1949年國共內戰時期，再一次是1979年的斷交、廢約、撤軍。

八九民主運動是中國政治轉型的一個歷史良機，為何錯失？這也許是一個解不了密的東西方的政治交易。西方容忍中共強力鎮壓，換來中國的國門徹底打開，將中國巨大的市場接納西方共同分享。這個過程經過1989年鎮壓，1992年鄧小平南巡完成。從此以後中共與西方保持一段比較長時期的和睦相處。

　　在東西方（民主與專制）兩大陣營的對峙中，西方民主陣營在總體實力上從來沒有弱於蘇聯東歐集團。兩大陣營經過四十餘年的冷戰，一直到了美國總統雷根時期，採取了強勢策略，終於拖垮了蘇聯經濟，並且引發了蘇聯東歐集團解體。本來西方陣營可以一鼓作氣，掃除中共專制。但是布希總統的全球政治策略的錯誤，錯誤地讀解中共鄧小平帝國，採取姑息養奸策略，養虎為患，造成今日中共專制總體實力的急劇增長，因而遏制其政治擴張的難度比起二十年前更高。

　　其實今天中國經濟實力不到全球總額的百分之八，而西方民主國家的總體經濟實力超過百分之七十，相互之間力量對比的優劣十分明顯。但是中共是集中一體的，而西方是各自分離的，中共有效地對西方進行了分化瓦解給予各個擊破。西方世界，尤其是美國並沒有表現出戰勝中共專制的意志和決心，其他西方國家，如英國、法國、德國和澳洲等自然是作壁上觀。

　　直到今天，我們仍然看不到以美國為首的西方有明顯的跡象推動全球民主化，他們在中共和其他專制獨裁者面前表現的是全面退縮。現任美國總統奧巴馬也未如預期的有上佳的政治表現，並未體現出他領導世界走向更加進步的跡象。這是西方世界領導人的目光短視，還是他們希望這個世界就是冰碳共冶一爐、天使與魔鬼並存的平衡局面？

　　按照世間規律，物換星移，物極必反，否極泰來，事情總是在變化之中。按照這個原理，有生就有死，有存就有亡。中共好幾十多年的走運總有盡頭。

哥本哈根世界氣候會議，美國總算放棄小布希政策參加，並且希望有所進展，但是中共使之無功而返，美國總統奧巴馬蒙羞，澳洲中國通總理陸克文氣得直罵粗口。這是一。

　　伊朗核試驗上，美國無法控制，動用制裁在安理會又受到中共阻撓，進退兩難，首鼠兩端。這是二。

　　為保持臺海軍事均衡，根據美中建交時候的臺灣關係法繼續軍售，引起中國習慣性抗議姿態，中止美中軍事交流，美中政治摩擦一例。

　　人民幣持續降低幣值，爭取貿易優勢，美中經濟摩擦一例。

　　劉曉波被判，中共趾高氣昂，視美國和西方民主社會為無物。

　　中藏第九輪談判已經結束，中方態度強硬，毫無結果，藏方一次次遭受屈辱。

　　美國和西方看在眼裏，怨在心裏。美國和西方對中國的忍耐不可能無止無境，美中之間的蜜月關係走到盡頭，中共的好景也應該到頭了。

　　政治的鐘擺將開始擺向另一端，谷歌退出中國巿場是先聲。

　　天地是變化的，中國社會的巨變應該在不遠的將來會發生。中國共產黨代表著沒落反動的政治趨勢，屬於夕陽政治。中國社會群情洶湧，更替中共獨裁政權的社會條件基本成熟，如果現在還是冷兵器時代，可以相信，這個政權應該已經被更迭了好幾次了。由於中共掌握國家機器，經濟命脈，幾百萬國防軍和武警，這些都是中共用來對付國內政治反抗的，民眾無法用血肉之軀對付槍炮坦克，1989年的北京學運說明了這點。然而過往的二十年裏國際環境依然對中共出奇的良好，如果國際環境變化了，對中共形成國際間政治壓力，那麼中共就會腹背受敵，中國的政治變化就指日可待了。

　　這個時候最需要改變中國的是外力，不是內因，因為中國國情發生變化的內因都已經具備了。沒有上帝第一推動力，地球不

會圍繞著太陽運行；沒有盟軍諾曼地登陸成功，猶太人集中營慘遭殺戮不為世人知曉；沒有蘇聯全力支持，沒有杜魯門的糊塗放棄戰時盟友中華民國，就沒有1949年中國大陸國共江山易手。

中國發生政治巨變的歷史機遇是存在的，這個機遇正在向我們走來。如何把握好這個歷史的機遇，是我們中國民運人士應該認真思考並且了然於心的。改變中共專制體制的社會條件是有了，但是推動力還遠遠沒有形成。即使乾柴遍地，沒有火星一閃，是不可能形成燎原之勢的。中共雖然反動沒落，但是還沒有到自行垮臺的地步。

結束中共專制，需要多方合力。尋得合理的支點，運用槓桿原理進行撬動，運用烏鴉喝水的聰明與智慧，理解唯人自救方人救之的基本道理，如愚公移山寓言所說，感動上帝，派遣神仙下凡，背走王屋和太行兩山。

知己知彼百戰不殆，那麼我們應該認真地審視一下自己方面的陣勢：

自由西藏運動有尊者達賴喇嘛為精神領袖，獲得世界廣泛的理解和同情，但只是在道義層面，並無實質性的支持；民主臺灣具有完整的國家形式，在政治制度方面遙遙領先與中國大陸，但是國際上一直遭受中共的空間擠壓；中國民主運動弱小、分裂、缺乏出眾的政治領袖，卻可以獲得中國大陸民眾心理和感情上的認同和接受。這三個主要方面若能夠取得默契與精誠合作，成為共同利益體，形成的合力可以改善世界對中國政治民主化獲得成功的期望值。

中共的心態、政治手腕和採用的策略以及它所遇到的困難可以這麼探測和分析：

一、對於西藏精神領袖達賴喇嘛和流亡政府這一支，中共的策略很明顯的是用不產生實質性進展的談判和對話來愚弄對手和國際社會，靜靜等待後第十四世達賴喇嘛時代的到來，利用從清

王朝留傳下來的金瓶掣籤使用中央政府的權力，效仿班禪喇嘛圓寂以後的模式，由中央政府再度欽點其理想人選成為第十五世達賴喇嘛，從而達到消弭現在受國際社會高度崇敬的尊者達賴喇嘛的影響力的功效，按照中共意圖一勞永逸地解決西藏問題。

二、對於中華民國臺灣，中共用香港模式一國兩制招降已經十三年，對李登輝和陳水扁都無效，對馬英九也不能得心應手。雖然自從馬英九當政以後兩岸關係有所疏解，國民黨高層紛紛向中共俯首稱臣，有點「商女不知亡國恨，隔江猶唱後庭花」身段和笑容，中共希望通過經濟槓桿和國際空間擠壓手段以不戰而屈人之兵最終統一臺灣還是難以實現。很顯然，中華民國總統馬英九有失家父馬鶴齡的厚望，不具備雄才大略以臺灣為亞洲民主燈塔和基地，利用其政治領先地位反客為主向中國大陸進行政治推進。

三、對於民運，中共已經動用了經濟高速增長以後的大量資金進行滲透、分化、瓦解。因而在中共的眼裏，民運已經不成氣候，不足為患了。但是中共無法做到的是，由於專制的溫床，不斷地滋生動搖中共政權根基的新的一代，呈「野火燒不盡，春風吹又生」之勢。

必須看到，以美國為首的西方民主世界在意識形態上是贊同和歡迎中國走民主化道路的，但是為推進中國民主化而損害他們與中國的外交關係以及目前的經濟利益，熱情就會降低，道義支持也將向利益讓路。但是我們各方如果能夠攜手並肩，把各自弱小的政治力量集合一處，形成可與中共進行四兩撥千斤政治博弈局面的時候，西方應該會改變態度加大他們對民主力量的投機和支持。

今年以來的中國的情勢變化從隱約到浮現，眼花繚亂，目不暇接。真好似「山雨欲來風滿樓，黑雲壓城城欲摧」。反映體制內左右兩級鬥爭的《烏有之鄉》和《炎黃春秋》兩個刊物已經相互大打出手。左派高舉公平和正義旗幟，右派高舉民主與自由旗

幟，而官方則高舉和諧與穩定旗幟。中國的「陽光法案」和「非毛化」問題，是兩種思潮和派系鬥爭的一個焦點。分析認為，中國共產黨內部的左右兩個派系的鬥爭是引起社會分化的因素，在分化過程中政府一旦把握失控，就會倒臺，這就會為中國的政治變化帶來歷史性機會。

中共內部不少人期待中國發生政治變化，放棄專制獨裁。他們感覺到了大變在即，社會各種情勢都已經表明到了臨界點，這個變化不是中共能阻擋的。他們中間的有識之士做了這麼一個比喻：中國的政治變化如同飛機的起飛，從啟動到騰飛有長度3500米滑行距離，現在中國政治變化如同飛機起飛已經在跑道上滑行了3500米的3300米，只剩下200米的最後距離，騰飛只在剎那間了。

2010年10月8日，獄中的零八憲章簽署人劉曉波榮獲諾貝爾和平獎，好比於無聲處一聲驚雷，森嚴的北京牆上突然被震裂開一大口子，這堵高牆將不能久持而轟然倒塌。中共專制過去二三十年的良好外部環境將不復存在，它將開始腹背受敵，對於處境艱難的中國民主運動來說，從此政治局面發生根本性轉變，將由戰略困境轉入戰略進攻。

中國民主運動在目前階段需要集腋成裘、聚沙成塔，縱橫捭闔。中國內部的不穩定已經越來越表面化，社會矛盾總爆發的日子已經為期不遠了。海外民運別無選擇地在中國社會矛盾總爆發之前必須完成隊伍的集結，我們現在進行的就是這項偉大的工程。中國總理溫家寶先生，近來在中外多個場合，多次談及敏感的政治改革話題，並提出不進行政治體制改革，經濟改革的成果必將「得而復失，不改革，死路一條」。中共軍中將領劉亞洲也一再放言疾呼政治改革，這些都是明顯的信號。

中國民主運動不乘此東風更待何時？中國海外民運二十餘年來，多有裂變的發生，少有聚合的範例。中國民主運動與中共

之間進行的是政治博弈，是價值觀的對立，是力量的抗衡，自身的隊伍集結和力量積聚事關重大。縱然步履維艱，還是要勇往直前。因此，傳統的中國海外民運組織民聯、民陣和民聯陣認清了形勢的嚴峻，承擔了歷史重責，邁出了艱難的第一步。2010年4月22日，民聯、民陣、民聯陣已經發表公告成立了聯合工作委員會，以新的政治姿態出現在中國海外民運的舞臺上。

2010年《中國民主化展望與探索》國際會議也就是在這麼一個背景之下由這個中國民運新集合體發起和推動，經過長達五個多月的策劃和籌備，十六次籌備會議，在民主的中華民國舉行。此時此刻的諾貝爾和平獎的精確到位，無疑全力地推助了中國民主運動形勢向縱深進展。海外民主力量盡可能地彙聚一處是第一步，牽動更大政治板塊的靠攏是第二步，再進一步錦上添花聯合世界的進步力量是第三步，推動中國政治巨變的國際環境和條件則基本成熟。中國大陸的民間政治反抗也將獲得巨大鼓舞而氣勢提升，最終改變中國專制政治的大勢可成，內外合力氣勢如虹地戰勝中共專制的政治大決戰就在面前。

如今已是中國政治巨變的前夜，中國民運可乘此長風破萬里浪駛抵理想的彼岸，以民主自由登陸中原大地，正義壓倒邪惡，光明戰勝黑暗，民主取代專制，就在明天。

寫在2010年《中國民主化展望與探索》國際會議

（11月11-13日）之際

民運與專制的博弈

153

隔岸觀火「中國茉莉花」

全世界第四波民主化浪潮起源何處？可以比較牽強地視為挪威奧斯陸2010年和平獎頒發大廳，2010年12月10日諾貝爾和平獎頒發儀式上演奏的曲子是中國民歌「茉莉花」。無獨有偶，諾貝爾獎頒發儀式上的「茉莉花」嫋嫋餘音連同茉莉花香從奧斯陸經過一週的飄逸到了北非的突尼斯，經過了突尼斯全國萬眾一心地不懈鬥爭，「茉莉花」革命成功。突尼斯茉莉花革命的成功又進一步引起了中東地區的政治海嘯，埃及經過了十八天的街頭運動，統治長達三十多年的穆巴拉克黯然下臺。在葉門、巴林、利比亞都相繼爆發了類似的反專制求民主的民眾訴求。

北非的政治變化說明了一個問題，人民的力量是可以改變一個專制政體的。每一個人的個人力量微不足道，但是一旦匯聚一處，則如同大水滔天滾滾而來，獨裁者加高堤壩稍有怠懈，抗洪決心稍有疏忽，就會被大水沖垮。這對中國的獨裁者和中國的民眾同時都是警示和啟示。一旦兩者相抗，則就是哪一方的決心意志和準備的充分與否。顯然統治的一方鎮壓的決心和意志處於常備狀態之中，但是只要民眾一方也抱定決心效仿北非，心往一處想，勁往一處使，大家為一人，一人為大家，那麼中國的統治一方的鋼鐵意志和決心都會被民眾的滔滔上善弱水沖得無影無蹤。

茉莉花香繼續向東飄進了中國大地，一條匿名的網絡帖子號召積怨的中國民眾在2月20日星期天下午2時起在中國十三個大城市同時進行「中國茉莉花行動」。這個帖子真有元末民間通過月餅傳送「八月十五殺韃子」統一號令的異曲同工，更有如羅馬尼亞獨裁者齊奧塞斯庫最後的萬人大會演講時的一聲噓聲。當前發生在中國的茉莉花行動，雖然未具規模，但已經令中共當局驚恐

萬狀，風聲鶴唳草木皆兵。在中共的嚴密控制下的中國，決定了茉莉花行動的特性，就是「無組織啟動和網絡的串連」。從中共過去兩週的嚴密防範上可以看出，中共政權的極度空虛和恐慌，一定要爭取將「茉莉花行動」掐死在襁褓之中，消滅在萌芽狀態。中共是絕對不允許茉莉花行動蔓延開來，因為中共自己很清楚，茉莉花行動一旦在全中國蔓延開來，如火如荼地開展起來，就會如同熊熊烈火或者滔天大水，中共是一定會在這場運動中垮臺的。這對中共來說是生死存亡的關鍵時刻，容不得絲毫的掉以輕心。因此在以後連續的三個星期日，在北京和上海以及其他城市，當局出動的軍警在人數上遠遠超過了響應「中國茉莉花行動」上街散步的可能的潛在的聚眾。

中共很早就準備了一場與他統治下的中國民眾的戰爭，在過去一兩年裏，用於「維穩」的開支已經超過了軍費開支。世界各國對中共的軍費增長持很大的疑慮，擔心中共對國際環境的安全與穩定的威脅。其實國際社會看走了眼，中共針對統治下的民眾的巨額「維穩」開支說明了中共恐懼和擔憂不來自外部列強，而是來自內部草民。大量的軍警在北京、上海、天津等各大中小城市嚴陣以待每週日的茉莉花革命，實際上是中國共產黨政府與被它統治的中國民眾之間的一場戰爭，是一場隨著時間推移實力此消彼長的戰爭。這個時候的中共當局，握有數百萬由野戰軍經過改頭換面而成的武警部隊，放棄國防，槍口對內，養兵千日，用兵一時，現在果真要用上了。面對全國各大中小城市的「茉莉花行動」，裝備精良數百萬武警有能力將「茉莉花行動」一而再，再而三地掐死在襁褓之中，消滅在萌芽狀態。但效果一定也是一鼓作氣，再而衰，三而竭。相對的，「茉莉花行動」在政治策略上則需要進行持久戰，具體的戰略思想可以參照毛澤東剽竊蔣介石的「以空間換取時間」戰略思想在延安窰洞裏寫就的「論持久戰」。如果中國民眾與中共當局在「無組織啟動、網絡串聯」

進行這場茉莉花革命，還需要引進毛澤東的十六字訣，採取「敵進我退、敵退我進、敵駐我擾、敵疲我打」的戰術方針，堅持不懈。突尼斯人用了一個月，埃及人用了十八天，那麼中國人用十八個星期甚至十八個月，待以時日，必有變化。

今天的茉莉花行動相對於1989年的那場學生運動有很大的不同。八九學運以學生為主體，學生無意要求中共下臺，不直接造成對中共政權的威脅；國際環境也有所不同，當時的東西方冷戰還沒有結束，美國為首的西方只可對中共進行道義的譴責和經濟的制裁。而今天的茉莉花行動發生的時刻，中國積壓下來的民怨已經使得民眾不可能再度擁抱中共，而在尋求一種歷史機會徹底地改變中共的政治統治；在國際上，由於東西方冷戰不再，中共同意識形態政體的依託幾乎蕩然無存，已經有二十年的煢煢孑立形影相弔了，雖然西方普遍地對中共綏靖，助長中共的實力，但是一旦中國發生重大政治變化，當中共如法炮製1989年再次使用武力鎮壓的話，西方的反應是一定不同於1989年的時候。因此中共動用武力解決的機率大大降低，同時，現中共領導人的武力鎮壓的決心和意志遠不如鄧小平。軍人服從命令鎮壓茉莉花行動的民眾的可能性大為降低，不可於二十年前同日相語。孫子兵法云：「兵者，兇器也；兵者，國之大事，生死之地，存亡之道，不可不察。」可以預見，茉莉花行動如果得到進一步激發而啟動，中國的政治變化很有可能是通過民變到兵變再到政變。也就是茉莉花行動引起「民變」，中共高層冒死一搏發佈命令進行鎮壓而引起軍隊掉轉槍口產生「兵變」，進一步導致中共的倒臺而形成「政變」。

對於中國民眾來說，需要用心去思考一個問題，知道自己作為一個個人的作用，大膽地要求平等地生活在同一個國度，從總理、國家主席到每一個普通民工和農民都是平等的生命，所有的國人都明白「平等」二字。人民的偉大力量就在於每一個人用

自己有限的力量爭取自己權益，十三億的每一個個人的有限力量
彙聚在一起，就可以集腋成裘、聚沙成塔，集流成川，產生巨大
的能量，這就是人民的力量。中國人生活在不平等的專制體制之
下太長久了，要爭取自己的平等和自由，現在最有效的、成本和
代價最低的，就是每週末兩點去所在城市最繁華的大街和廣場散
步，去看熱鬧，去找門道。面對中共武警的拘捕和鎮壓，中國民
眾所承受的壓力和風險固然很大，如果中國民眾明白了「一人為
大家，大家為一人」，共同承擔的壓力和風險就降低了，甚至可
以是零風險。只要持之以恆，不消數月，中國的獨裁專制大廈就
會轟然倒塌。牆倒眾人推，破鼓亂人槌。中國人民的偉力表現、
創造歷史的機會就在眼前。

作壁上觀的西方國際社會對中國發生的「茉莉花革命」會
給予口惠而實不至的口頭關注、隨著「茉莉花革命」向前發展，
進而給予道義支持，只有等到中國民眾的抗爭有起色和成功跡象
了，他們的實質性支持就到來了。

對中共本身來說，亡共在共，救共也在共。防民之口，勝
似防川，川壅而潰，傷人必多。中共開始進行自上而下的政治改
革，先從實行黨內民主開始，是中共自救的唯一可行出路，但是
由於時間緊迫，所剩無幾，時機的流逝，成功的機率也已經不算
高。胡溫慎思再慎思。

2011年3月7日

紀念六四，細看中國

6月4日又到了，一年一次，今年是第二十二次。6月4日標誌了1989年民運因為中共的果斷鎮壓而失敗，6月4日也因為鄧小平沒有心理障礙、敢於動用保衛國防用的軍隊槍口向內對付手無寸鐵的學生和市民，而成功地保持了又二十多年的中共紅色江山。

6月4日真正意義不應該僅限於一年一度的紀念，更應該是警醒有志者促進中國靠近民主自由每一個日日夜夜月月年年不間歇地費盡移山心力。中國歷史上一位梟雄人物曹操曾笑滿朝公卿「夜哭到明，明哭到夜，能哭死董卓嗎」。中國的6月4日悲劇被一年一度地懷念至今二十二年，情況是否與曹操笑談滿朝公卿有相似之處？

1989年的武力鎮壓使得中共躲過了王朝傾覆的政治危機，「殺他二十萬，太平二十年」，到如今已經贏得了二十二年的寶貴時光。在這二十多年裏，中共權貴階層和分得一杯羹的新利益集團形成了一個1949年以前中國共產革命目標所指的權貴買辦剝削階級，二十一世紀中國的新的階級矛盾和階級對立已然形成。文明和王朝總是滅亡於那些使它興起的原則，中國民眾聽到自由民主也許一臉茫然，談到殺富濟貧則是心領神會，無師自通。革命不是哪一個人可以製造的，革命是不以人的意志自然到來的。中共還剩多少年？我看是可數的。中共起於共產，也將亡於共產。

一看，發生於2011年5月26日撫州市連環爆炸案，位於江西省撫州市市內的三處政府辦公地遭到炸彈爆炸襲擊。三起爆炸事件的攻擊目標分別為撫州市檢察院、臨川區政府大樓和及臨川區藥監局大樓。爆炸案肇事者錢明奇表示不想學錢雲會被人弄死，他的行為也表現了不學習多年前連環爆炸居民樓的瘋子，而是學

習上海閘北公安局揮刀斬殺警察多人的北京刀客楊佳，更前進一步向政府機構發起神風敢死隊式的進攻，以自己的生命向中共政權挑戰，拼個魚死網破。

二看，發生在最近的爆炸事件：5月20日四川成都富士康廠房爆炸，3死15傷；5月25日黑龍江哈爾濱公交車爆炸，一人受傷；5月27日陝西寶雞氮肥廠爆炸，爆炸聲濃煙驚動全市；5月28日成都公交集團公交車場爆炸，1死2傷。說明了中國民眾在中共惡政下產生內心憤懣正在選擇宣洩的普遍性。

二看，內蒙古發生近三十年來最大規模的反政府示威，牧民莫日根為保護環境遭碾斃引發全蒙古的抗議潮，持續超過一週。這是繼2008年3月西藏拉薩藏人抗暴和2009年7月新疆烏魯木齊大規模流血騷亂事件以後再一次發生在少數民族地區的大規模群體事件。

其他更為深層的矛盾和衝突在中國已經是比比皆是，埋藏在民間的對政府的無奈和怨恨更是無計其數。中共面臨民間的政治對立和反抗正在不斷升級，胡錦濤用政治高壓維持的「和諧社會」越來越走向了反面。尤其是江西撫州爆炸案，更可追根尋源比較中國歷代王朝末年的政治亂象。錢明奇的三連環爆炸案，其想像力和創造力，對當今中國上下腐敗的官場和黑暗政治，威懾力也許可以直追秦末的陳勝吳廣，唐末的王仙芝黃巢，元末韓山童劉通福。中共集團繼續執迷不悟，不儘早改弦更張，「莫道石人一隻眼，挑動黃河天下反」的疾風暴雨不久就要來臨。

發生在中國的「茉莉花革命」，虛擬的大於現實的，雖然未具規模，但已經令中共當局極度恐慌，風聲鶴唳草木皆兵。在中共的嚴密控制下的中國，決定了「茉莉花革命」的特性，就是「無組織啟動和網絡的串連」。從2月17日網絡啟動，2月20日正式出場，發展到今天，中共嚴密防範，比較有效的遏制住了這場「革命」從虛擬轉變成現實。可以看出，中共政權的恐慌空虛和

色厲內荏，採取了一貫的手段，力爭將「茉莉花革命」掐死在襁褓之中，消滅在萌芽狀態。中共自己很清楚，「茉莉花革命」一旦在全中國蔓延開來，如火如荼地開展起來，就會如同熊熊烈火或者滔天大水。

今天形勢相對於1989年的那場學生運動有很大的不同。89學運以學生為主體，學生無意要求中共下臺，並不直接造成對中共政權的威脅，但是鄧小平卻實在地感受到那場運動可以成為沖破中共政權最後一道堤壩的滔滔洪水，因而下令武力鎮壓；當時國際環境也有所不同，東西方冷戰還沒有結束，美國為首的西方一無勇氣二無見識，只對中共進行口惠而實不至的道義的譴責和短暫的經濟的制裁。而今天的「茉莉花革命」通過互聯網發生的時候，中國積壓下來的民怨已經不可能使得中國民眾像1989年時候一樣冷漠旁觀，而會尋求一種歷史機會徹底地改變中共的政治統治；在國際上，由於東西方冷戰不再，中共同意識形態互為依託的政體也不再，雖然西方普遍地對中共綏靖，助長中共的實力，但是一旦中國發生重大政治變化，也會乘勢推波助瀾。當今中共領導人胡錦濤即使有決心和意志但卻不再有能力命令野戰軍用武力進行鎮壓，而且美國為首的西方也會由於反恐戰爭已經擒賊擒王擊斃了賓拉登，全球戰略進行微調轉而對殘餘專制政權不利。中共動用武力解決的機率在降低，現中共領導人的武力鎮壓的決心和意志也在降低，軍人服從命令鎮壓「茉莉花革命」民眾的可能性更在降低，整個形勢不可與二十年前同日而語。

蓄勢待發的各種力量形成合力，彙聚形成排山倒海之勢，雷霆萬鈞之力，沖刷中國綿延千年的專制政治，讓中共成為中國最後一個專制王朝，成為歷史翻過的一頁，才是紀念「六四」的真正意義所在，根本之根本。

2011年6月1日

網路一束「茉莉花」激發對香港的新嘗試

　　中國民運藉著劉曉波獲得2010年度諾貝爾和平獎，可以感知到，推動和實現中國民主化這個政治目標這一事業，已經被提升到了整個世界的關注點上。但是這並非等同中國民運因此可以自然而然地獲得各種資源大踏步地前進登陸中國大陸。諾貝爾和平獎的頒發儀式一定會引起多方面的關注和期盼，果然12月10日前後的挪威奧斯陸吸引了來自世界各個角落的中國民運人士、西方人權活動家和一些西方政治人物。尤其值得一提的是香港民主派眾多立法會議員出現在奧斯陸，他們感受到劉曉波獲諾貝爾和平獎這個政治影響力顯然要比起中國海外民運所表現出來的要大得多。他們的齊齊出現在奧斯陸，這等於提醒了我們，他們才是把握中國未來政治變化先機的一群政治幸運兒。看就看這群香港立法會議員和香港其他民主人士是否有這個意識和雄心。

　　2011年1月2日，香港支聯會主席司徒華先生去世。司徒華先生的去世，可以引發香港民眾爭取民主、要求中央政府兌現基本法的政治呼聲，就如同1989年4月胡耀邦的去世，引發了89學運一般。出於這個具有政治隱含的考量，中國民運團體聯合工作委員決定派人親入香港參加弔唁。北京十分清楚任何時候的對弈中一著不慎可能引發的政治波動和連鎖反應，唯北京馬首是瞻的香港政府阻擋了海外具有比較大政治敏感人士進入香港參加弔唁，城門失火殃及了池魚秦晉。不過秦晉以前已經多次去香港被阻擋，這次敏感性更高，被阻擋進入基本屬於情理之中。但是香港支聯會在司徒華葬禮過程中幾個聚眾集會都是純粹的追悼，沒有顯示出絲毫的政治意圖。通過司徒華追悼會複製1989年學運的爆發成為泡影，中國民運團體聯合工作委員會無功而返。

與此同時，東方不亮西方亮。諾貝爾獎頒發儀式上的一曲中國民歌「茉莉花」卻無意間飄到了北非突尼斯，經過近一個月的民眾街頭運動，總統逃往歐洲過起了寓公生活。埃及總統穆巴拉克在民眾十八天的堅持抗爭下宣佈辭職下臺，結束了自薩達特被後刺替補的三十餘年的政治生涯。發生在突尼斯和埃及的政治變天迅速以多米諾骨牌效應發生在阿拉伯世界的其他國家，如葉門、敘利亞、巴林和利比亞。由於突尼斯的國花為茉莉花，故有中東變天的「茉莉花革命」之稱。這場中東的政治變革也迅速地波及遠在東亞的中國，出現了蠢蠢欲動的連鎖反應。2月17日一個無名網絡帖子呼籲和號召中國人走阿拉伯人的道路，通過民眾的力量改變中國現狀。

　　發生在中國的「茉莉花革命」，虛擬的大於現實的，雖然未具規模，但已經令中共當局極度恐慌，風聲鶴唳草木皆兵。在中共的嚴密控制下的中國，決定了「茉莉花革命」的特性，就是「無組織啟動和網絡的串連」。從2月17日網絡啟動，2月20日正式出場，發展到今天，中共嚴密防範，比較有效的遏制住了這場「革命」從虛擬轉變成現實。可以看出，中共政權的恐慌空虛和色厲內荏，採取了一貫的手段，力爭將「茉莉花革命」掐死在襁褓之中，消滅在萌芽狀態。中共自己很清楚，「茉莉花革命」一旦在全中國蔓延開來，如火如荼地開展起來，就會如同熊熊烈火或者滔天大水。

　　但是，我們清楚地看到，中共當局立刻嚴密防範，強力鎮壓任何風吹草動。如果有人通過網絡發動民眾在何時何地聚集，屆時到場就會發現，武警和便衣的人數比民眾還多了好幾倍，而且整個網絡都遭到嚴密地封鎖。

　　基於以上的思考，推動香港的政治變化可以起到四兩撥千斤的作用，而且勢在必行。3月初聯合工作委員會致函香港民主派如下人士：何俊仁、梁國雄、劉慧卿、李卓人、黃毓民、陳偉業、陶君行，提出了以上的設想，並且準備派人進入香港商討此事，後

改為委託香港本地人直接地送函件到以上各位辦公室。

原信如下：

　　香港泛民主團體領袖和先進們、香港立法會議員何俊仁先
生、梁國雄先生、劉慧卿女士、李卓人先生、黃毓民先
生、陳偉業先生、社民聯主席陶君行先生：

　　當前發生在中國的茉莉花行動，雖然未具規模，但已經
令中共當局極度恐慌，風聲鶴唳草木皆兵。其實這場民間的
行動是由於一個匿名的網絡帖子引起的，在中共的嚴密控制
下的中國，決定了茉莉花行動的特性，就是「無組織啟動和
網絡的串連」。從中共過去兩週的嚴密防範上可以看出，中
共政權的極度空虛，一定要爭取將「茉莉花行動」掐死在襁
褓之中，消滅在萌芽狀態。中共是絕對不允許茉莉花行動蔓
延開來，因為中共自己很清楚，茉莉花行動一旦在全中國蔓
延開來，如火如荼地開展起來，就會如同熊熊烈火或者滔天
大水，中共是一定會在這場運動中垮臺的。這對中共來說是
生死存亡的關鍵時刻，容不得絲毫的掉以輕心。

　　今天的茉莉花行動相對於1989年的那場學生運動有很大
的不同。89學運以學生為主體，學生無意要求中共下臺，不
直接造成對中共政權的威脅；國際環境也有所不同，當時的
東西方冷戰還沒有結束，美國為首的西方只可對中共進行道
義的譴責和經濟的制裁。而今天的茉莉花行動發生的時刻，
中國積壓下來的民怨已經不可能使得中國民眾再度擁抱中
共，而在尋求一種歷史機會徹底地改變中共的政治統治；在
國際上，由於東西方冷戰不再，中共同意識形態政體的依託
幾乎蕩然無存，已經有二十年的煢煢孑立形影相弔了，雖然
西方普遍地對中共綏靖，助長中共的實力，但是一旦中國發
生重大政治變化，當中共如法炮製1989年再次使用武力鎮壓

的話，美國為首的西方的反應是一定不同於1989年的時候。因此中共動用武力解決的機率大大降低，同時，現中共領導人的武力鎮壓的決心和意志遠不如鄧小平。軍人服從命令鎮壓茉莉花行動的民眾的可能性大為降低，不可於20年前同日相語。而且可以預見，茉莉花行動如果得到進一步激發而啟動，中國的政治變化很有可能是通過民變到兵變再到政變。也就是茉莉花行動引起「民變」，中共高層冒死一搏發佈命令進行鎮壓而引起軍隊掉轉槍口產生「兵變」，進一步導致中共的倒臺而形成「政變」。

目前的茉莉花行動狀態顯然是不樂觀的，茉莉花行動被中共嚴加防範而難以進一步擴大。在中共防守嚴密力保大門不失的時候，就給了香港極為有利的政治條件獲得民主。香港民眾已經數次上街支持聲援國內「茉莉花行動」，誠然給了中國境內的茉莉花行動很大的支持和鼓勵，但是還不足以刺激中國民眾紛紛上街用茉莉花爭取自己的權益和民主。香港具有有限的言論自由，具有部分民主選舉，香港民眾無須「翻牆」獲取信息，香港民眾擁有有條件的結社自由。如果香港的民主派團結一心眾志成城，在北京當局疲於奔命忙於警惕國內民眾的「茉莉花行動」對香港監控發生力不從心鬆懈的時候，即刻發起民間運動，組織起如2004年7月1日五十萬人上街的巨大聲勢，提出北京兌現基本法讓香港實現普選立法會議員和直接選舉特區首腦等政治訴求，北京當局是無法下令駐軍面對五十萬或者上百萬要求民主的香港民眾使用武力進行鎮壓的。

香港可以成為2011年「茉莉花行動」的政治突破口，香港是北京的一個薄弱環節，是巨人腳後跟，香港的完全民主有望一舉完成。一旦香港民眾在你們的動員和組織之下進行聲勢浩大的集會，一可以使得香港取得完全民主，更可以點

燃中國大陸民眾的茉莉花行動熊熊大火，茉莉花行動將立刻波瀾壯闊一瀉千里而使得中國人民真正地徹底地砸碎千年專制的層層枷鎖。香港的舉事對中共的嚴密防守茉莉花行動是聲東擊西，可以成為當今政治上「圍魏救趙」的經典。

值此歷史的重要關頭，各位香港的著名民主人士、香港立法會議員們，何俊仁先生、梁國雄先生、劉慧卿女士、李卓人先生、黃毓民先生、陳偉業先生，陶君行先生，還有其他數不過來叫不上名的香港民主社團人士，你們都是政治經驗豐富、政治見識卓遠非凡的政治才俊和領袖。政治上徹底改變香港，譜寫香港歷史新篇章的時刻和機遇就在眼前，唾手可得。為了香港前途和未來，為了香港六百萬民眾和子孫後代的利益和福祉，也為了中國大陸十三億苦難民眾的政治訴求和福祉，我們懷惴惴忐忑之心情，特此向你們獻上此策，泣求你們認真思考並採取行動。香港完全民主了，中國大陸民主化向前推進了，你們將因此而名留青史，彪炳史冊。

佇候明教，敬祈示知

中國民運團體聯合工作委員會

秦晉

謹作為中國民運團體聯合工作委員會秘書長　代表下列三家民運組織（中國民主團結聯盟、民主中國陣線、中國民主聯合陣線）向香港的民主派人士和立法會議員發出此函，並將委託專人作為專使進入香港向各位面呈。

2011年3月3日

鑒於民運人士不可能進入香港，在臺灣進行會商是一個可行的方案。聯合工作委員著手安排3月中的臺灣會議，邀請香港民

主派。3月14日秦晉飛往臺灣與香港民主派會商，香港的陶君行和助手按約定也到臺北。陶陳述了香港的政治生態，表示社民聯線不具有足夠的社會影響力，不能夠鼓動起香港民眾再一次效仿2004年7月1日的五十萬人上街，而最具有這個社會動員能力的還是支聯會。根據支聯會過往二十多年呼籲中共「平反六四」這個一貫模式，做出重大改變將「平反六四」這個訴求改換成爭取香港的民主和普選，是否能夠被支聯會接受是一個未知數。

陶認為，聯合工作委員會所提議的用推動香港的民主化帶動中國大陸的「茉莉花革命」，還是值得一試，但需要多方的配合，尤其是海外民運的積極配合。商定為利用6月4日紀念活動時候可能的二十萬港人參加的機會，提出政治訴求，在此前兩週，邀集民運人士和香港的社會活動人士共赴臺灣集合，形成聲勢。雙方進一步約定，聯合工作委員會負責聯絡海外民運各派各組織和重量級人物，陶負責聯絡聯絡香港民主派，在5月10-11日會合臺北。此舉獲得臺灣民主基金會副執行長揚黃美幸的高度贊同，她認為如果海外民運與香港民主派能夠在臺灣進行這麼一個集合，必定引起臺灣島內政治力量的注意，並進一步推斷綠營一定會就這個一件事情迫使馬英九政府表態支持，而屆時馬英九政府將無法拒絕表態支持香港民主化和中國大陸民主化。

當時的中東利比亞局勢危急，眼看卡紮菲就要成功地消滅了反對派。如果這樣，中東的「茉莉花革命」的東風就要嘎然而止，這將對中國境內虛擬的「茉莉花革命」無疑是兜頭一盆冷水。秦晉與錢達等對西方國家，尤其是美國奧巴馬的不作為感到非常的焦慮和悲憤。18日一早，錢達給秦晉電話，告知了聯合國通過了對利比亞實行「禁飛區」的決議，這就決定了中東局勢繼續對專制獨裁這不利，這對中國來說有兩個不同的意義。對民眾來說，中國的「茉莉花革命」仍然有國際東風的吹拂；對中共來說，達摩克利斯劍仍然高懸頭頂。

3月28日舉行聯合工作委員會網絡會議，商討推動5月中在臺灣的海外民運與香港民主派的集合事宜。這個臺灣會議集合，其目的是希望借港人每年六四紀念聚集的十好幾萬民眾，借發生在中東地區的國際新形勢，國內民眾霍霍欲試的心情，提升港人在支聯會帶領下喊了二十年「平反六四」這個基本無效的口號到直接政治挑戰。要形成這個集合，就必須先有海外民運各派的意識、理解、呼應、配合，才能引起香港民主派的重視和參與，才能進一步引起臺灣島內政治派別的關注和正視，才能有下一步香港的具體行動，才能有香港的行動帶動中國大陸的「茉莉花革命」繼續進行下去。聯絡邀集民運各山頭組織頭頭腦腦大腕人物是著如意算盤的第一步。網絡會議決定立即與海外各派民運人士和組織進行溝通，動員一切力量參與這次聯合行動。會議初定於五月十日至十一日兩天在臺灣舉行。為了將這次會議的影響力發揮到極致，特別要懇請一些有影響力的民運人物參會，如果中國民運方面能夠在歷史的關頭做到眾志成城，香港和臺灣方面都會有可觀的代表人物出席。大家分頭去動員和說服所有的力量參與，一個星期以後，反饋陸續回來，除了王軍濤給了正面的回應，其餘的不是沒有下文就是婉言拒絕。擬定的5月中臺灣會議基本夭折。沒有民運人士重量級人物眾志成城，有何感召力邀集香港民主派赴臺。

　　不到最後的關頭，絕不輕言放棄。丘吉爾有名言：樂觀主義者總是在困難中尋求機會，悲觀主義者總是在機遇中找出困難。困難重重，但是機遇顯然存在。美國國家民主基金會是否是我們籌備的臺灣集合的幫助者？如果美國國家民主基金會能夠看出在中國的政治機會，他們派人參加完全應該。這個想法得到了一半華裔的章家墩先生和前紐約州民主黨籍參議員丹尼·莫尼漢之女的積極支持。4月12日寫信給了卡爾·戈什曼主席，很快得到了回覆：非常遺憾，屆時將在歐洲，無法出席。立刻再致函過去，問是否可以由低一層級的官員或者基金會成員參加觀摩。再也沒有反饋消息。

條條路都被堵死了，5月中的臺灣集會就不再可能。繼而通知香港社民聯，原來的商定無法兌現，我們承認無能。

　　「七一」迫近，香港回歸十四週年，香港居民會有遊行集會。聯合工作委員會再做最後的努力，把這個設想公諸於眾，遂將此信公開。

致香港民主派領袖的公開信

　　香港在中國近代歷史上一再發揮非常關鍵的作用，從孫黃革命到對日抗戰，從國共內戰到港澳回歸，尤其在八九民運六四慘案中，香港各界協力執行了最艱難的救援工作。而且從六四迄今二十餘年，當全世界都淡忘了六四的血腥，唯有香港每一年的六四紀念晚會，仍有十幾萬人秉燭悼念。

　　如果我們用兩句話來總結香港人在中國近代歷史上奮鬥，可以說是「既救自己，更救全中國」。因為香港人是全世界華人社會中，能呼吸到相對自由的空氣，但是身上還留著中國人的血液，也就是活在相對自由的社會中，卻仍然懷抱深濃的中華民族情感的難得少數。

　　今年年初以來，「茉莉花運動」在中東地區風起雲湧，不但結束幾十年的強人政權，也讓全世界僅存的專制政府驚駭顫抖。中國大陸很自然地被中東「茉莉花革命」政治海嘯波及，民怨怒潮蠢蠢欲動。可是中共當局立刻嚴密防範，武力鎮壓任何風吹草動。如果有人通過網路發動民眾在何時何地聚集，屆時到場就會發現，武警和便衣的人數比民眾還多了好幾倍，而且整個網路都遭到嚴密地封鎖。

　　因此合理地判斷，在中國大陸直接發動「茉莉花革命」的可能是幾乎不存在的。而臺灣島內政治微妙，尤其是當政的國民黨政府早已認命地偏安一隅，喪失了逐鹿中原的氣概，也放棄了關懷大陸十三億人民的道義責任。而綠營的主

要關注則僅限於臺灣本土，對中國大陸感情淡漠，也無心推動中國大陸的政治變革。我們放眼全球，香港正是全球唯一的地區有可能凝聚民眾力量，打開中共專制政權的缺口。而且如果香港人民站起來爭民主，就一定能引發全體中國人站起來爭民主，因為香港人也是中國人。我們的同質性遠遠超過中東的「茉莉花革命」，這一種頻率相同的共振現象就像物理定律一樣，有無法消滅的必然性。

我們可以說，如果中國大陸的民怨像一個炸藥庫，那麼香港就是一根導火索；如果中國如同動力牽引的引擎，那麼香港就是一個啟動器（starter）；如果中共專制政權像強壯絕倫的大力士阿奇里斯，那麼香港就是阿奇里斯的腳後跟。

早年畢業於香港「新亞書院」，而今望重中外學界的旅美學人余英時教授，在兩個月前發表了一篇文章，標題是〈香港老百姓要提高警覺了〉。余英時教授在這篇文章中披露，中國共產黨幾經準備進行行政區劃改革，把現有的省增加成五十省，還要成立三都，就是北京都、上海都與香港都。而香港都是把港、澳、珠海劃成同一個都會行政區。所以照這個計畫，香港就不再是獨立的單位了，那麼鄧小平承諾的五十年不變，以及中共當局承諾的普選，甚至現行的香港「基本法」都一起變相地廢棄了。

今日的香港已經如影隨形地跟著中國的命運走到了歷史關頭，如果香港人在這一刻站起來爭自由爭民主，那不只是爭得香港人的民主，甚至可以爭得全體中國人的民主；如果香港人在這一刻躊躇退縮，那可能會錯失了中國民主化的天賜良機，到頭來連港人今日享受的一點民主自由也會一夕消失，蕩然不存。

香港民主派的領袖們，你們多年來為了香港民眾的民主自由，拿自己的畢生榮辱與精力與中共專制政權較勁拼搏，

如果在今年七一香港回歸十四週年時候，你們之中有任何人提出號召，鼓勵香港人步北非後塵，堅持不懈地爭取香港的普選，特首的直選，「基本法」的兌現，而不妥協於中共短暫而虛假的承諾，這一個號召可能就會引發驚天動地的連鎖反應。當然站出來做這樣的號召，可能要冒極大的風險，但是在這歷史的關鍵時刻，也只有你們的手中握著這一個歷史的機會。

作為民運人士，我們懷著非常愧疚的心情給你們寫這封信，因為推動中國的民主化本來是我們無可旁貸的責任。但是二十多年來的民運圈子，一直是山頭林立、紛爭不停的局面。所以民運人士的理想是崇高的，但是民運人士的整體形象卻是負面的。今天，我們非常難以啟齒地請求你們做出這麼大的犧牲，然而歷史的時機稍縱即逝，我們向你們提出了最為不盡情理的請求。但是如果你們中間有人勇於在那個時刻悲壯地振臂一呼，我們誓言以負荊請罪的心情，追隨你們的腳步，至死方休。

謹此，頓首！

中國民運團體聯合工作委員會

這封信原本預備在6月15日發表，但是意見徵求稿被「法廣」於6月10日率先發表了出來，香港多家網站轉載。「法廣」香港特約記者麥燕庭向何俊仁提出這封公開信，何俊仁表示8月初在美國紐約舉行研討會，歡迎提出商榷討論。因為何俊仁公開在網路上的這一說，聯合工作委員會一行從世界各地飛赴美國紐約，參加了下面這個本未獲得邀請的研討會。

中國民運團體聯合工作委員會致「民主轉型與制度設計國際研討會」2011年8月6日和7日，「民主轉型與制度設計國際研討會」在美國紐約舉行，中國民運團體聯合工作委員會的錢達、秦

晉、黃奔、薛偉、汪岷等從臺灣、澳洲和美國加州趕來參與，其主要目標是與來自香港的民主派領袖李卓人、何俊仁和麥海華等人進行一個直接的溝通，尋求香港地區的民主政治轉型的率先突破，以帶動中國大陸政治變化。根據民聯主席薛偉的建議，聯合工作委員會起草一份文件給論壇，以表明我們的觀點和主張。請見下文：

　　中華學人聯誼會中國論壇舉辦的「民主轉型與制度設計國際研討會」，能獲得邀請來參加會議的都是飽學之士和專家學者，毫無疑問對中國的民主轉型和制度設計有專業的研究、考察，並且可以提出未來適合中國國情的行之有效的制度方案。而我們不在此列，我們並非與其他與會者一樣具有相等的學術研究成果，因此我們由衷地感謝主辦機構對我們一行人的破例邀請，使得我們能夠與會，這是一個榮幸。我們把握好這個機會認真聽課，虛心學習。

　　誠然，我們關心的重點不是未來中國民主轉型和制度設計。我們更為焦慮的是中共專制的一夫當關萬夫莫開的要塞死守，擋住了中國通向民主，這是一個繞不過坎和關隘。我們如何奪取關隘，達到我們要去的地方，這是我們更為關切的。

　　追求自由與民主是我們幾代人一個多世紀的夙願，我們這一代人應該有歷史的機會實現這個目標，因此我們不應該把這個歷史重責留給我們的下一代。因為如此，我們更為關注的是在當下，而非遙遙無期的未來。需要問題解決的，更為重要的是行動，而非僅僅是晤於一室，爐邊夜談。英語中有這麼一句話：talk is one thing, while action is another. 說是一回事，行動是另一回事。

　　縱觀中共與他的反對面的政治博弈，顯然當下的中共處於守勢，但是依然強有力。而它的反對面雖然處於攻勢，

但是分散的、軟弱的、擊不中要害的。中共的反對面有「五毒」，臺獨、藏獨、疆獨、修煉團體和民運。或者一個新的提法叫「東西南北中」，「東土」、「西藏」、「南蒙」、「臺北」、「中國民運」。中共的外患不大，內憂的卻很大。現在中共維持政權所花費的要高於它的國防開支，內憂之大可見一斑。但是中國民間的不滿和怨憤不能集合起來，發生在江西和天津的爆炸事件雖然向中共地方政府進行了挑戰，但是這不能撼動中共專制的根基。

外患方面，只要西方民主國家龍頭老大美國缺乏意願與中共在意識形態方面進行對抗，其他國家都不會與中共形成具有威脅性的抗衡。有朋友分析，中國最近二十年的發展，是西方的資本與中國的權力的勾結，幫助中共強化了，承受苦難的是中國民眾。作為回報，中共用超過百分之五十的外匯儲備購買美國債券，實際是向美國提交了一筆數目龐大的變相保護費。其中的微妙只能等新的「維基解密」來破解了。

香港回歸中國已經十四年，十四年來香港的民主和自由是擴大延伸了，還是萎縮後退了，我們認為是後者。中國民運力量與香港的民主力量應該是連為一體的，尤其香港回歸中國以後，更應該如此。實際上，自八九天安門事件以來，這兩股力量的雖然遙相呼應，但並未做到事事攜手並肩。今天香港支聯會主席和香港民主黨主席齊齊出現在紐約的研討會上，中國海外民也可藉此與香港民主派領袖相晤一室，這是歷史提供的機會。雙方可以推心置腹，共籌將來，推食解衣，成敗與共。

現在唯一能夠破局的關鍵點是香港，香港有得天獨厚的條件和機會，中國民運團體工作委員會這麼認為。今年初中國境內茉莉花革命發起的時候，中共的有效和機動迅速將這個火星給撲滅了。而香港則是有能進行民主變革啟動的地

方。為此,三月初,我們委員會致函香港民主派領袖,表達了這個看法,希望歷史轉捩點的歷史機會把握人——香港民主派能夠承擔起歷史的重責,推動香港的政治變化,從而達到最終改變中國政治現狀。而且也在臺灣與香港的民主人士進行過深入地探討,規劃在5月份的時候集合海外民運與香港民主派,再共同商議如何推動香港的民主進程以此啟動中國境內的政治變革。我們願望沒有實現,努力沒有成功。不得已在六四紀念以後發表了致香港民主派領袖公開信,得到了港支聯的回覆,香港民主黨主席何俊仁先生也公開回應了媒體,希望在紐約的研討會上進行公開的交流。

為此,我們中國民運團體聯合工作委員一行數人從世界不同的地方奔赴這個會場,為了香港民主派與海外民運之間的理解與配合,為了香港民主派能夠運用現有的條件在香港有所政治突破,改變中國的政治專制格局。

我們為這段時間發生在香港的民眾呼聲感到興奮。香港屬於七百萬香港人,只有香港人可以決定自己的未來和命運。香港的未來和命運不屬於聽命於北京的特首,也不屬於北京當局。7月1日香港民眾再一次體現自己的力量和訴求。只要香港的民主派領袖們勇於承擔歷史的重責,領導香港人民進行不屈不撓的政治抗爭,那麼「人民的力量」一定會顯示出來,年初北非突尼斯和埃及的政治海嘯一定在香港再一次發出咆哮,而且進一步衝開被封死中國專制大門,茉莉花革命一定會在中國遍地開花。

曾記否,2003年董建華政府按照北京指令想通過第23條,遭到港人的強烈反對。這個條款押後了討論,最終無聲無息地擱置了。前不久香港立法會補選機制草案在曾蔭權的主導下希望匆匆通過,以制約今後可能再起的類似五區公投政治事件,同樣引起了港人的警覺,今年的7月1日

網路一束「茉莉花」激發對香港的新嘗試

173

大遊行和前香港著名民主人士提議的7月13日包圍立法會，迫使曾蔭權做出了類似董建華的調整。這個補選機制草案最終也會如同2003年的23條一樣被束之高閣起來？我們將拭目以待。

中國的命運和未來應該屬於十三億中國人，但是十三億中國人被中共的強權剝奪了屬於自己的權利，他們在槍炮和坦克的威脅之下還沒有能夠有效地聚集起來爭取屬於自己的權利。香港的行動和變化可以為中國的變化作最好的鋪墊和索引。

在政治對弈的棋盤上，中共內部基本一致，面對風急浪高，力圖行船不翻不沉。反對面各自為政，互不隸屬和依附，空耗精力，難有作為。這也如同綠茵場，反對面幾乎不控球，但現在有一絲機會，球滾到在香港腳下，是射門還是回傳還是大腳踢出界外，都在香港民主派的一念之間。為此，中國民運團體聯合工作委員，再次努力，尋聲而來，期望與香港支聯會主席、與香港民主黨主席進行當面的交流。我們衷心地期待何俊仁先生、李卓人先生和其他香港民主派人士能夠為香港為中國成為歷史轉捩點的偉人。要做到這一點，就必須有勇氣、有決斷、敢擔當，目光深邃，胸襟寬廣。你們承擔的不僅僅是7百萬港人，更可托起十三億中國人，因為書寫歷史的大筆在你們的手上握著。

中國民運團體聯合工作委員會
2011年8月5日

中國民運團體聯合工作委員會對於中國境內「茉莉花革命」的境外努力至此告一段落。香港地區以後的政治演變不斷地上演，應該是香港民眾的自覺行為，中國民運團體聯合工作委員會欣慰地作壁上觀。

由民聯、民陣和民聯陣組成的中國民運團體聯合工作委員會一行人在參加了美國紐約舉行的「民主轉型與制度設計學術研討會」以後，8月8日在華盛頓與「美國國家民主基金會」、「自由之家」以及「美國國會和行政當局的中國問題事務部」進行了會談。參加會談的有民聯陣主席黃奔、民陣副主席秦晉、資深民運人士前中華民國立法委員錢達、民聯陣理事長汪岷、民運人士韓武、李東澄等人。

　　聯合工作委員會與會談的三個機構分別表達了如下觀點和看法：

　　美國自從尼克森總統打開中美交往大門以後，歷屆美國政府都沿用了這個對中國政策，將同樣的專制中國區別地對待於專制的前蘇聯，這是否中共在世界共產主義運動全面失敗二十多年以後仍然屹立不倒的最重要的國際原因？

　　1989年以後的中共面臨嚴重的國際孤立，國內經濟疲軟。但是這個時候卻獲得了當時的美國總統老布希施以的援手，以後又得到了科林頓總統將經貿與人權脫鉤的對華政策，中共迅速走出孤立，經濟開始起飛。中共的棋盤走活了。以美國為首的西方資本與中共的政治權力進行了結合，打造了一個新型的中國專制帝國。我們認為這是上個世紀三十年代的歐洲綏靖主義在當代的重演。

　　美國是民主世界的領袖，有過戰勝德日意法西斯的二戰戰果，上個世紀90年代又在長達四十年東西方冷戰中勝出，成為世界的唯一超強。2001年恐怖事件是對美國的嚴重挑戰，美國陷入兩個戰場的泥潭。

　　經過十年的反恐戰爭，伊斯蘭恐怖主義隨著本拉登的被擊斃而將衰落，美國有機會從中亞兩個戰場上抽身。當今世界，中共專制主義是否構成了全人類和平與進步的最大威脅？如果是，美國為首的西方應該如何對待？中共專制主義繼續奴役著中國的十三億民眾，美國和西方是否有解救他們的道義責任？

　　我們在海外已經與中共進行政治對抗近三十餘年，仍然沒有

能力戰勝中共專制把民主引進中國，距離我們的民主自由理想王國還有很大的距離。中共打敗蔣介石席捲全中國有兩個原因，一是日本的入侵削弱了蔣介石，二是得到蘇聯的全方位的支援，從意識形態，組織建設和軍事裝備。我們所面臨非但是中共專制的弱化，反而是90年代美國兩位總統給與中共的經濟扶持而得到了前所未有的強化。中共的政治反對派沒有如同中共那樣的幸運獲得西方民主世界實質性支持，所以中國民運實際上已經是一場良心安慰運動，對中國本土很難形成影響。

　　儘管蔣介石的國民黨奉行的也是一黨專制，但是國民黨畢竟有孫中山的三民主義內涵。本來二戰結束以後，蔣介石國民黨如果能夠在中國站穩腳跟，遲早會接受美國的影響而成為世界民主大家庭的一員，並且成為美國在遠東地區戰略夥伴，共同推動世界向民主自由良性發展。由於杜魯門總統的中國政策的嚴重錯誤，聽任中共在蘇聯的支持下席捲全中國，造成了共產主義的氾濫，並且引發了長達四十年的東西方冷戰，這個歷史經驗後人要吸取才是。過去的已經過去，覆水難收。未來的則需要當代的政治家認真審視和計畫，我們要著眼的就是未來。

　　當今的中國有這麼的現象，「國之將亡，必有妖孽」，天災人禍不斷，環境污染世界之最，人心道德潰散，中國存在的嚴重的危機。整個中國如同一個沒有排氣閥的高壓鍋，隨時都有爆炸的可能。我們預見到這一天很快就要到來，這也是中共面對中國內部嚴峻的形勢，這也就為中國的政治變化提供的轉機，我們需要推動中國走向民主和自由，成為民主的中國可以與美國攜手並肩推動世界的進步，一個專制的中國只能威脅美國，阻撓世界的進步和發展。

　　我們希望美國領導人有智慧、有遠見、有勇氣在這個時刻勇於領導世界。我們希望美國為首的西方能夠對中共政治反對派提供必要幫助和支持，幫助中國人民儘早實現一個世紀幾代人夢寐

以求的夙願。我們這一代人三十餘年的民主和自由的追求，不僅僅
是為了我們中國人，也是在為世界的和平與進步做出我們的努力。

　　會談的另一方分別對中國民運的處境和困難表示充分理解，
願意盡力提供必要的支持和幫助，幫助中國實現政治民主化，有
利於世界走向進步和文明。

民運內部的寬容和理解

　　這個問題使我常思考，中共早期內部鬥爭非常殘酷激烈，就是到了建政以後還是如此，實行的是殘酷鬥爭無情打擊，鬥倒搞臭，甚至是進行從肉體上的消滅。現在的民運若具備中共當時的條件是否也會如法仿效？我相信完全有可能。

　　中共對同志實行的是生命的扼殺，現在的民運通常對同道實行的是心靈的扼殺。從事民運十幾年來，看到了不少民運人士的堅忍和執著，非常的難能可貴。但也看到了互相之間認同理解能力比較弱，反過來猜疑和誤解能力卻很強。昨天還相聚甚歡，明日就可一語不合而相互攻訐。民運人士在困境下堅持理念很不容易，以理念與中共國家機器對抗困苦異常。中共稍微給民運人士下點藥就夠喝一壺的，稍稍播種一點不和的種子立刻就能生根發芽。

　　民運同道們真應該記住中國七十年代末的一部電影叫做「奸細與間歇」所描寫得故事，電視劇「走向共和」中慈禧太后寵臣岑春煊是怎麼被離間的，萬不可輕易被似是而非的傳言左右，更不可憑自己的一孔之見妄加猜度，多想同道多年的堅持不容易，盡量忽略對己的不友不善。提倡從別人的視角和立場看待同一事物，可能會有助於自己對人的理解；提倡寬容別人對自己的誤解甚至傷害。要看到但凡參加這麼一場政治運動的都有自己獨特的個人性格，說穿了就是個人之間的性格衝突，相互之間不易相容，那就學著強忍，不能精誠團結，退而求其次，爭取策略妥協。唯有這樣方有可能成就大事。

　　民運人士中有許多在個人性格上存在比較嚴重的的缺陷，雖然他們可在其他方面有很出色的表現和能力，但是偏聽偏信，以

訛傳訛，這就能使有用心之人上下其手，使我們內部出現這麼一種現象，同在一條戰壕裏，不但要對付中共強敵，還得時時小心來自友軍的明槍和暗箭。傳統的政治道德倫理在民運中得不到應有的伸張。中國有古訓：人有五倫，父子有親，君臣有誼，男女有別，長幼有序，朋友有信。以上五倫，與民運內部人脈關係有關聯就是最後一條，朋友有信。但這不是民運內部的潛規則，並不受到遵從，這是一個民運文化問題。

縱觀中國民運近二十年來，領袖人物中思維縝密、遇事冷靜、處事穩健、當斷能斷、以柔克剛、統攬全局、必要時能夠敢為天下先、身先士卒勇於犧牲之人極其難覓，浮在表層的民運領袖人物大多為歷史的偶然或者錯誤，以及西方媒體的誤讀。我認為這是中國民運裏足不前的內在原因之一。

2004年5月11日 星期二

功成身退，天之道──布朗與中國民運

　　一個星期前，澳洲綠黨領袖布朗參議員宣佈辭去領袖職務，並且進一步表示，他的參議員席位也將在今年7月1日以前辭去，徹底退出澳洲政壇。作為一位澳洲家喻戶曉的政治標誌性人物，布朗辭職，的確震動了澳洲，他的政治對手也不得不對他的才能和成就給予了高度的評價。布朗宣佈辭職的一刻，很快就有人通知了我，問我是否知道。這個消息對我來說比較震驚，因為事先沒有絲毫預兆。再細一想，也對。功成名就身退，天之道。布朗不戀棧，在澳洲的政壇上，已經到達了最輝煌的頂點。這座高高珠穆朗瑪山峰，經過三十多年的攀援，布朗已經站在最高處，無遮無攔地仰望星空了，剩下的就是安全下山。布朗留給澳洲綠黨的政治遺產非常豐厚，從十六年前他單槍匹馬衝入澳洲聯邦議會，到今天已經擁有九位參議員、一位下議員一共十位聯邦議員，成為澳洲政治權力平衡力量；澳洲各州都有綠黨議員，在地方政府這個層面，綠黨的席位更是不計其數。

　　布朗參議員1996年首次入選聯邦參議院，第一次進入我視線是一次在坎培拉舉行的有關西藏問題的聽證會，大概是在1997年或者1998年，這個聽證會是由民主黨籍參議員Vicky Bourne主持的。我受邀參加了這個聽證會，布朗參議員也出席了，我還記得他的手臂上別了一圈西藏雪山獅子旗的袖章。「If not, why not如果不，為何不」，這是我第一次聽到的英語句式，出自於布朗之口，以後又在其他的場合聽到布朗這麼說過，以不妥協口吻直接提出質疑。2005年3月17日的參議院提問中，布朗向澳洲何華德政府質問：兩天以後在雪梨舉行一個中國民運會議，政府是否知曉此事？是否派出代表前去參加支持中國民運？如果不，為何不？

2003年10月，中國國家領導人胡錦濤首次訪問澳洲，是澳洲民運的一個必須做好的一項功課。本來要去德國法蘭克福參加民陣會議，由於民陣會期與胡錦濤訪問澳洲迎頭相撞，權衡了一番，放棄了歐洲之行，在澳洲靜靜迎候中共最高領導人。很清楚地知道，澳洲政府不會有興趣接受民運的陳情去向胡錦濤提出為難問題，反對黨方面也不會對民運的訴求有熱情，只能把目標轉向了澳洲小黨派民主黨和綠黨，純粹是碰運氣。兩個要求，舉行聯合記者會，希望該黨議員向民運人士發出邀請，出席胡錦濤在澳洲國會的演講。綠黨即刻做出反應，布朗參議員辦公室的Ben O'quist電話回覆，綠黨同意與民陣舉行聯合記者會，時間安排在10月24日，胡錦濤上午10點澳洲國會演講之前半個小時，地點放在國會媒體廳。第二個要求沒有回覆。隔了一日，布朗辦公室覆電，把記者會改在胡錦濤落地澳洲的時候。10月22日上午，胡錦濤抵達，澳洲總理何華德親赴機場二十一響禮炮迎接。一個小時以後，布朗與我在新州議會媒體廳舉行記者會，在記者會上布朗宣佈綠黨將邀請秦晉作為嘉賓出席兩天以後的胡錦濤演講會。

兩天後，雪梨民運人士一群人趕赴坎培拉，參加一個抗議集會，布朗也來參加了，民運的、藏人、法輪功的加在一起不到五十人，在場的記者比抗議的人還多。第二天「澳洲人報」頭版就是布朗集會後離去前握著我的手的照片。布朗和另一位綠黨參議員由於前一天的時候站起來打斷布希總統演講而被罰不得進入胡錦濤演講會，這是何華德政府的自律還是胡錦濤的要求，我到現在還沒有鬧明白。李肇星還是不放心，急急忙忙找了澳洲外長唐納交涉，綠黨邀請的三位客人都是有問題的，不可以入場，否則演講取消。澳洲外長叫來了上下兩院的議長，一起向李肇星保證，綠黨的三位客人都將不會出現在胡錦濤演講的公眾席上。我們三位綠黨客人齊齊被請到有隔音設備兒童遊戲的地方，李肇星

才放下心來，胡錦濤隨訪的官員在李肇星的帶領下魚貫入場坐定，我從上望去，一目了然。然後胡錦濤夫婦雙雙入場，澳洲上下兩院議員鼓掌歡迎。胡錦濤開始演講，比規定的時間遲到了十分鐘，一口氣十二次提到了民主，中國共產黨自己認定的社會主義民主，這和北朝鮮自稱「民主主義人民共和國」一樣。兩個星期以後，澳洲外交部官員邀請我進行一個會談，告訴了一些不在媒體報導中的事情，也對我表示敬意和感謝，因為我沒有激進地給澳洲政府增添麻煩，還贈送了我澳洲外交部發行的兩本書，有關澳洲對外關係。中國方面向澳洲方面表示，秦晉是一個恐怖分子。澳洲方面拒絕這個指稱，認為秦晉充其量就是一個民運分子，但是可以按照中方要求，不讓秦晉入場。

布朗憤怒了，為何我們綠黨的三位客人都被擋在了有隔音設施的會場裏？三位綠黨議員，三位客人一起面對了澳洲的媒體。布朗還是不依不饒，在下一周的國會裏面嚴厲批評澳洲政府喪失民主精神和原則，屈從於一個專制政府的利益誘惑。布朗還發生了口誤，幾次錯把「Mr. Chin Jin」說成「Dr. Chin Jin」。

這是第一次與布朗的配合。由於布朗的提攜，使我們民運有機會與中共最高領導人在比較高的層面上交手。

2005年澳洲民運大會，聯繫前來澳洲參加會議各組織的頭頭腦腦與布朗進行一個會談。布朗否定了我的建議，轉而提出新的建議，提出在澳洲國會媒體廳舉行記者會。我立刻接受，著手準備。那天來了一個記者，一個攝影，面對著我們一大群準備講話的人。這個冷落場面的出現怨不得布朗，也怨不得我們民運，實在是中國民主不是人們關心的議題。下午的參議院提問時間，布朗對何華德政府提出了嚴厲的批評。平心而論，澳洲政府雖然沒有公開支持我們的民運會議，但是悄悄地為民運大會開了綠燈，提供了前來參加會議人士的入境簽證方面的方便。布朗是唯一出席澳洲大會的澳洲政治領袖。在開幕式上他這麼說，他今年六十

歲了，已經有足夠的成熟，不太容易被中共的謊言所矇騙了；2008年北京舉行奧運會，希望中國除了奪得體育競技的金牌，更要為實現民主奪得金牌。

2005年5月末，中共駐雪梨領事館外交人員陳用林出逃，隱匿數天後致電於我，要求幫助向澳洲社會發佈。我的意識淡薄，沒有將它視為一件特別重大事情，僅根據陳用林的要求以一般事件通知了媒體。此事立刻發酵，震動澳洲，震動中國，也震動世界。我本應該第一時間通報布朗，但是我忽漏了。布朗一從媒體報導中得知此事，立刻在家鄉小鎮發表講話，向出逃者伸出同情援助之手，致電澳洲外長唐納和移民部長范斯冬，要求澳洲提供保護。晚上的布朗直接給我打來電話，叫我轉告陳儘量低調，儘快尋求法律援助。與此同時，綠黨從中幫助，尋找資深移民律師介入此案。在布朗的推動下，澳洲社會對此案持續關注，最終此案以陳用林獲得澳洲保護告終。說一個題外話，當時澳洲是何華德聯盟黨執政時期，移民政策非常的嚴厲，政治庇護的批准率非常的低，就是在中國具有很大名氣的人士、證據可謂鐵案如山的，在那個時候第一輪都是拒之門外的。由於陳用林的批准，我反用「城門失火殃及池魚」一下，一批已經被拒情緒沮喪的都一個一個的獲得了難民資格。或者說，一人得利，大家受惠。這就像1979年魏京生收監，冒死卻沒有死，這個中國政治異見人士的生死大關，我認為是魏京生被判處十五年為一道明顯界線，從此中國政治犯不再有死刑。

布朗在整個過程中充分地表現了他的虛懷大度、悲天憫人和道義堅守。在這個事件上布朗所持的立場，也是他前後一致表裏如一的表現。早在2001年8月，挪威貨輪營救了海上漂流的船民駛向澳洲，何華德政府採取強硬措施拒之門外，工黨也聞曲起舞。這個時候只有布朗孤獨一人在議會發出了不同的聲音，表達了對海上漂流船民的同情之心。此舉也為他下一次的聯邦大選中

增加席位產生了作用和影響。

　　布朗一直保持著對中國民主化高昂熱情，對中國的人權問題總是關注。只要我把中共踐踏人權的案例提供給他，他總是向澳洲政府提交，迫使政府對他提出的案例有明確的答覆，並向中國政府提出交涉。每次中國異議人士、民運人士到澳洲，我都會安排他們與布朗見面會談，布朗也總是有求必應。2006年初余傑和王怡、年末徐文立，2011年吾爾開希，凡是到澳洲訪問的中國民運人士，布朗都願意撥冗一見，討論中國的問題。

　　2007年亞太峰會在雪梨舉行，邀請布朗參加並且演講。布朗同意了，還提醒我一定要為自己保留一個發言的位置，做好功課，任何一個成功的演講都有幕後的辛勤勞動，口才固然重要，但是刻苦勤奮更為重要。2008年5月，雪梨有一個「北京不適合舉辦奧運會」辯論會，我很有幸也受到邀請與布朗在同組，布朗在臨開場前還對我面授機宜，改進演講辭。這個辯論會雖不能對中國北京奧運會造成直接的影響，但還是在澳洲提高了關注中國政治民主和人權改善的呼聲。

　　習近平訪問澳洲，布朗邀請我到國會與他一起舉行記者會，向中國政府施加壓力。我在那次習近平的訪問中，除了批評中共，還直言不諱地指出，在中國人權問題上，西方與中國默契地玩一個遊戲。

　　2010年聯邦大選，布朗和他領導的綠黨是最大的贏家。吉拉德在大選前明確表示過不會實行「炭排放稅」，但是執政後不久，就宣佈實行「碳排放稅」，遭到一片斥責。這是不同治國理念的鬥爭。很顯然，吉拉德為了能夠執政，只能自食其言，就範於綠黨的政治理念。如不就範，綠黨不會與工黨政府聯合執政，布朗做到了四兩撥千斤來達到綠黨的政治目標。這裏沒有對與錯，只有誰能夠利用各種政治機會和力量來實現自己的政治目標，布朗成功了。

布朗退出了澳洲聯邦政壇，但是他的政治生涯不會因此停止。布朗已經明確表示，他將永遠是綠黨事業的追求者，生命不息，奮鬥不止。我也深信不疑，布朗將一如既往地支援我們追求中國的民主和自由，只是方式不同而已。布朗今年六十七歲，已經成功地攀登一座高山，在他退出政壇的生涯裏，我相信他會繼續放射出耀眼的光芒，為世界、為人類做出他的傑出貢獻。

2012年4月20日

西藏篇

第一次拜會達賴喇嘛

　　達賴喇嘛早在1992年5月中訪問澳洲的時候，當時的民陣紐省支部一批骨幹拜會了他。當我從華文報紙上得知達賴喇嘛將來訪澳洲，就通過澳洲外交部按圖索驥找到接待單位，提出拜會的請求。開初的時候是有所顧慮的，受幾十年中國政府宣傳洗腦的影響，去拜會一個被共產黨定性為「分裂分子」的「達賴」，自我懷疑在民族大義問題上是否站位有錯，有點自我束縛。但是畢竟達賴喇嘛是1989年度諾貝爾和平獎得主，受到全世界普遍的歡迎，如果能夠拜會達賴喇嘛，可以從另一個角度，一個不同於共產黨宣傳的角度瞭解西藏問題。唐三藏被遣西天取經，西天路上多艱險，一路妖魔都知道食得唐僧肉，可長生不老。凡人一見活佛達賴喇嘛可有巨大福報，支部內有一個監事強烈要求一起參加拜會，希望借這個機會改變命運。我們告訴接待單位，民主中國陣線是一個致力於在中國大陸建立民主制度的組織，和平、理性、非暴力是民陣的行動原則。很幸運，我們請求很快就得到了回覆，達賴喇嘛願意與民陣紐省支部成員見面會談，約定會談的時間是半個小時。諾貝爾獎的得主、尊者達賴喇嘛願意接見我們民運人士，令我們喜出望外。

　　會見在靠雪梨環形碼頭的五星級賓館Intercontinental Hotel，第一次拜見一位國際名人，又是世間活佛，沒有經驗，有點緊張。達賴喇嘛讓大家隨意坐下，對我們非常的慈祥和藹，使我們的緊張不安情緒頓然消失。達賴喇嘛詳盡地給我們介紹了中共從1951年進藏到1959年流亡時候種種策略和手段的變化，其中摻夾著不少漢語詞彙，吐字發音都很準確，但是能夠連貫成句子的不多。達賴喇嘛很歡快，時時發出爽朗開懷的大笑。那個時候

對西藏的瞭解還真很少，就西藏問題能夠提出的提問很少，主要傾聽達賴喇嘛的闡述。問過這麼一個問題，問當時與中國方面的溝通情況如何，記得達賴喇嘛回答與中國方面的對話渠道幾乎已經堵塞，好像是胡耀邦下臺以後漢藏政治對話因此而人亡政息了。

　　那天原定半個小時的會談，尊敬的達賴喇嘛興致很高，跟我們談了約一個半小時，他很看重我們這些中國民運人士，給了我們很多鼓勵，就像一個很慈祥的父親關愛自己的孩子。我們對西藏的定位問題很是關心，長期受大陸官方的灌輸，達賴喇嘛是中國領土完整的分離運動的主要人物，因此就這個問題想聽一聽達賴喇嘛的立場和觀點，這應該是最具有權威的詮譯了。達賴喇嘛非常明確地告訴我們，他所追求的不是西藏的獨立，而是西藏的高度自治，西藏願意把外交和國防交由中央政府管轄。會談結束前，達賴喇嘛向每一位與會者贈送了他的書和哈達，並給我們所有的人一一簽名。達賴喇嘛的隨行人員不免著急，後面還有等待會見的團體，原定給我們的時間已經大大的超出。我們離開時候，看見大廳裏面黑壓壓的一大群人還在等候著拜會。那次達賴喇嘛來訪澳洲有一個很大的成功，與當時的工黨基廷政府達成共識，西藏流亡政府在澳洲首都坎培拉建立了相當於駐外使領館功能的「西藏資訊中心」（Tibet Information Centre）。

第二次拜會達賴喇嘛

四年以後1996年，達賴喇嘛再次來到澳洲，澳洲雪梨的民運人士有幸再次拜會他。第二次拜會，由於有了四年前的經驗，準備了一些問題，還準備了一個小禮物。那個時候，海外民運非常地不景氣，談佛論道在圈內盛行，這股風也吹到了南半球的澳洲，有些人已經是八仙過海各顯神通，進入了頓悟的佳境，而我常被晒笑執迷不悟，過於迷戀此生，執著於貪、嗔、癡。那次會面有九人參加，其中包括來自臺灣的自立快報社長胡元輝，記得還有一位以密宗弟子的方式給達賴喇嘛欲行大禮。我是第一個進入會客廳的，達賴喇嘛還記得我，看見我們一行他顯然很高興，我向達賴喇嘛深鞠一躬，下意識地在就近的位置上坐下，達賴喇嘛一把抓住我不讓坐下，示意讓其他人先坐下，然後指定我坐在靠他最近的位置上。

雖然說是對於那次會談有所準備，對我們來說，其實禮節性意義還是很重。民運人士對達賴喇嘛幾十年來為爭取西藏的文化、宗教、和民族的完整性所進行的不懈努力表示由衷的敬佩，表示中國民運團體也將通過和平理性的方式爭取中國早日獲得民主和自由。達賴喇嘛又一次對胡耀邦的過早去世表示非常惋惜，胡耀邦的時候，中國政府與達賴喇嘛之間的政治談判比較好地進行著。達賴喇嘛認為如果胡耀邦不早逝，西藏問題可能會解決得好一些和快一些，因為共產黨內只有胡耀邦有這個胸懷。達賴喇嘛笑著對我們說道，我們西藏要保護自己特有的文化和宗教，中國民運要爭取民主和自由，我們的追求有不同，但是我們追求自己目標的時候有一個共同的障礙，那就是中共。我們在實現各自的目標和訴求的時候必須對付一個共同的對手，我們可以建立統

一戰線，中共不就是靠建立統一戰線嘛，為什麼我們不能建立統一戰線？那個時候我們被一種迷茫和頹唐的情緒籠罩著，有一種民運無所事事的感覺，所以在會談中有所表現。達賴喇嘛立刻抓住了我們的一閃念，鼓勵我們中國民運人士應該鍥而不捨，堅持下去，要表現出堅韌性，絕不輕言退卻。西藏的定位問題還是被提了出來，與四年前沒有變化，達賴喇嘛還是堅持西藏不尋求獨立，只尋求在一個中國之下的高度自治，西藏需要保持自己固有的歷史傳統和文化宗教。

　　第一次拜會達賴喇嘛以後，還繼續忙著澳洲民運的「皇帝新衣」的製作，沒有比較多的時間去做一些理智的、有實際意義的民運的事情。一直等到1994-1995年澳洲的居留運動結束了，說烏鴉老哥唱歌唱得好的狐狸們高高興興地叼著烏鴉嘴裏掉下了的那塊肉走了以後，才算有機會正兒八經做些有點民運意味的事情了。民運在寒風中佇立，民運猶如一隻困獸，煢煢孑立，形影相弔，侶魚蝦友麋鹿。從第二次拜會達賴喇嘛以來這麼些年裏，合作最多最良好的是由澳洲人組成的「大赦國際」和「西藏協會」，常一起在澳洲舉行活動，抨擊中國大陸的惡劣人權狀況，希望中國在世界的注視之下改善人權狀況。不過我早就得出結論，這樣的推動一定是事倍功半，或者根本無濟於事。中國的問題不是人權問題，而是政權問題。沒有中共政權由專制轉變成民主，從根本上改善人權基本是一句空話，中國政府早在1997年就簽署聯合國兩個公約，這是中國政府耍弄西方民主國家的一個招數。皮之不存，毛將焉附？人權和政權的關係，看來不是人們沒有弄清楚，就是人們有意把它漠視了。明知不可為而為之，是中國民運組織和人士無可奈何的舉措。以後十來年裏面，一直與這裏的藏人組織和社區保持良好的互動合作。達賴喇嘛駐澳洲代表丹增‧阿提夏派駐澳洲不久，就與當時的民陣澳洲分部，現在的澳洲民陣建立起了良好的工作關係，逐漸建立起了穩定的互信關係。

2007年2月中與達賴喇嘛駐澳洲代表丹增‧阿提夏一起確定了兩件事情，一是達賴喇嘛6月中訪問澳洲的時候舉行一場對中國人士的公開演講會，由澳洲民陣主持；二是籌備亞太經濟峰會期間的公開集會，邀請澳洲國會議員以及不同社會團體代表在集會上發表演說，借亞太經濟峰會美、中、俄、日等大國政治領袖以及世界媒體雲集雪梨的機會，向中國領導人施加政治壓力和影響。受邀參加5月中布魯塞爾的會議的時候，原本準備過一段發言，作為一個漢人，我個人是如何理解西藏的歷史和漢藏關係的。我反對中共把西藏說成是自古以來中國的一部分的說法，唐代的文成公主和金成公主遠嫁吐蕃，其政治目的就是和番保境，我們不能視而不見。我們應該承認西藏獨立地存在於以漢人為主的歷朝歷代以外上千年的歷史事實，同時也看到目前西藏受中國政府政治管轄這一政治現實。我們更要看重未來中國的民主化，漢藏民族一起推動中國的民主化，只有中國民主化了，才能一攬子解決西藏問題，才能提供有利於漢藏兩個兄弟民族和睦共處的圓滿善果。

第三次拜會達賴喇嘛

結束我的第二次環球行回到雪梨的時候已經是6月11日。本應在美西多停留些日子，因為趕著回來還有一場更為重要的活動。西藏宗教領袖第十四世達賴喇嘛於6月14日在雪梨與澳洲的民運人士有一個會談並進行一場面對中國人士的公開演講。

今年早些時候，澳洲民陣向達賴喇嘛駐澳洲坎培拉代表丹增•阿提夏提出請求，借達賴喇嘛再次訪問澳洲的機會，懇請與達賴喇嘛就漢藏問題進行一次溝通，交換在這個問題上的觀點和看法。在丹增•阿提夏與澳洲民陣的共同努力下，促成了今天達賴喇嘛面向具有中國背景人士的公開演講會。

2007年6月14日西藏精神領袖達賴喇嘛再次到訪澳洲雪梨，與澳洲民陣骨幹以及當地的作家、畫家、藝術家和企業家、資深報人等十八人進行了為時一個半小時的會談。會談中，達賴喇嘛非常的寬宏、智慧、大度和風趣深深地感染了有幸參加這次會談的每一位。大家也一起向達賴喇嘛贈送了禮品和一段簽署了每一位與會者姓名的祝詞：仁慈、寬厚、智慧的第十四世達賴喇嘛，祝您的心願早日實現。其中一位畫家，在會面以後為達賴喇嘛作了一幅油畫肖像，作為特別的禮物將贈送給達賴喇嘛，以表達雪梨華人對達賴喇嘛的崇高敬意。

達賴喇嘛非常樂意地與具有中國背景的人士直接接觸，重申他對於西藏未來的政治主張。達賴喇嘛關於西藏未來的政治主張早已為瞭解西藏問題和達賴喇嘛基本政治主張的人士耳熟能詳，就是承認西藏在中國的中央政府的管轄之下，由中央政府行使國防和外交權力和職能，保持西藏的文化和宗教的高度自治。然而達賴喇嘛的理性主張和要求一直被中央政府有意地曲解為分裂主義。

演講會原定一個小時，由於場面氣氛熱烈，達賴喇嘛寬厚仁愛，興致也非常的高昂，演講會延長了二十多分鐘。演講會產生了西藏精神領袖達賴喇嘛與中國民間的直接溝通和對話效應，尤其是問題回答部分。提出的問題主要是政治性的，同時也有一部分是信仰方面的。有一位女士得知這次演講會的資訊，特意從中國趕回雪梨希望能夠聆聽一下達賴喇嘛的教誨並且獲得加持，當這位女士獲得提問的機會時，激動地熱淚盈眶，表示她代表著中國大陸一大批信奉達賴喇嘛的藏傳佛家弟子，向達賴喇嘛表達他們的景仰。達賴喇嘛和藹地滿足了這位弟子的要求。一位西人要求提問，達賴喇嘛當即表示這次對話與溝通是與具有中國背景人士之間進行的。達賴喇嘛非常樂意地與具有中國背景的人士直接接觸，借演講會的機會弘揚藏傳佛教的博大精深，同時再次重申他對於西藏未來的政治主張。

演講過程中，不斷有人跑到臺前雙手合十向達賴喇嘛跪拜，然後轉過身來蹲坐在臺前讓人給他們拍照，留下與達賴喇嘛的合影。會場的保安幾次出面干預制止，達賴喇嘛都示意讓聽眾這麼做，非常的寬厚慈祥。

當演講會結束時，達賴喇嘛贈送了我一條長長的潔白哈達，同時還詼諧地說，這哈達的面料是中國的，圖案設計和工藝傳統是西藏特有的，產地是印度的。 達賴喇嘛離場時，受到了在場的人們熱情歡送。大家爭相與他握手、簽名、留影，達賴喇嘛儘量地滿足人們的要求，其情其景非常感人。

事後據一位藏傳佛教弟子告訴，我們的福報很大，見達賴喇嘛一回，可以三世不下地獄。他看得出來，這次達賴喇嘛在澳洲期間最為開懷的時候就是那天與中國人在一起的公開演講會。我感到很榮幸，也許這是我在人間的福報，使我能夠三次拜會慈祥智慧的達賴喇嘛。我由衷地感激達賴喇嘛和他的駐澳洲代表對我的信任，讓我有幸組織和安排了這次別開生面的演講會，也許這

個演講會為達賴喇嘛直接與中國普通民眾進行溝通開了先河，為今後達賴喇嘛贏得中國民眾的愛戴摸索了一種新的方法，也使我從中感悟到了今後促進中國民主化、最終解決中國各個不同地區民族和諧共處問題的一條可以走得通的途徑，為推動達賴喇嘛最終回歸故里找到了新的運作方式。

推動達賴喇嘛返回西藏可為加快中國大陸民主化提供良好的途徑，並且在中國民主化的時候為穩定漢藏，漢維、漢蒙、臺海等關係提供佛教文化的寬容和忍讓的基本質素，按照這個思路走下去也許可以開闢一個全新的景觀。達賴喇嘛雪梨的演講是我所知道的第一次走進中國人群中，反映是那麼的強烈，效果是那麼的良好。那麼就應該促使我們考慮到，僅和中國政府之間開展對話、贏得國際社會的同情和理解爭取返回西藏可能還不夠，那麼就要動用人民的力量，不僅僅讓西藏人民，而且讓中國人民以及在中國政府統治下的其他區域的民族廣泛地接受至尊至慧的佛教世界的最高領袖達賴喇嘛，這樣就會產生各種力量的合力，中國政府的態度和立場也許會在合力的壓力之下發生變化。

佛教自從東漢初年從印度傳入中國，距今已經有近兩千年的歷史。佛教已經與中國本土的道家思想和儒家思想合為一體成為了中國的傳統和國粹，中國人也許更容易接受曾經在中國盛行了兩千年的佛教作為穩定中國國本的精神支柱。經過共產黨在中國的執政五十八年，中國境內傳統文化已經被破壞殆盡，在中國的眾多的佛門廟宇的出家人也都已經被瘋狂的經濟熏得面目皆非了。中國這麼一個具有佛教傳統的國家，由於五十年前達賴喇嘛被迫離開了西藏，所代表的藏傳佛教也許已經成為西藏並且包括中國在內保存最為完好的佛門教派了，因而獲得大量中國境內佛家弟子的崇拜，很多從中國大陸特意趕到雪梨崇拜達賴喇嘛的弟子所表現的情感很能說明這個問題。

達賴喇嘛通過演講會，向中國政府和人民傳遞了這麼一個資

訊，他不追求西藏的獨立，他追求的是西藏的文化和宗教得以保存和延續下的高度自治。在政治上西藏走民主化的道路，政教分離。條件允許，達賴喇嘛的靈童轉世模式可以終止。

中國現在的經濟發展是建立在全民的道德的淪落、信仰的喪失和中華大地生態嚴重破壞的基礎上的，這種飲鴆止渴式的經濟繁榮，一定會給我們的子孫後代帶來嚴重的後果，它也許會成為直接影響到我們中華民族的生存問題。中國共產黨人和它的政府沒有這個眼光和智慧力挽狂瀾拯救中華民族於為未來的危難，那麼政治民主化可以是解救中華大地和在這片土地上生活的人民的首選方案。現在的中國有兩大需要，一是政治的民主，二是道德和信仰的重建。民主化的中國還必將有一個道德和信仰重建的嚴重問題，道德和信仰的重建才有可能緩解民主化以後的一個必然的社會失序問題。

眾多旅居澳洲雪梨的各界中國人士非常景仰達賴喇嘛，兩百三十多人不顧大雨傾盆，不顧工作時間安排的困難，安然地等待著與達賴喇嘛見面的時刻，聆聽他的諄諄教誨，目睹尊者的尊顏以還心願。達賴喇嘛可與聖雄甘地、羅馬教皇齊名，這樣的曠世偉人，一旦得以返回西藏，所帶來的衝擊力不難想像，這應該是中國政府不敢讓達賴喇嘛回歸故里的真正原因吧。

宗教力量之宏偉巨大有案可稽，上世紀七〇年代末的伊斯蘭宗教領袖霍梅尼領導的「黑色革命」終結了巴列維王朝，1989年教皇約翰・保羅的偉大的影響力改變了波蘭以至於引發了整個東歐共產主義陣營土崩瓦解。毫無疑問，達賴喇嘛是佛教世界至高無上的領袖，他所具有的力量不言而喻。中國境內各民族和睦共處，共存共榮，其關鍵是中國大陸的實現民主化。中國未來社會兩大需求之一的道德和信仰的重建也需要依靠達賴喇嘛的智慧、仁慈、寬厚和他所具有的偉大的宗教力量來完成。也許這是今後中國民主運動與達賴喇嘛和他的流亡政府通力合作的一個要點。

達賴喇嘛返回西藏能夠強化漢藏民族和諧關係，也可為漢維民族和諧、漢蒙民族和諧以及其他少數民族關係的和諧提供典範，還可能是推動中國大陸民主化進程的第一塊多米諾骨牌。

達賴喇嘛第二次雪梨演講會

　　2008年6月15日，時隔一年整，第六次到訪澳洲的西藏精神領袖達賴喇嘛在2000年雪梨奧運會的比賽場地，奧林匹克運動場內的Novotel Hotel舉行了第二次以華人為對象的公開演講會。澳洲民陣再一次受委託組織安排了這次活動。

　　為確保演講會的順利進行，上午9時半，以澳洲民陣成員為主的工作人員就開始佈置會場。工作人員早些天就開始為參加演講會的每一位聽眾製作印有聽眾姓名和「達賴喇嘛演講會」中英文的出席證，作為入場標記。

　　由於3月14日在拉薩發生了流血衝突，這次的演講會特別顯得比較敏感，安全問題的要求遠比去年的高，澳洲政府為這次演講會提供了高度的安全警戒。又由於要求參加演講會聆聽達賴喇嘛的人數比上一次大大增加，入場時間提前一個多小時。為早入場的聽眾感受演講會和當前中國形勢的氣氛，澳洲民陣特意製作播放了西藏歷史、達賴喇嘛全球活動的圖片和資料，以及新近的四川地震的圖片新聞，幫助聽眾進入狀態等候親眼目睹尊者達賴喇嘛。

　　有人在估測的達賴喇嘛入場的通道上等候著，希望能與他和一個影。達賴喇嘛到達的時候比原定的晚了一些，場內的聽眾耐心等候著，當達賴喇嘛進場的時候，全場三百餘人起立向這位受舉世敬重的西藏精神領袖報以熱烈的掌聲以表達發自內心地敬意。

　　主持人秦晉用剛學會不久的藏語「Tashi Telek」向達賴喇嘛問候，並敬獻了哈達。澳洲的華人藝術家出於對達賴喇嘛的敬仰，為達賴喇嘛繪製了一幅油畫像，由表演藝術家冷眉女士代表

澳洲華人藝術家和敬仰達賴喇嘛的澳洲華人贈送給達賴喇嘛。達賴喇嘛看著畫像高興地用漢語連聲說謝謝，並且幽默地指著畫像問聽眾「一樣嗎」，又引來熱烈的掌聲和全場的歡笑。主持人說達賴喇嘛的漢語講得好，達賴喇嘛連聲用漢語說：「不、不、不」。

由於時間的寶貴，主持人說不敢太多佔用達賴喇嘛與中國人直接溝通的時間，謹代表澳洲民陣和世界其他各國的民陣節選地宣讀了關於支持達賴喇嘛要求西藏高度自治的「中間道路」這一政治主張的聲明。

達賴喇嘛的演講體現了一位尊者和智者所持有的平和、安詳、智慧和堅忍，對未來的中國充滿了關愛和信心。簡短的演講以後就是達賴喇嘛與聽眾問答式的互動，根據安排，提問的聽眾在臺下的麥克風前排隊依次提問，達賴喇嘛一一給予回答。與其說是聽眾與達賴喇嘛進行言語的溝通和交流，更不如說是達賴喇嘛藉這樣的機會與中國人進行感情的溝通和交流。有一位提問者索性借提問的機會向達賴喇嘛提出索取簽名留念的要求，達賴喇嘛非常樂意地給予了滿足。同時，通過這樣的演講和溝通，這也是達賴喇嘛繼續堅忍地向中國政府表達他的善意，等待著中國政府同樣的善意和正面的回應。

規定的時間到了，主持人問達賴喇嘛是否應該結束了。達賴喇嘛問了身邊的秘書，寬厚地說再延長十五分鐘吧。問答繼續進行，會場裏的氣氛更推向高潮。看著時間又到了，主持人特意讓來自最遙遠的日本大阪的女孩木下陽向達賴喇嘛敬獻禮物。達賴喇嘛要離開會場了，一位女聽眾在臺下向達賴喇嘛行五體大禮；另幾位聽眾靠近講臺，眼含淚花想與達賴喇嘛握一下手；一位母親帶著兩個孩子想上前讓達賴喇嘛摸一摸他們的頭，給他們準備好的字畫上簽上名。

前來參加達賴喇嘛演講會的不僅僅是旅居在澳洲雪梨的華人，有不遠千里連夜驅車來自墨爾本的十好幾位作家和民運人

士；來自澳洲近鄰新西蘭的潘晴先生，為的是聆聽達賴喇嘛的諄諄教誨；來自香港的記者龍緯文和信眾阿尼秋吉，為一睹活佛風采的；還有來自澳門的記者吉木先生以及來自日本的民運人士林飛、記者李瑞和鳴霞母女。

民主中國陣線2008年訪問達蘭薩拉之行

一、達蘭薩拉之行的緣由

2008年6月中旬，西藏精神領袖第十四世達賴喇嘛再度訪問澳洲。此前，澳洲民陣與他在坎培拉的代表阿提夏先生商定依照優先順序安排了如下活動事項：一、達賴喇嘛再度面對華人的公開演講會；二、達賴喇嘛面對華文媒體的記者會，三、與民運人士的懇談會。阿提夏先生還是希望所有活動由澳洲民陣主持，澳洲民陣則表示在達賴喇嘛公開演講會舉行的時候發表一個澳洲民陣或者世界各地民陣呼應達賴喇嘛和西藏流亡政府關於西藏政治訴求的聲明。

日本的林飛、新西蘭的潘晴都特意飛赴雪梨參加這些活動。在達賴喇嘛的記者會上，得知達賴喇嘛將在11月訪問日本的林飛當面要求在日本舉行於雪梨類似的公開演講會，寬厚的達賴喇嘛當場接受了這個要求。

民主中國陣線內部有 個比較高的共識：3月份拉薩事件以後，中共是在國際社會的壓力下，為了營造北京奧運會的有利氛圍，以抵消火炬接力過程中發生尷尬和難堪，重新開啟了中國政府與達賴喇嘛代表和西藏流亡政府之間的對話。但是這樣的對話純粹服務於北京奧運會，不可能產生實質性政治成果。

2008年度海外民運力量和其他政治力量對中共可以形成的政治壓力隨著北京奧運會的落幕必將告一段落。而2009年有好幾次可以對中共專制形成壓力的時間點，為此，民主中國陣線希望有所提前準備。山雨欲來風滿樓，而中國民運力量各方的準備進行

了多少？民主力量應該進行聚合，這也許是黎明前的黑暗中的一絲光亮。民陣內部同仁有不少都贊同組團去達蘭薩拉，專程拜會達賴喇嘛，以表達民陣對他的敬仰，以表達民陣對推動中國民主化政治力量進行聚合的誠意，以檢測民陣對未來中國發展變化的政治前瞻。

10月初，第八輪對話之前，西藏流亡政府外交部長到訪澳洲，澳洲民陣與她進行了比較充分的溝通。民陣對下一輪會談進行了預測，認為下一輪會談不會有任何實質性進展，認為重開對話是做給國際社會看的一個姿態，現在奧運會已經結束，中共可以更加大膽地表達他真實的想法和強硬的態度。

原定民陣訪問團訪問達蘭薩拉的時間為10月下旬，因故改期後延了，改定下拜會達賴喇嘛會談的時間和日期為11月22日。以後又獲悉11月17日-22日為藏人特別會議，這次民陣訪問團的到達正好是一個巧合。

二、達蘭薩拉之行的過程

11月18日，民陣發表關於西藏問題白皮書，為民陣訪問團達蘭薩拉之行進行熱身。民陣副主席秦晉率訪問團一行10人訪問達蘭薩拉，他們分別來自澳洲、臺灣、日本、香港和泰國。由於印度入境簽證的問題，使得好幾人原先打算參加的未能如願，其中包括民陣副主席日本的林飛。相約11月21日到達印度新德里，然後由西藏流亡政府專人前來接待相送到達蘭薩拉。西藏流亡政府外交與新聞部中文組的旺貞拉姆小姐，承擔了這項工作。分坐三輛車，一路顛簸，經過大約十多個小時的車程，到達了達蘭薩拉。

按照計劃，22日下午就安排了訪問團與達賴喇嘛的會見。其中有四人已經多次拜會過達賴喇嘛，達賴喇嘛一見到面就記起來了，還連聲詼諧地問道：「有沒有變化？」，6月份在澳洲見到

過他的訪問團成員，異口同聲地回答「沒有變化」。10月底的時候世尊達賴喇嘛做了一個小手術，故有此問。相比較達賴喇嘛6月中到訪澳洲的時候神態，的確看不出變化。

這次民主中國陣線組團到訪西藏流亡政府所在地印度達蘭薩拉，希望達到以下四個目標： 一、表達民主中國陣線和其他的民運組織和人士對達賴喇嘛的敬仰；二、增進對流亡藏人苦難的瞭解，傾聽在絕望心情下繼續爭取西藏自由、保存西藏文化與宗教的藏人的心聲；三、與流亡政府進行深層的溝通和交流，尋求改變中國現有政治現狀的政治力量的組合與結盟；四、邀請達賴喇嘛成為包括不同族群的廣義中國民主運動的精神領袖。

這四個目標中，以後兩個更具現實政治意義。民主中國陣線之所以如此考量，是由於達賴喇嘛具有崇高的國際聲望，受到廣泛地景仰，而又多年以來一直表達為了推動中國民主化必須建立的各方力量的統一戰線的願望。如果形成這樣的統一戰線，又有具有崇高聲望的達賴喇嘛作為這個運動的精神領袖，可以使中國爭取民主自由的運動的國際影響和聲望獲得巨大的提升，又可再燃中國大陸民眾爭取民主自由的希望之火，從而中國民主化的成功在可見的不遠將來成為可能，成為現實。

會談進行了近三個小時，結束會談的時候已經快下午五點了。訪問團立刻馬不停蹄地趕往特別會議的會場，特別會議結束了，來自世界各地藏人代表紛紛走出會場，主席臺上只留下流亡政府正副議長接受世界媒體的提問。達賴喇嘛的澳洲代表阿提夏很高興見到了民陣訪問團的眾成員，通知訪問團大會歡迎參加他們的晚餐會。代表團成了當晚餐會上最重要也是唯一的嘉賓，秦晉被熱情的正副議長邀請代表全團做一個即席的發言，發言的大致內容如下：

西藏問題是一個深刻的政治的問題。在目前中國共產的政治獨裁統治下，謀求西藏的高度自治，從已經結束的八輪會談來

看，沒有獲得絲毫進展。達賴喇嘛為了數百萬藏民所做出的忍讓與妥協，沒有得到中國共產黨政府的應有的回應。西藏流亡政府和藏人代表舉行會議，重新審議西藏流亡政府今後與中國共產黨政府之間的互動往來的姿態和方式，民主中國陣線的適時到訪，無疑是一個歷史的見證。中國的問題積重難返，中國共產黨一黨專制使得任何政治問題、民族問題沒有解決的可能。實現民主化是解決中國所有問題的關鍵。所有反對中國共產黨一黨專政的力量彙聚在一起，共同努力，才能實現民主。只有中國實現了民主化，各不同政治訴求才能獲得最終的商討和實現。

第二天是達賴喇嘛面對各國媒體的記者會。可以感覺到，達賴喇嘛非常樂意有中國背景的人士的出現和提問。在這個場合，秦晉直接用英語向達賴喇嘛提問並且通過在場眾多媒體表達了民陣的觀點和立場：

> 中國需要民主，中國更需要道德和信仰的重建。在這兩個艱難求索中，需要中國各族人民的不懈努力和相互之間的信任和關愛，需要達賴喇嘛的智慧、仁慈和寬厚的引領。中國的前途和未來需要的是政治制度民主化，國家形式聯邦化；境內各不同民族和睦相處，平等相處。在中國實現民主是中國民運的政治目標的第一部分。能夠使中國境內各個不同民族和睦共存而非由於中央權力的弱化而分崩離析，是中國民運爭取的政治目標的第二部分。在目前狀態下，首先需要中共以外的各種政治力量形成廣泛的政治結盟，以改變中國的專制政治。

達賴喇嘛很高興地用漢語說：「我完全同意」，進而用英語強調各不同民族的共存必須是「和睦的 harmoniously」，繼而再公開表示只要這樣的政治集會得以進行，他一定親臨支持。下

面還有記者提出問題，達賴喇嘛微笑著揮揮手「下次回答」就結束了記者會，轉身高興地用漢語與民陣訪問團握手話別。

以後兩天民陣訪問團根據流亡政府的安排，先後拜會了西藏流亡政府議會，外交與新聞部，其中一位秘書長還直接參加了與中國政府最近一輪的會談；參觀了西藏之聲廣播電臺，參觀了藏有珍貴經文的圖書館和檔案室，根據團員的要求，檔案室主管還讓大家親眼目睹了珍藏的大藏經原本，一飽眼福。

西藏流亡政府對於民陣訪問團的到訪給予了很高的禮遇，首席部長安東仁波切與代表團進行了專門的會談，還率內閣部長陪同與訪問團共進晚餐。數年前逃往達蘭薩拉的年輕的大寶法王也被安排與訪問團進行了會晤。

民陣訪問團的活動以及與達賴喇嘛會談中的一個片斷在臺灣進行了播放，激勵了臺灣無數藏傳佛教弟子邀請達賴喇嘛訪問臺灣的熱情，此舉在島內還引起了小小的政治漣漪。這是後話。

三、結束語

民主中國陣線認為這次造訪達蘭薩拉，拜會達賴喇嘛和西藏流亡政府，基本完成和達到了原定計劃和目標。2009年將是中國大陸中國共產黨政府政治上比較艱難的一個年份，對中國民運來說是政治機遇可能出現的一個年份，對民陣來說是如何積極努力捕捉機會巧力推動中國大陸民主化的一個年份。

零八憲章對中國政治上萬馬齊喑的狀態、民間社會的慌亂不安有了某種震聾發聵的作用。但是其後續作用在目前來看，效果和進展不明顯。原因很多，中國大陸政治空間幾乎沒有，體制外民主力量不能生存，境外的民主力量支離破碎，對國內的有形作用力比較有限，難以燃起中國民眾內心的希望之火。不禁令人感歎，1898年尚有百日維新，一百一十年以後的今天是否能夠借

零八憲章的一絲微弱之風出現百日維權？政治變革需要在中國境內啟動，中共沒有絲毫意願，民間力量微弱，民眾意識不強，大陸民運處在孤立無援的個人抗爭的艱難境地，亟需海外的大力支持，但是海外仍然處在立陣佈勢尚未完成的狀態之下，西方民主國家陷落於現代綏靖主義籠罩之下，基本上對中國的民主呼聲採取作壁上觀的態度。中國政治反對派在一個不良循環中難以走出一條新路，民主中國陣線今天的種種努力和嘗試都是為了尋求中國民運新的突破。

2009年1月5日

西藏抗暴五十週年集會上的發言

紮西德勒（藏語：平安吉祥）。

女士們先生們，藏族兄弟姐妹們，來自世界各地的民運同道們，今天在場的所有表達自己對流亡藏人同情和支持的朋友們：

1959年3月10日是藏人難以忘懷的日子，是標誌拉薩起義開端的日子，這一大直接的結果

就是達賴喇嘛和他的十萬藏人的流亡。今天是那個悲慘日子的五十週年紀念日。我們中國民運人士在這裏表達我們對失去家園的藏族兄弟姐妹的理解和同情。

藏族兄弟姐妹們，我們今天向你們表示我們對你們的自由西藏運動的全力支持。但是我們必須清楚地知道，中國共產黨和他的惡政是包括西藏在內全中國的所有問題的根源。是中共的惡政導致了無數藏人流離失所和他們的精神領袖達賴喇嘛流亡半個世紀。中共還是中國人民追求民主自由、人權和尊嚴道路上的巨大障礙。我們可以說，中共是自由西藏運動和中國民主運動的共同的敵人。

很顯然，中共絕無誠意與達賴喇嘛的特使進行談判，給予西藏有實質意義的自治。中共採用的是貓捉老鼠的遊戲，純粹的欺騙和愚弄國際社會。

藏族兄弟姐妹們，你們具有豐富和獨一的歷史、語言、文化和生活方式，構成了人類文明的寶貴部分，所以希望有一個高度自治以保持西藏獨有內涵。

我們需要自由，我們需要民主，我們需要公義，我們需要平等。我們需要一個民選的政府來治理中國。這就是當今中國民主運動的政治訴求。但是我們必須保持頭腦冷靜，一廂情願的盼望

改變中共領導人的思維方式將收效甚微，甚至一無所有。中共不會自動地走進歷史垃圾堆，中共只能被我們所能彙集的正義和進步力量趕下歷史的舞臺。

這就是為什麼我們民主中國陣線去年十一月走訪達蘭薩拉尋求加強自由西藏運動和中國民主運動兩者的團結合作的原因。這就是為什麼中國民運代表團再次訪問達蘭薩拉的原因，繼續這條政治路線，支援西藏的自由運動，同時也希望獲得對我們崇高事業的支持，以期凝聚起不可阻擋的動力來從新塑造中國。

一個民主的中國是解決中國所有問題的方案和關鍵，同時也是尋求西藏真實自治的關鍵。我們能否對我們的共同目標視而不見？不，我們不能。

歷史的變化將在中國發生。我們能否作壁上觀？不，我們不能。

時不我待。我們能否把這個歷史重任留給我們的下一代？不，我們不能。

全體中國人民，無論是漢人、還是藏人，還是其他少數民族，應該決定立即行動。此時此刻，我們等待了進六十年的漫長，是根本改變中國的時刻了。

這就是我們再次來到達蘭薩拉的所追求的目標。

謝謝大家。

2009年3月10日星期二於印度達蘭薩拉

達賴喇嘛返藏是開啟中國政治大門的鑰匙

　　日內瓦漢藏尋求共識會議落下了帷幕，百餘名漢藏代表參加了是次盛會，參加會議的還有達賴喇嘛尊者、西藏流亡政府首席部長桑東仁波切、中國知名政治學者嚴家祺先生。對於西藏問題的共識的達成，會議是一個表現和宣示形式，而共識的形成還遠在會議之外。誠所謂冰凍三尺非一日之寒。它是由中國政情和漢藏關係長期的發展和演變逐漸形成的，是嚴酷的中國政治現實而催生的。這個共識是符合達賴喇嘛自1974年起所主張的「中間道路」精神的。

　　但是要充分認識到，這個共識不是達賴喇嘛以及西藏流亡政府，或者說是流亡在西藏境外的藏人與中國共產黨治下的中國政府之間的共識，也不是流亡藏人與被中國共產黨治下受中共六十年政治薰陶的中國人民之間的共識。這個共識只是流亡藏人與為數不多的一部分漢人的共識，這部分漢人能夠與流亡藏人達成這樣的共識，必須滿足筆者所能考慮到的幾個條件：能夠自由思考；能夠並且願意瞭解西藏的歷史、文化、宗教以及生活方式；同情流離失所者內心苦楚，也就是能夠理解1931年9月18日以後悲憤地吟唱「松花江上」整日價流浪於關內那個時候的心情。因此，這個共識若要被更為廣泛地認同和接受，仍有很長的一段路要走，仍有很艱鉅的工作要做。

　　對於西藏問題，要害是西藏的有實際意義的高度自治以及達賴喇嘛返回故里。儘管達賴喇嘛和流亡藏人一再努力一再退讓，胡錦濤、溫家寶、中國共產黨堅決維持西藏現狀不變，堅拒達賴喇嘛返回西藏。會談和對話可以舉行一輪又一輪，已經進行了八輪，如果流亡藏人願意，中國共產黨還可以提供十六輪，對藏策

略只要是共產黨一黨執政，將不會發生變化。為共產黨計，達賴喇嘛和流亡藏人所期望的西藏的高度自治得以實現，以後的連鎖反應怎麼辦？達賴喇嘛返回拉薩，所產生的政治衝擊波如何應對？「禦敵於國門之外」應該是中國共產黨的政治選擇。

誠如達賴喇嘛所說，他對中國政府的誠信和信心越來越淡薄，但是對中國人民仍然充滿了信心。這次日內瓦漢藏會議是達賴喇嘛以及流亡藏人尋求與中國人民之間、非官方對話和交流的一個重要標誌。這不是2008年「3‧14」拉薩事件之後與中共會談無效而採取的無奈選擇，而是在更早的2007年2月，以達賴喇嘛為首的流亡藏人對未來漢藏關係走向已經有了一個正確的預計和新的選擇。2007年6月14日和2008年6月15日，達賴喇嘛先後兩次在澳洲雪梨對華人發表公開演講，2008年11月1日、2009年5月5日和6月4日，達賴喇嘛又分別在東京、紐約和阿姆斯特丹與華人進行座談，開始了與海外華人的直接對話和交流。從而開始了漢藏關係處理的兩個層面的對話，即與中國政府的對話以及先通過與海外華人然後延伸到與中國民眾的對話。由過去將近半個世紀的單管道對話轉變為雙管道對話，這毫無疑問是明智的政治舉措，對未來的中國政治格局有前瞻性的預見，對未來漢藏關係的演變有不可估量的效果和作用。

歷史是歷史，現實是現實。在歷史上，西藏是一個具有獨特文化、宗教、語言和生活方式的民族和地域，她有獨立於中原文化和民族的悠久歷史。現實中，西藏是中華人民共和國的一部分，中華人民共和國對西藏擁有主權，在那裏有駐軍，在國際上獲得外交承認。今天中華人民共和國的版圖，基本上繼承自除臺灣澎湖列島以外中華民國的國土，放棄了中華民國聲稱擁有主權的蒙古。中華民國承自滿清王朝，滿清王朝從康熙帝起將西藏再次併入中原。1913年第十三世達賴喇嘛宣佈過西藏獨立，但是沒有通過外交途徑獲得世界上其他國家的承認，也遭到當時的中華

民國政府的反對。雖然如此，由於中原地區戰亂頻仍，自顧不暇，十三世達賴喇嘛時期的西藏處在實際的獨立但是封閉的狀態下。

作為國家行為體，通過國土的擴張這一手段可以增強國力。獲得的國土，不論是取之有道的還是取之無道的，都不願意輕易交還。日本放棄遼東半島是由於三國干涉，中國收回臺灣是由於日本戰敗，波羅的海三國再獲新生是由於蘇聯解體。由於西方「新綏靖主義」妥協的盛行，由於亞非相類專制國家的喝彩，今天的中華人民共和國的領導人怎會有清醒的頭腦體悟「物極必反、否極泰來」這個道理呢？

西藏與鄰近的兩個大國和民族，中國的漢民族、印度的印度民族，從人種、語言、生活方式等方面看，都有明顯的區別。但是相對而言，還是藏中關係大於藏印關係。西藏的地理位置決定了她一定要與其中一個民族結合的，中國相對來說是西藏更好的選擇。西藏已經在中國有效的管轄之內，善待西藏同胞，順從他們的政治訴求是永久挽留住西藏在中國以內最好辦法，為何一定要滿腹狐疑達賴喇嘛的「中間道路」而採取「為淵驅魚、為叢驅雀」政治下策呢？不在達賴喇嘛有生之年一勞永逸地解決漢藏兩個民族之間的問題，偏執地認為沒有達賴喇嘛就沒有西藏問題，那麼今後的西藏問題將會更加複雜化，只能給漢藏兩個民族帶來無窮無盡的災難。殊不知這是掩耳盜鈴的愚蠢和鴕鳥埋沙的怯弱。因此，剛結束的日內瓦會議，以及從兩年前開始的達賴喇嘛與海外華人的對話，都是對中國現領導人政治頑固和愚昧而給未來漢藏關係和問題留下的禍害進行的一個預防和補救。

中國有兩大需要，一是政治的民主，二是道德和信仰的重建。西藏需要有實際意義的高度自治，保存傳統的文化和習俗。漢藏兩族相互依存，兩者各自的政治訴求也需要相互間的通力合作才能達到。妥善處理好漢藏關係，漢藏和諧相處，可為

漢維民族的和諧、漢蒙民族的和諧以及其他少數民族關係的和諧提供典範。

達賴喇嘛返回西藏，可以是開啟封閉的中國政治大門的一把鑰匙、推動中國大陸民主化的多米諾骨牌的第一塊。這是中國領導人顛倒黑白地對達賴喇嘛進行妖魔化，牽強附會地尋找藉口阻止達賴喇嘛返回西藏深層原因吧。現任的中國政治領導人有一定的危機感，但是沒有歷史感。有史可鑒，蘇聯東歐共產主義陣營的垮臺，都發生在頃刻之間。今天的中國共產黨這個品牌的保值期和使用年限都已經快到了。為了中國，為了這塊土地上的蒼生，我們為之找出路。為共產黨著想，出於善意和悲天憫人，我們為之找退路。

2009年9月10日

達賴喇嘛第三次雪梨演講會

尊者達賴喇嘛風塵僕僕，以慈悲、關愛和利他主義為普世價值走遍了全世界，被許多國家和人民深深愛戴著；這是一位可以給人類帶來有關人生意義真實啟示的宗教領袖，他的言說，在西方世界被譽為「心靈的瑜伽」和「智慧的窗扉」；這是一位背負著西藏民族生存延續的歷史責任，被迫流亡五十年，卻在心中沒有仇恨、沒有敵人，真誠促進漢藏和解、人類和諧的世界偉人。

已經進入夏季的雪梨，12月2日的氣候藉達賴喇嘛尊者的加持，特別的宜人，前兩天都還是近四十度的高溫，突然降到17-22度。雖然不是休息日和節假日，雪梨娛樂中心卻熱鬧非常，來自全球各地和澳洲各地達賴喇嘛的追隨者人山人海，洋溢著節日般的喜慶氣氛。

2009年12月2日星期三下午在澳洲雪梨舉行與當地華人的見面會，這也是尊者第三次與雪梨華人公開見面交流。

見面會比原定的時間晚了一些時間。尊者一到雪梨，就被滿滿地安排了繁重的活動，每每利用午間用餐時間接見要求拜會的不同人士，一直是一個活動一個會見緊緊連著。尊者達賴喇嘛步入會場，全場華人聽眾起立，表現了極高的崇敬之情。

尊者達賴喇嘛伴隨掌聲進入會場，主持人請尊者就座於主席臺上，當發現聽眾席地坐的時候，尊者當即決定他站著演講，以示對聽眾的尊重，展示了尊者的慈悲和風度。主持人向尊者致簡短地歡迎詞，然後尊者達賴喇嘛開始演講，達賴喇嘛辦公室主任才嘉做現場翻譯。

尊者簡短地向在場的華人聽眾介紹了去年西藏拉薩事件的真相，真誠、智慧、幽默贏得了在座華人聽眾的陣陣掌聲。同時，

這位慈悲的老人，也再次呼籲更多的華人，理智客觀地認識西藏問題的真相，共同為西藏問題的解決找到一條和平、理性、溝通和理解的道路，共同促進漢藏兩個民族的認識和瞭解，漢藏兩個民族要互相愛，而不是仇恨，誤解和暴力。

隨後見面會進入華人聽眾與尊者直接溝通互動階段，由於時間緊迫，主持人考慮到尊者過於勞累，對原定的問答時間進行了壓縮，一共有四個人有幸得到提問機會，因此主持人一再向在場的華人聽眾表示歉意。

第一位提問者是雪梨理工大學的馮崇義教授，他的提問是：我想請尊者達賴喇嘛談談對當今中國漢傳佛教的評價。二十世紀八十年代以來中國漢傳佛教復興，寺院、僧人、信眾都大幅度增加，現有寺院一萬五千多座、僧人十萬、信眾兩億。但是，有一種意見認為中國漢傳佛教的質量在下降，沒有大師級的人物，依附政治權威、追求經濟利益的庸俗化、商業化現象很嚴重。請問尊者達賴喇嘛的看法如何。也想順帶問尊者達賴喇嘛是否與中國大陸漢傳佛教界建立起聯繫和溝通。

第二位提問者是雪梨知名作家施國英女士，她問道：中國共產黨政府老是扭曲你的話，以致影響漢人與藏人的關係，您有什麼好的對策？

尊者回答道：我們需要多點你們這樣的漢人來傳播正確的理念。全場大笑。

第三位提問的是一位來自中國大陸的留學生，他問道：尊敬的達賴喇嘛，最近全球同步上映的影片《2012》引起了極大轟動，此片描繪了人類文明的毀滅。請問尊者：基於佛家宇宙觀，您如何看待人類文明的終結與人類行為之間的關係？尊者訪問澳大利亞的演講主題是「Our Future, Who is Responsible」，請問尊者：您希望為人類社會的未來指明什麼樣的方向？

第四位提問者來是自臺灣的張金鵬先生，他問道：您剛剛因

為八八水災去過臺灣，但是執政的馬英九總統以及國民黨政府卻沒有像他們身為在野黨那時那麼地熱情對待您，您的感想如何？

尊者幽默地笑了笑，說：我可以體會到臺灣政府包括馬英九的苦衷，畢竟我們有一個共同的老師在監督我們。

這個老師是誰？提問者後來的體會指的是中共，同去的臺灣人士都有這個解讀。把中共當老師，我們可沒有這個度量。尊者達賴喇嘛和藏人吃了中共這麼多的苦，還把中共稱為老師，真有氣度，真不是凡人。

時間所剩無幾，好幾千人還在主會場等待者尊者去講經。還能延長提問嗎？回答說沒有了。主持人問在一旁的代表索南達波先生。按照預定的程序提問者上前與尊者合影留念、隨後華人代表向尊者贈送禮物，敬獻哈達。場內氣氛達到高潮，見面會圓滿結束。

世俗與心靈的交彙——
政治領袖與精神領袖的會晤

　　2010年2月18日美國總統奧巴馬在白宮地圖廳終於會晤西藏精神領袖達賴喇嘛。

　　此次「奧巴馬－達賴喇嘛」的會晤具有一定的意義。其一，有利於西藏問題在全世界繼續受到關注；其二，以美國為首的西方世界向中國政府傳送了一個正確信息，西藏問題不是由中國政府為所欲為獨家操控的，世界還是要進行置評的；其三，這樣的會晤也是向世界最大的政治專制政體維持了一定的政治壓力。

　　白宮方面曾經一再推遲這個會晤，目的顯然在於不致過分觸怒中國政府。從會晤前後中國外交部對外發言人多次強硬態度來看，此目的並未達到。

　　西藏問題、對臺軍售問題，都是中國政府竭力阻止國際社會染指的「內政」問題。但是國際社會都不認為這兩個問題就是中國政府所指稱的簡單「內政」問題，幾十年來，在國際輿論中一直是極具爭議的問題。

　　中國政府發言人聲稱，奧巴馬－達賴喇嘛會談將嚴重傷害中國人民感情。此話太過一廂情願。實際上，絕大多數的中國民眾對這個會晤不知情、不關心、也不在乎。但是，2月18日的會晤的確讓胡錦濤政府感到丟失了面子。中國文化在一定意義上說，就是一個「面子文化」，講究的是「情面、體面和場面」。

　　中國政府在「奧－達」會晤之前進行的種種努力，多次告誡白宮，「這將傷害中國人民的感情，從根本上損害中美兩國的利益」，等等，其目的就是影響美國取消這次會晤。但奧巴馬總統從自身的立場出發，他無法改變二十年來形成的美國總統會見達賴喇嘛這個慣例，雖經幾次推遲，最終還是要有一見的。中國政

府的種種努力最終付之東流，應該相信中國政府一定會耿耿於懷的，也一定會尋求以後的機會報一箭之仇。可以預見，下一輪美中關係的進一步惡化，甚至在外交、經濟、貿易、軍事、安全、核武擴散等方面都可能出現新的摩擦和衝突。

此次「奧－達」會晤會產生重要的和深遠的影響和意義嗎？我看未必。首先，這個會晤不是歷史性的突破，更多的是慣例性的一個延續。其次，美國不會因為這次會晤而改變其西藏問題上對中國政策，美國繼續承認中國的主權完整，並不會推動西藏走向獨立。再從西藏方面來考慮，達賴喇嘛一直主張西藏高度自治，並不追求獨立。中國政府實在沒有必要對這個慣例性的會晤如芒在背如坐針氈。

中國政府一定要給達賴喇嘛冠以「分裂分子」的罪名，一定要把達賴喇嘛的自治主張解釋為獨立的訴求，指鹿為馬的痕跡太過明顯。在國際上很難獲得贊同，當然在國內可以通過一律的輿論灌輸給普通民眾。但這畢竟經不起考驗，總有一天事實會說話。

這個會晤能夠產生中國利益的損害？這也是一個面子虛榮的托詞。2007年6月中達賴喇嘛到訪澳洲，中國政府一再告誡澳洲領導人不可會見達賴喇嘛。這個過分要求卻產生了反效果，不但反對黨領袖陸克文會晤了達賴喇嘛，當時的總理霍華德也會晤了達賴喇嘛。會晤了以後有何利益損害？什麼也沒有。還不是澳中雙邊關係繼續發展，貿易照樣正常進行。說實在，本來澳洲總理霍華會晤達賴喇嘛的意願並非強烈，可見可不見。但是在中國政府的警告下，為了維護澳洲的主權和政府的「面子」，不見也變得非要見一見了。胡錦濤政府不就變得弄巧成拙了嗎？這次在美國奧巴馬總統那裏不又栽了一次？

達賴喇嘛會晤美國總統和其他世界政治領袖由來已久，已逾半個世紀。2月18日的會晤美國總統不是第一次，也不是最後一

次。根據《臺灣關係法》美國向臺灣出售防禦性武器，以保持臺灣海峽的軍事平衡，也已經三十多年。中國政府堅稱維護主權，不得干涉內政。美國社會崇尚民主自由，訂立相關法案，關注西藏問題，會見西藏精神領袖也是美國的內政，同樣不接受他國干涉。

我們希望美國政府在西藏問題上、在臺海兩岸政體的政治軍事對峙上、在中國大陸政治制度上以及世界其他事務的觀察點和考量應該更加採取價值取向，儘量規避利益取向。這樣方可展現領袖群論領導世界正義形象，在變幻多端的國際局勢中不至於作繭自縛、首鼠兩端。

我們也誠懇地希望胡錦濤政府以平常心處理和看待西藏問題，遇事自然放鬆，切莫妄自尊大，諱疾忌醫。西藏是一個問題，是一塊心病，北京需要勇氣和智慧，而不是蠻橫和強勢。面對揮之不去的「西藏問題」這一現實，審時度勢，抓住藏人所崇敬領袖仍然在世這個機遇，一勞永逸地解決好西藏問題，為中國其他民族地區和對岸臺灣問題的解決提供借鑒和樣板，北京真是功德無量，也可名垂青史。何去何從，都在正誤的一念之間。

2010年2月24日

第六屆國際支持西藏大會演講

尊敬的首席部長桑東仁波切、議長先生、外長女士、朋友們、中國民運同道們、女士們先生們：

第六屆國際支持西藏大會馬上就要閉幕了。這個大會從第一屆在印度舉行到今天第六屆再一次在新德里閉幕，時間跨度長達近二十年。這個大會的不定期地在世界不同地點的舉行，我的理解是世界上不同國家普通人民對西藏的文化、語言、宗教、生活方式繼續延伸的關切和同情，是對西藏問題自從1959年尊者達賴喇嘛和他的八萬藏人流亡半個世紀以來的不斷的關注，他們都希望西藏問題能夠得到最終的解決和流亡者的苦難得以儘早的結束。

五十年來，西藏問題一直受到國際社會的關注和同情，世界上越來越多的普通民眾到訪尊者達賴喇嘛和他的流亡政府的所在地印度達蘭薩拉，西方民主國家的政治家、藝術家、人權活動家、專家學者、通過對他們達蘭薩拉的實地考察和瞭解，使得西藏民族所承受的民族苦難得到了更大的同情和理解。雖然這個問題已經存在了半個世紀，世界對西藏的問題的關注和同情有增無減。尤其是尊者達賴喇嘛1989年獲得諾貝爾和平獎以後，使得西藏的問題得到了國際社會更大的重視。

我們對藏人的選擇持尊重的態度，民族獨立符合歷史事實，高度自治符合現實利益。我們漢人不可以代替藏人做選擇，告訴藏人什麼該做，什麼不該做。我們理解藏人的抗爭，因為中藏人民對自由與民主有共同的追求，中藏人民有悠久的友誼，歷史表明，困難只是中共執政這一段，之前和之後都曾經是，將來是友好的兄弟鄰居。中藏人民之間沒有仇恨。中藏人民都是中共專制

的受害者，理應相互支持。1989年的時候我們歡迎達賴喇嘛榮獲諾貝爾和平獎，而我們現在感謝達賴喇嘛對於劉曉波獲得2010年度諾貝爾和平獎所做的努力。

西藏的歸宿有三個可能，獨立、自治和被同化。中藏分歧在於，中方認為西藏是中國的一部分，中間道路的提出實際上解決了這個矛盾和分歧。剩下的問題就是自治。中藏雙方對自治的讀解不同。

中方認為西藏已經自治，而且比起其他地區如蒙古和新疆要高。所以沒有西藏問題，沒有西藏自治問題，只有達賴喇嘛問題。這就是為何中方只與達賴喇嘛代表進行談判，而拒絕承認西藏流亡政府。

我們可以清楚地看到，中方正在沿用班禪喇嘛的形式應對今後的達賴喇嘛轉世問題。靜靜的等待後達賴喇嘛時期的到來，從而一勞永逸的解決西藏問題。

藏方則認為，真正的自治是沒有的，西藏的文化和宗教正面臨著嚴重的威脅。西藏希望至少獲得類似香港的政治地位。

這就是目前雙方的分歧。這就形成了雙方暗中的競賽。中方的策略就是對西藏的漢化、同化以至惡化。而藏方的對應策略就是支持中國的民主化和保持對話。

這就是我所能看到的現實。

過去的不能改變，我們要著眼與未來。

這就需要中國民運與西藏運動進行通力合作。推動中國民主是我們工作和責任，保持對話時藏方的政治籌碼。

過去的半個世紀裏，藏方的工作已經獲得了全世界的理解和同情，但是沒有得到西方政府的實際支持。西方所給的是口頭的，不是實質的。我們中國民運在這方面所面臨的處境此相同，我們都需要在這方面有所突破。

上個月的8日，2010年度的諾貝爾和平獎頒發給了獄中的零八

憲章簽署人劉曉波。這象徵著漫長寒冷的冬天的過去和燦爛的春天的到來，中國的民主化議題再次成為世界的關注焦點。我們知道世界與將我們同在，我們看到了「北京牆」的巨大裂口，我們終將戰勝中共專制在中國建立民主制度。

今天的會議結束以後，我還將奔赴臺灣，參加在臺灣舉行一個主題為「中國民主化展望與探索」的國際會議。

中國的民主運動與西藏自由運動是兩個唇齒相依緊密配合的運動，我們有共同的政治對手，我們期待我們的事業同時成功的一刻。

我們站在了歷史正確的一邊，改變中國的機遇正在向我們走來，我們必須不失時機毫不猶豫地迎接著個偉大的時刻。

謝謝大家。

2010年11月7日於印度新德里

（根據原英文稿翻譯成中文。演講結束時後獲得了全場起立的熱烈掌聲，第一次知道
　自己的演講也有某種感染力。）

我讀尊者達賴喇嘛「9月24日聲明」

　　今年3月，尊者達賴喇嘛做出決定，放棄了他作為西藏政教領袖所擁有的最高政治權力，專心致力於宗教事務，從而改變了西藏四百年達賴喇嘛政教合一制度。中國政府按照自己的策略與達賴喇嘛代表進行了多輪會談，但不產生實質性進展，悄然地等待著第十四世達賴喇嘛的圓寂，利用中央政府從滿清王朝承襲過來的的金瓶掣籤制度，在轉世靈童任命過程中照搬任命第十世班禪喇嘛的模式，按照中共政府的政治意圖一勞永逸地解決西藏問題。達賴喇嘛的這個決定必將打亂中國政府的政治步驟。同時，也將迫使中共拒絕與境外西藏流亡政府接觸既定方針做出調整。

　　中國政府眼裏，只有達賴喇嘛問題，沒有西藏問題。所以自從中共恢復與達賴喇嘛的談判或者會談以來，只在達賴喇嘛的私人代表與中共統戰部官員之間進行，而從不與西藏流亡政府發生往來。既然達賴喇嘛放棄了藏人最高政治領袖的地位，中國政府與達賴喇嘛私人代表之間的談判和協商就不再具有必要性。根據這個道理，中國政府就不會與新當選的流亡藏人最高政治領袖洛桑桑蓋進行政治談判。

　　在達賴喇嘛與中共雙方的對弈過程中，中共是強勢的一方，不用講理，只須講力。尊者達賴喇嘛多次表示，他對中國人民依然信心十足，但是他已經對中國共產黨政府失去了信心。流亡五十多年過去，一切照舊，西藏的處境和地位沒有發生變化。這個時候，達賴喇嘛的3月宣示，就是打破僵局，一個變卦。這個變卦的出現，必將引出相應的卦變，對手被迫也要應變。果真如中國政府所言，只有達賴喇嘛問題，沒有西藏問題？很顯然，這是掩耳盜鈴自欺欺人。西藏問題依然如舊，國際關注只會強化，而

不會弱化。而中共本身，內政外交都發生問題，政治統治更趨弱化。雙方博弈，勢必發生逆轉。流亡藏人新領導人具有不同於以往的權力和承擔的政治重責。假以時日，必有變化。可以預期，中共回過頭來與現流亡藏人最高政治領導人談判的日子不會很遙遠，哪怕這個談判是假的，不具有實質意義的。

　　比較具有前瞻性的是境外流亡藏人社會已經實行了民主制度，對未來西藏的變化、未來中國的變化具有示範作用。達賴喇嘛表示，他將繼續在人世間三十七年。略懂佛之人都能明白，得道高僧在人世間的去留不取決於自然的生老病死，而是取決於高僧自己，取決於世間對高僧存留的需求。很顯然，尊者達賴喇嘛與中共進行的是一場時間的賽跑，中共有可能贏得這場賽事嗎？

　　9月24日，尊者達賴喇嘛在印度達蘭薩拉發表聲明，是自今年3月公開宣佈放棄西藏四百年傳統的政教領袖其中的政治領袖地位以來，再一次的重大宣示。這一石激起的千層浪，毫無疑問，將對西藏文化，對藏傳佛教，對西藏與中原未來關係都將有重大的、深遠的影響。達賴喇嘛是世間的覺者，具有不是一般常人所擁有的智慧，對自己在世間的去留時間年限做出了明確的表示，自然有這個力量察覺中國政府的政治圖謀。今年連續兩次就他本人在政治地位和靈童轉世問題上的宣示，非同尋常，實在不可等閒視之。9月24日的聲明，給筆者的感覺是剛毅，是對未來變化的深刻洞悉，更是一種「不以霹靂手段怎顯菩薩心腸」的鼓角爭鳴。

　　中央政府賴以依託的是金瓶掣籤規則，達賴喇嘛9月24日的聲明是對這個規則的基本否定，這是筆者第一次看到達賴喇嘛表達的「金瓶掣籤規則是滿清強橫的表現，而非藏人藏傳佛教的儀軌」，從根本上否定了未來中央政府所做的下一世達賴喇嘛的任命的歷史依託。明確表明了「轉世是有轉世者本人的力量，最終的業、福報、發願力量等構成，是本人的不共因緣，絕非由他人

強制、壓迫」。同時昭告世人，所有藏人、國際藏傳佛教團體等都不應予以承認和接受非經達賴喇嘛本人指示和信託的為下一世達賴喇嘛。這個舉措，更進一步打亂中共在達賴喇嘛轉世問題上任何步驟，阻斷了中共在達賴喇嘛轉世問題上的一廂情願。

是否進行達賴喇嘛轉世，根據聲明，在第十四世達賴喇嘛到一世達賴喇嘛根敦珠巴的年齡時候，也就是他八十四歲的時候，他會徵詢各宗派大師、信眾做出轉世與否的決定。那將是八年以後的事情。未來八年中國的變化將是什麼樣，現在真是只可心會，不可言狀。種種跡象，中國現有的政治體制，很不容易安然度過，變化也許就在頃刻之間。

對於政治博弈的對手來說，要想西藏問題不再，只有徹底消滅西藏文化，消滅藏傳佛教，讓西藏徹底地被同化。不然，西藏問題就永遠不可能在大中國安然消停。當然，西藏這個千年佛國，全體民眾都篤信佛教，沒有信與不信的區別，只有在家和出家之別。要讓這個文化和傳統在世上消失，可能真要海枯石爛了。曾經有一首歌，是臺灣的鄧麗君唱的，叫做「中華民國頌」，有幾句歌詞是這樣的：只要黃河長江的水不斷，中華民國，中華民國，千秋萬代，直到永遠。這是何等悲壯，何等的氣節啊。那首歌出在蔣經國時期。蔣經國臥薪嚐膽，堅持中華民國，現在的馬英九已經沒有這個氣概了。時代是進步了還是退步了，我們認真體會一下吧。

尊者達賴喇嘛9月24日的聲明有沒有表達藏人堅持自己文化和宗教無畏無懼的這種氣概？有沒有表現了上善若水但又無堅不摧的力量？我似有所感悟。

2011年9月27日

歷史與今天

中華人民共和國成立於1949年，在史達林的默許下，次年金日成發動統一朝鮮半島全境的戰爭，韓戰爆發。杜魯門總統從睡夢中驚醒，派美國海軍第七艦隊進駐臺灣海峽，中共軍隊一舉克服臺灣澎湖列島已成為不可能。中共軍隊遂揮師西進，打敗藏軍，強行打破西藏與世隔絕的狀態，西藏被迫與中共簽訂城下之盟十七條。對此，除了一個南美小國表示了抗議，國際社會幾乎沒有反應，默認了中共的軍事行動。1959年西藏問題惡化，達賴喇嘛被迫流亡。

達賴喇嘛和流亡政府已經流亡了五十一年，還在流亡。其間雖然獲得過美國實質性的物質支持，到了七十年代初美國需要修正與中共戰略關係的時候，情況發生了變化。根據美國的利益取向，任何曾經的戰略夥伴和同盟都可以被無情的拋棄，中華民國曾經兩次被美國無情拋棄，一次是1949年，再一次是1979年。根據可查閱到的記載，美國對西藏的物質支持從那個時候中斷。1989年尊者達賴喇嘛榮獲諾貝爾和平獎，西藏問題進一步地受到國際間的關注，但是西藏問題的根本性解決，仍然沒有實質性進展。國際上對西藏種種道義的支援，都不能突破中共強硬政治框架。

在東西方（民主與專制）兩大陣營的對峙中，西方民主陣營在總體實力上從來沒有弱於蘇聯東歐集團。兩大陣營經過四十餘年的冷戰，一直到了美國總統雷根時期，採取了強勢策略，終於拖垮了蘇聯經濟，並且引發了蘇聯東歐集團解體。本來西方陣營可以一鼓作氣，掃除中共專制。但是布希總統的全球政治策略的錯誤，錯誤地讀解中共鄧小平帝國，採取了姑息養奸策略，提

供給行將傾覆的中共專制喘息機會，養虎為患，造成了今日中共專制總體實力的急劇增長，因而遏制其政治擴張比起二十年前相對難度加大。其實今天中國經濟實力不到全球總額的百分之八，而西方民主國家的總體經濟實力超過百分之七十，相互之間力量對比的優劣十分明顯。但是中共是集中一體的，而西方是各自分離的，中共有效地對西方進行了分化瓦解給予各個擊破。西方世界，尤其是美國並沒有表現出戰勝中共專制的意志和決心，其他西方國家，如英國、法國、德國和澳洲等自然是作壁上觀。

直到今天，我們仍然看不到以美國為首的西方有明顯的跡象推動全球民主化，他們在中共和其他專制獨裁者面前表現的是全面退縮。現任美國總統奧巴馬也未如預期的有上佳的政治表現，雖然他在今年初與尊者達賴喇嘛進行了會面，但並無進一步提供解決西藏問題的有效幫助和支持，並未體現出他領導世界走向更加進步的跡象。這是西方世界領導人的目光短視，還是他們希望這個世界就是冰碳共冶一爐、天使與魔鬼並存的平衡局面？

宗教對世俗的影響之大有過先例，上個世紀七十年代和九十年代分別發生在中東和東歐。中國社會現在的道德信仰的缺失，需要傳統的佛教給予精神醫治，尊者達賴喇嘛五十一年的流亡，卻使得藏傳佛教這一支得到了完好無缺地保存並且得以發揚和光大，尊者達賴喇嘛所具有的崇高威望對西藏對中原乃至整個世界具有無可爭議的巨大影響力。這是中共當局對尊者馬不停蹄地環遊世界弘法講經會見世界政治領袖產生內心恐懼的根本原因。所以筆者曾經撰文說過尊者達賴喇嘛是開啟中國政治大門的一把鑰匙。雖然如此，尊者達賴喇嘛的巨大影響力還是一個物理學上的勢能，尚未轉化成直接改變中國政治局面的巨大動能。這個轉換還需要我們共同努力完成作業做出功課才能實現。

中國社會的巨變應該在不遠的將來會發生，中國共產黨代表著沒落反動的政治趨勢，屬於夕陽政治。中國社會群情洶湧，更

替中共獨裁政權的社會條件基本成熟，如果現在還是冷兵器時代，這個政權應該已經被推翻了好幾次了。由於中共掌握國家機器，經濟命脈，幾百萬國防軍和武警，中共都是用來對付國內政治反抗的，民眾無法用血肉之軀對付槍炮坦克。然而國際環境依然對中共出奇的良好，如果國際環境變化了，對中共形成國際間政治壓力，那麼中共就會腹背受敵，中國的政治變化就指日可待了。

　　整個中國在政治上仍然封閉和封凍，西藏處在這個封閉和封凍之中。在中國尚未開封解凍之時，西藏率先獲得解救是很難想像的。我個人以及中國民運圈中普遍認為，西藏問題的解決應該在後共產黨時期，也就是中共退出歷史舞臺以後。在這一點上，許多藏人兄弟的想法與我們並不一致，他們認為西藏問題的解決與中國民主化無直接關係。我個人認為歷史機遇是存在的，這個機遇正在越來越靠近。如何把握好這個歷史的機遇，是我們中國民運人士應該認真思考並且了然於心的。改變中共專制體制的社會條件是有了，但是推動力還遠遠沒有形成。乾柴是鋪滿了大地，但是沒有火星一閃，是不可能形成熊熊大火的。中共雖然反動沒落，但是還沒有到自行垮臺的地步。中共的政治反對面實情是弱小並且分散。自由西藏運動有尊者達賴喇嘛為精神領袖，獲得世界廣泛的理解和同情，這是一個方面；民主臺灣具有完整的國家形式，在政治體制上遙遙領先與中國大陸，但是國際上一直遭受中共的空間擠壓，這是又一個面；中國民主運動弱小、分裂、缺乏出眾的政治領袖，但是可以獲得中國大陸民眾心理和感情上的認同和接受。這三個主要方面若能夠取得高度共識與精誠合作，成為共同利益體，形成的合力可以改善世界對中國政治民主化獲得成功的期望值。

　　我是這樣分析中共現在心態和政治手腕的：一、對於民運，中共已經動用了經濟高速增長以後的大量資金進行滲透、分化、瓦解。因而在中共的眼裏，民運已經不成氣候，不足為患了。但

是中共無法做到的是，由於中共惡政的溫床，不斷地滋生動搖中共政權根基的新的一代，呈「野火燒不盡，春風吹又生」之勢。二、對於中華民國臺灣，中共用香港模式一國兩制招降已經十三年，對李登輝和陳水扁都無效，對馬英九也不能得心應手。雖然自從馬英九當政以後兩岸關係有所舒解，國民黨高層紛紛向中共俯首稱臣，中共希望通過經濟槓桿和國際空間擠壓手段以不戰而屈人之兵最終統一臺灣也不會實現。在目前政治情況下，馬英九不具備雄才大略以臺灣為亞洲民主燈塔和基地，利用其政治領先地位反客為主向中國大陸進行推進。三、對於西藏精神領袖達賴喇嘛和流亡政府這一支，中共的策略很明顯的是用不產生實質性進展的談判和對話來欺騙對手和國際社會，靜靜等待後第十四世達賴喇嘛時代的到來，利用從清王朝留傳下來的金瓶掣籤使用中央政府的權力，效仿班禪喇嘛圓寂以後的模式，由中央政府再度欽點其理想人選成為第十五世達賴喇嘛，從而達到消弭現在受國際社會高度崇敬的尊者達賴喇嘛的影響力的功效，按照中共意圖一勞永逸地解決西藏問題。

自從2008年第一次到訪達蘭薩拉拜會尊者達賴喇嘛和西藏流亡政府以及流亡藏人社區，一直積極尋找資源準備一個民運各方都能集合的大會。資源是進行這麼一個盛舉的關鍵，但是時至今日未獲得突破性進展。民運的聯合還是步履維艱，但是已經開始進行了一年多了，而且已經邁開了一小步。4月22日，民聯、民陣、民聯陣已經發表公告成立了聯合工作委員會，進一步更大範圍和面積的民運整合正在協商之中。因為關注中國政情變化的民運組織和政治洞察力強的人士正在不斷預告中國的微觀變化，民怨無法得到紓緩，所以才會有多起無助孩童被虐殺事件的披露。中國內部的不穩定已經越來越表面化，社會矛盾總爆發的日子已經不遠了。海外民運別無選擇地在中國社會矛盾總爆發之前必須完成隊伍的集結，我們正在進行這項工程。

以美國為首的西方民主社會在意識形態上是贊同中國走民主化道路的，但是為推進中國民主化而破壞他們與中國的外交關係並且暫時經濟利益受損，我個人不認為他們是會有熱情和道義給予支持的。但是我們各方如果能夠攜手並肩，把各自弱小的政治力量集合一處，形成可與中共進行四兩撥千斤政治博弈局面的時候，西方應該會加大他們的投機和支持，站到我們正義的朝陽的民主政治這一方的。西方民主社會的政府因為國家利益，還不能給予中國民主化和自由西藏以支持，但是西方的民眾還是可以不受政府的影響和控制給予中國民主化和自由西藏支持。我們現在需要集腋成裘、聚沙成塔，從而縱橫捭闔。

2010年5月19日

2012年5月拜見尊者達賴喇嘛的思考

　　西藏作為一個有千年歷史的民族，其文化、傳統、宗教、語言的保持取決於藏人的耐力和堅忍。西藏的地位在中國強有力體制下不會改變，只有中央政府弱化的時候，西藏新抉擇的機會才會到來。一個強勢民族總會設法同化弱勢民族，在這種狀態下，弱勢民族必須時刻保持自我，等待歷史時機的到來。日本統治臺灣五十年，統治朝鮮半島三十五年，若非日本二戰戰敗，這些地區的人民就轉變成為日本人。滿洲國十五年，也是相同的過程。如果中原被日本佔領至今，也許漢文化就不會像元朝和清朝的統治時期繼續得以保存，而被日本文化侵蝕殆盡。對西藏來說，機會就在於中國的政治變化，那麼今天的共同任務就是促進這個變化。

　　從地理位置上分析，西藏是向東跳下青藏高原與中原結合容易還是向南翻越喜馬拉雅山與印度結合容易，哪個為先？從宏觀格局看，歷史上包括青藏高原在內以及青藏高原東部方向的中國地域大體可以劃分為三個大的文明區，即以黃河、長江兩大流域為中心的漢族文明區；以北方草原地帶為中心的北方遊牧文明區和以青藏高原為中心的西藏文明區。雖然漢族文明區與北方遊牧文明地區兩者均位於西藏的東部方向，但應該承認，西藏文明作為一種很獨特的高原文明，它與中原以農耕為特色的漢族文明之間的確存在一定距離和差異。相反，西藏文明與北方遊牧文明則有著較大融通性，而同時由於歷史上中原漢族文明與北方遊牧文明兩大文明之間的長期交融與碰撞又使得漢族文明對北方遊牧文明具有了很大的相容性，這種格局，也許正是西藏歸屬中原政體的過程，並未直接通過與漢族文明的聯繫來實現，而且通過了與

之較為接近的北方遊牧民族，即通過與蒙古的宗教文化聯繫來得到實現的原因。由此可見，在西藏併入中原政體的過程中，西藏文明與北方遊牧文明之間的聯繫，尤其是蒙藏在宗教文化上發生的深刻聯繫無疑起了最具決定性的作用。而且，在西藏文明併入中原的時候，中原漢民族正遭受著亡國滅種的嚴重威脅，無論是蒙古併吞中原還是滿清入主中原，都是這樣的。滿清以後兩個漢人政權中華民國和中華人民共和國，都繼承了滿清遜位遺留下的遼闊版圖。這個時候西藏沒有適時地獨立出去是一次歷史機遇的喪失。

外蒙獨立是蘇聯史達林與美國羅斯福之間的一個交易，如果在雅爾達會議上英國邱吉爾也提出西藏戰後的中立地位，也許會通過。由於西藏的孤立地位，西藏自1912年到1950年的事實獨立沒有得到國際社會的普遍認可。如果國共內戰蔣勝毛敗，西藏今天地位是否會好一些？但是不會取得獨立地位。今後西藏的地位完全取決於中國的民主化，那個時候，西藏獨立有可能性，自治沒有問題。誠如最近尊者在北美的訪問中說過，只要中國民主化了，西藏問題一個星期就可以解決了。

達賴喇嘛放棄政治領袖地位，其結果是提升世俗領袖權威和作用，新首席部長任重道遠，必須勇敢地承擔起來。有些事情是只說不做，有些事情是只做不說。政治責任就是承擔，緬甸的昂山素姬面對軍政府的槍口是挺胸迎上去，中國八九年學運精神導師方勵之面對鄧小平的戒嚴部隊是抽身躲起來。一個運動的結果和領袖人物的道義形象的高下立見。與對手交手很重要的就是要分析清除對手的心態和需求。尊者1987年有關西藏問題五點和平計畫按照中共的讀解，尤其是從西藏地區撤軍並且撤除軍事設施，從政治考量是不會接受的。成吉思汗在西征途中滅了好些小國，甚至將這些弱小民族殺戮殆盡。中共統治西藏已經是二十世紀的中葉，世界文明的發展，中共對西藏實行的是移民和同化，

有踐踏藏人的人權和暴行，但是沒有進行人種滅絕，所以中共也不會接受第二點。

中間道路符合藏傳佛教的教義，也符合印度甘地的和平主義。但是兩者面對的對手不同。甘地的對象是英國殖民主義，西藏面對的是缺乏人性的中共專制主義，自然結果也就不同。尼赫魯反對西藏走國際路線是完全錯誤的，西藏被誤導了，也就失去了中國未加入聯合國以前容易擴大國際影響的十二年大好時光。印度在國際事務中也是孤立主義，不可能為達賴喇嘛提出好的、正確的建議，提供達賴喇嘛和八萬流亡藏人在印度的庇護是唯一能夠做得到的事情。中間路線儘管實行了近四十年，沒有明顯的進展，但是以後的功效必然發揮。尊者強調眾生平等，人和動物都平等，所以只有中庸，中間道路才會有世間的和諧，不僅僅是漢藏之間的關係，還有其他不同民族和種族之間的平等，這個善果是以後數百年的豐功偉業，是聖人的考慮，不為常人和凡夫所輕易理解。

支持「中間道路」是反對中共漢專制主義的漢人的唯一選擇；漢人支持藏獨的應該被視為投機或者思維混亂；支援西藏自古以來就是中國的一部分的人在中國境內是大多數。這是一種民族情緒，就如同日本人為日軍戰場上的勝利歡呼雀躍一樣，就像運動競技場上啦啦隊為本隊或者本國喝彩鼓氣一樣。是情緒，不是理性。

我有一種感覺，隨著歲月的增長，自己的智力和能力的不斷增長，不來自於自身，而是來自於身外。好像是生生世世輪迴的業力，這是一種說不明道不白的內心感受，很希望尊者給予開示。

臺灣篇

臺灣、大陸和美國之三角演義

　　退居臺灣一隅的中華民國自小蔣經國先生去世李登輝接任後，就開始了放棄中華大地走向獨立的羊腸道的艱難行程，其艱難和困苦儼如摩西率本部落之眾走出埃及。李曾對日本記者司馬遼太郎說過二十一歲前的他尚不知自己是中國人，在李的內心深處，應對大和日本的認同遠勝於對大漢中華的認同，只是頭頂著中華民國的總統桂冠不便明說而已。從1988年到2000年這12年間，作為一名臺灣本土出生的中華民國總統，李登輝實實在在地為臺灣脫離中華邁向獨立做了很多鋪墊，更為他的跨黨衣缽傳人民進黨的陳水扁的接力提供了最大的方便。

　　國際形勢變了，民主的浪潮席捲全球，專制主義在世界範圍內無可挽回地敗落了下去，而臺灣完成了民主的轉型，成了民主大家庭的一員。大陸方面雖在經濟上有進展，綜合國力和軍事力量有提升，但政治上依然專制和滯後，因而中國大陸真正的崛起還非常遙遠，反而專制腐敗造成的社會危機使它突然崩潰的可能性卻越來越高。美國世界霸主地位仍然穩固，大陸方面與之對抗絕不占得先手。韓戰促使美國艦隊進駐臺灣海峽，阻斷了大陸方面「解放臺灣」的念想，以後雖然第七艦隊退出了臺灣海峽，而且轉而外交上承認大陸，但一紙「臺灣關係法」基本能保臺灣無虞。這些都使大陸方面武力攻取臺灣的機會變得越來越小，這也使具有濃厚臺灣本土情結全無中華情懷的李、陳二位愈發膽大。而且出於選戰需要，提出刺激性政治口號，既刺激選民爭取多數，又使對岸惱且無奈，「兩國論」、「一邊一國論」、「全民公投案」相繼出臺就在情理之中了。此時不做大膽冒險的突破更待何時？

中共建政始於1931年「九一八」事變之後不久，當時國號為「中華蘇維埃共和國」。之後遭受蔣介石民國政府前後五次的軍事圍剿，被迫退出首府瑞金進行「萬里長征」到陝北落腳，接踵而至的「西安事變」拯救了亡命的中共，雖放棄了「國號」並服從於國民政府，但得到了遠離抗日前線卻可修養喘息、重整旗鼓近十年的好時機。待二戰結束，中共已有百萬軍隊在手，具有了與民國政府抗衡的初步實力。再三年，政權易手，蔣介石的國民政府退守剛從戰敗的日本手中收復的被割讓達五十年之久的臺灣。中共在經過了約三十年的時間，從無到有，從小變大，由弱變強從蔣介石手中奪得了除臺灣、澎湖列島的大陸全境。宜將剩勇追窮寇，不可沽名學霸王。神勇的解放軍陶勇部跨過海峽天塹渡海作戰望一戰定臺灣，不料天塹阻隔，後援難繼，作戰部隊全軍覆沒。

從大清國那繼承下來的遺產，錢財被老蔣千車載萬船裝弄到了臺灣，土地和百姓老蔣帶不走，如數留給了中共。中華人民共和國建立沒幾天，外蒙古就從中國的版圖上挖了出去，由原來的桑葉形國土變成了雄雞形。說是從前咱中國國土形狀如桑葉，就遭國土形如蠶蟲的日本的吞食，如今中國形如雄雞，就可啄食蠶蟲日本了。1960年代中印一仗，中國軍隊真英勇，把印度軍隊打得落花流水。戰場上的勝利未必是外交談判上的勝利，國人只知中國政府嚴正地拒絕了印度人的領土要求，勇武的解放軍打退了印度的軍事挑釁，堅決地捍衛了中國領土，可又有幾人知道中共又如數地歸還給了印度人中國軍人以生命收復捍衛的神聖領土。中共第一代領導人氣度頗為寬宏，在處理中國與南亞次大陸其他國家的邊境領土劃分時都比較忍讓。第三代領導人則更是慷慨，一股腦把被沙俄強佔的原滿人祖居之地，滿清、蔣介石和中共第一、二代領導人未予正式承認的大片國土以正式條約永久地從中國分了出去，如此大手筆也不讓國人知曉一下，至今義憤填膺的

中國海內外愛國人士和代表中國未來前途和命運的憤青們還蒙在鼓裏。

　　前不久中國總理溫家寶向臺灣警告若臺灣進行公投邁向獨立，中國將不惜一切代價捍衛領土不失。看似決心堅定，其實並不然。中國領導人一向對國土的據有和丟失持無所謂的態度，參照前所援引，再加以對照中國對釣魚島中日領土爭端的低姿態就一目了然，此時中國政府對臺灣的高姿態所表現的捍衛領土的堅定決心就顯得很虛偽，至少也是不真實的。印度、緬甸和其他與中國接壤的南亞小國，均能從中國手中得些便宜，俄羅斯從中國第三代領導人那裏獲得的更多，日本死乞白賴地占著釣魚島，唯獨同文同種的在臺灣的中國人要求不受中共專制管轄卻不行。究其原因，可能還是中國掌權人的通性：寧與友邦、不給家奴。

　　縱觀美國與中國的一個多世紀的關係，除1949年到1979年這段對抗年月，總體來說是比較好的。美國對於中國，親善之舉可陳不少。庚子年拳民起事，西太后不自量力向多國宣戰，戰敗賠款。其他諸國都將戰爭賠款自留，唯美國留下庚子賠款建清華園在北京，即現今的清華大學，公平地說獲實惠者是中國人，我們應該記人之善。中日戰爭之初美國就站在同情和支持中國的立場上，雖不直接參戰，但有陳納德飛虎隊援華，待珍珠港事件後，美國一掃孤立主義情緒全面參戰。這時起對中國的抗日戰爭的軍事援助更為直接，有資料表明，援華空運中，美國空軍在飛越中印的「駝峰」航線上共損失了飛機468架，陸續被埋葬在青藏高原的冰峰雪谷中的飛行員和機組人員共1579人。抗日戰爭的全面爆發是1937年的「盧溝橋事變」，但中日戰爭的開端應該從1931年的「九・一八」事變起，中國直接與日本交戰達十四年之久。若無美國直接參戰，1945年8月在日本投下兩顆原子彈迫使日本無條件投降，中國單方與日作戰，勝利的時間還得大大地往後推移，反過來徹底的敗於日本而成為日本國的一部分也是完全有可

能的。對於美國所盡的這種真正的國際主義義務和拯救中國人倒懸於日本佔領時期的水深火熱，中國人應記住才是。

根據《誰失去了中國大陸》一書和其他文獻資料，中美兩國專家學者反省國民黨失去大陸退守臺灣原因，有共識一是蔣介石的心地氣質的嚴重缺陷使他坐失良機，反勝為敗；二是杜魯門行政當局東亞政策的錯誤，尤其是馬歇爾計劃雖在歐洲獲得成功，但照搬中國卻遭致失敗，驚回首時已是韓戰爆發，修補已晚。

以後三十年裏，美國與退守臺灣的中華民國繼續保持外交承認和友好親睦關係，並派駐第七艦隊協防，與大陸中國由於韓戰相互敵視，但當中蘇交惡不斷升級，中國可能遭受核打擊而中國又不具核威攝或核反擊時，美國有效地阻斷了勃列日涅夫這一念想，從而使中蘇戰爭最終未能發生。1971年大陸中國置換了臺灣中華民國在聯合國的席位，加之以美國與蘇聯戰略抗衡的需要，八年後1979年卡特行政當局與中國大陸建交，放棄了與臺灣的中華民國的傳統的外交關係，但未放棄對臺灣安全的傳統義務，從此開始了美國、大陸中國和臺灣的三邊關係的不斷演義。

美國自二戰結束後登上了統領自由世界與共產主義陣營相抗的霸主地位，又自兼管轄後院拉美和亞非等地區秩序的世界警察角色，行俠仗義和蠻橫武斷在處理國際爭端中交替表現，總的來說，在平息國際紛爭維持世界和平方面的正面作用能使全球受益，美國沒有利用強大的國勢對他國領土產生要求。美國的國家行為彰顯西方民主的精神和價值往往不如對國家利益的追求的體現，這容易造成對美國的不信任。還以與中華民國斷交轉而承認大陸中國和以後維護民主轉型後臺灣安全為例，美國表現的是利益為先價值在後。1996年臺灣大選在即，大陸對臺灣進行文攻武嚇，美國國務卿克里斯多夫說的是美國在那個地區有利益，必須保護。而不是說臺灣是個民主政體，作為同是民主國家的美國有義務保護那一政體，免除那一地區的人民遭受生靈塗炭。不過以

後美國在參與解決國際爭端所表現的行為和價值觀頗能使人讚賞，美國率領北約解決科索沃事件所提出的新主義人權高於主權就是對過去利益為先的窠臼有所突破。

今臺灣大選在即，為爭取勝選，民進黨籍總統陳水扁提出全民公投，似有向臺獨進一步邁進之勢。此舉實令對岸不安，放出狠話，進而向美國施壓。美國一改以往對臺海的模糊政策而變得明晰，由原來的不支持臺灣獨立明確為反對臺灣獨立。溫家寶總理有美國如此承諾似可向國人交代了。其實不然，小布希此話後面還有話，美國同時也反對大陸武力攻佔臺灣，反對大陸和臺灣任何一方單方面改變現狀。美國的態度著實明確，維持現狀。美國在處理其他國際事務中忙得實在難以分身，在伊拉克被陷，當然薩達姆被擒，使伊拉克被陷情勢發生扭轉；朝鮮半島問題的解決美國需要中國的合作；在這個時候陳水扁為勝選而激怒對岸無疑是給美國添亂。對於臺灣，畏縮之舉乃火候掌握：刺激對岸但不致刀兵相見，煩惱山姆但不致甩手不顧，從中游刃，從中漁利。磊落之舉乃胸懷中華：以臺灣多黨民主政治為典範，以臺灣多年民主憲政為經驗，以世界民主浪潮為動力，勇敢地挺進大陸逐鹿中原。

收復臺灣一直是大陸中國的心念，如何收復一直困擾中國領導人。在軍事上，儘管大陸占得優勢，海峽天塹不比長江天塹，不是帆船木筏就過得去的。在政治上，世界形式發生了根本的變化，民主浪潮席捲全球，共產主義運動失敗，臺灣有民主家庭的依託和保護，而大陸則原先同陣營盟友轉投民主陣營倍顯孤單。最難逾越是美國對臺海的干預，目前的不戰不和的臺海狀態應有利於美國東亞利益。臺灣叫嚷獨立是給美國製造額外麻煩，大陸武力攻佔美國不會坐視不管。臺海開戰實際不是大陸與臺灣的軍事較量而是中美之間的軍事較量，按現在中美雙方的力量對比，中方毫無勝算。中國領導人一定能心知肚明，如不克制發動臺海

戰爭，必引來與美國的直接軍事對抗，其結果定是政權垮臺，這一最終後果是大陸方面不願接受的。由於美國的強大威懾作用，臺海戰爭不易發生。如果陳水扁認準這一點，強行公投，就有可能將大陸逼向死角，也將自身推向亡地。誠謂置死地而後生，處亡地而後存。美國反對的是臺灣領導人做出單方面改變現狀的決定，但如果是臺灣兩千兩百萬民眾公投脫離大陸，這以民主方式做出的決定必將嚴重地考驗美國價值觀念和立國精神了，仍反對就會極大地破壞其自身形象，中共因此以武力取得臺灣那就更損失美國在東亞的利益。中美都力使臺灣不出這一手，因這一手將使臺中美三方都處危境。這一手可使臺灣被毀，也可使臺灣從此飛鳥出籠。這一手可使大陸收得臺灣，也可使中共因為為了陷臺而自身瓦解。這一手可同時考驗臺海兩岸領導人的決心、計謀和能力。

君子尚德，小人尚力，尚德樹恩，尚力樹敵。大陸應行君子之為，尚德樹恩能使天下歸心，尚力樹敵能使天下離心。若大陸如對岸臺灣政治民主、經濟發達，人民富足，何愁臺灣最終不歸附。

2004年1月

遲到總比不到好

　　中國的一位著名相聲演員的兒子曾在澳洲待過，很傳神地講過一個政治笑話，可能是他老爸排練或者私下說笑時用過。當年英明領袖華主席出訪羅馬尼亞，齊奧塞斯庫總統為了表示對中國同志的熱情，特意在舉行會談的會議室進口處安排了一隻經過訓練的鸚鵡向華主席一行致意問候。偏不巧這個時候那隻鸚鵡卻衝著中國同志連開三聲中國國罵，氣得華主席轉身就走，齊奧塞斯庫一時還丈二和尚真摸不著頭腦。等大家都走過了，華主席度著方步慢慢走回到那隻鸚鵡跟前，用很濃重的山西交城口音狠狠地衝著那隻鸚鵡：「八哥，你媽×！」聽完這個政治笑話，大家都樂不可支，笑得前合後仰。

　　英語中有句諺語：Better late than never，遲到總比不到好。

　　六月初《人民日報》旗下的《環球時報》載文指稱海外民運人士為獲得臺灣民主基金會資助採取對臺獨立場的表態，本人不幸中鴿被點，當時忙於「認清中共廬山真面目的中共駐雪梨領事館一秘」出走事件，無暇回應。該文的指責有二：一是伸手要錢，二是支持臺獨。

　　毋庸諱言，中國當前民主化的前景不明朗，原因就是因為中國共產黨的拒不順應歷史潮流，以黨情代替國情。統治中國的中國共產黨藉口不實行民主政治是國情所致。其實這是哄哄無法開口說話的國人的，實情是實行民主政治意味著政治權力的分享和轉移，中國共產黨為了一黨之私不願進行利國利民之舉。中國的民運組織和人士為了中國人民的福祉不避艱難順應歷史，推動中國走在歷史的正確一邊，二十多年來一直以堅忍不拔的毅力、以愚公移山、精衛填海的精神為全中國人民默默的奉獻出青春和智

慧。在艱難困苦之下「作揖化緣求奧援」何錯之有？這本來就是一件理直氣壯的事情，根本不用猶抱琵琶半遮臉的，更沒有吃人嘴軟拿人手短之嫌。向之求援的是已經實現了政治民主的中華民國，她對海峽另一邊的中國人民爭取民主和自由有著不可推卸的天然責任，用不著套什麼近乎。執政於中華民國的民進黨政府的確走過了與現在大陸民運相近似的路徑，本人只是借澳洲大會向中華民國政府求援的時候提了一個醒，千萬不可吃了三天的飽飯就忘了當初的討飯。

春秋戰國時晉重耳流亡期間，楚成王問他楚晉開戰若何處之，重耳回答僅退避三舍。海外民運創始人王炳章先生和1989年成立的民主中國陣線的領袖都在爭取外部支援過程中表現出了應有的風骨，民運組織和人士學習古人學得好。反觀中國共產黨從出生到成長這段歷史真讓國人看清楚了就不好看了。中國共產黨是共產國際的一個東方支部，手裏拿著史達林的盧布，耳裏灌著莫斯科的指令；1931年「九一八事變」後在江西瑞金成立的國號為「中華蘇維埃共和國」的國中之國，叫喊著武裝保衛蘇聯。中國的成語是五十步笑百步，現在倒好，對民運反唇相譏，還來個百步笑五十步，好意思嗎？

另一個指責就是支持臺獨，如果翻開本人投入推進中國大陸民主化進程的過往十數年的每一頁，如此指責就太罔顧事實了。

本人認為我們現在進行的是爭取中國大陸的民主，在民族大義的問題上、國家領土完整的問題上，民運組織和民運人士是不應該效仿當年的中國共產黨領袖毛澤東呼籲西藏和其他省份可以自行獨立這一政治主張的，不應該效仿中共趁蔣介石政府與日本侵略者浴血奮戰的時候與入侵者暗通款曲的，更不應該效仿江澤民在中國沾沾自喜的「承平盛世」之時將大片北方領土拱手相讓給對中國敲詐勒索達兩個世紀之久的俄羅斯。日本人曾提出北到西伯利亞，南至蘇門答臘都是大和民族賴以發展和生存的疆

域，但是這些地方都不是它固有的領土和領海。而從小就從地理課上知道中國幅員遼闊，北起貝爾加湖，南達曾母暗沙，都是中國的神聖不可侵犯領土和領海。怎麼現在北面一勞永逸地割讓俄羅斯，南面聽任越南、菲律賓和印尼侵佔，東海大陸架延伸的釣魚島也任由日本建立界碑，香港保釣英雄陳毓祥的魂斷釣魚島灘頭，卻遲遲不見綜合國力強大的、已經可以向西方說不的、代表著十三億人口的中國共產黨政府在民族大義和領土完整如此重大問題上有令國人興奮和滿意的表現呢？對待相同的事宜採取多重的、不同的標準，就會讓人對中國共產黨反對臺灣獨立、力保疆土完整的決心存疑。不知慮此，而反教人為？

　　對於民進黨的建立臺灣國的政治訴求，本人是理解的，有道是：寧為雞首，毋為牛後。對於鄧小平以武力鎮壓八九民運、江澤民嚴厲鎮壓法輪功，胡錦濤進一步收緊輿論的控制，本人也是理解的，誠所謂：臥榻之側，怎容他人新床搭設。但是理解是一回事，認同就是另一回事。這就像狼要吃羊、羊要吃草一樣，性之亦然。本人的淺見就是「統」和「獨」都不是民主運動當今追求的政治目標，民主運動追求的是臺灣海峽西邊的中國人民既要發展經濟，改善民生，同時也要跟隨世界潮流，引入政治民主機制，兩者完全可以並行不悖。臺灣海峽東邊的中國臺灣人民，尤其是其政府除進一步完善已有民主政治體制，還應看在同文同種的、血濃於水的骨肉情份上，伸出手來拉對岸的兄弟一把，不僅把經濟投資轉向對岸，更應把民主政治引向對岸。民主政治是個好東西，別臺灣海峽的東邊獨享，也讓對岸的同胞共用。君不見但凡民主政體的國度，其國民所享受的福祉就是比在專制政體的國度的國民好得多，本人倒還真不信《環球時報》撰文詆毀民運人士的記者能找到相反的例證。

　　掐頭去尾、斷章取義、移花接木、因果顛倒是《環球時報》指稱的一個特色。權引一段說明：「作為交換，他對臺灣當局一

向關切的『臺獨』立場也有所表態。在信中，秦晉暗示，只有當『民進黨的政治理念可以得到合情合理的商定』，『兩岸的戰時狀態才會真正結束，中華民國的歸宿才有最終完滿的結果』。」

但原文是：

> 我們目睹著兩岸的關係趨於緊張，兩岸的緊張關係難於在不對等的、單邊強大的專制體制的虎視眈眈之下得以緩解。只要中共專制政府繼續存在，兩岸之間就沒有對等的、真正的政治協商；兩岸關係的全面緩解有賴於一個民主政府在對岸的建立。所以從長計議，幫助中共的政治反對派在困厄中重新崛起，巧借歷史的機遇挺進中原，在中國建立起民主政治體制，可為中華民國最終解除高懸的達摩克里斯之劍。只有在一個民主政府主導下的中國政局，兩岸的戰時狀態才會真正的結束，中華民國的歸宿才有最終完滿的結果，民進黨的政治理念可以得到合情合理的商定，兩岸人民的實際利益才會得以確保。

因此建議《環球時報》不妨將本人此信全文公開發表，然後再號召全國共討之、全民共誅之。

2005年8月18日

海峽兩岸政體之間的博弈

　　五十六年前的1949年，經過四年的內戰，原來的正統國民黨政府被趕到了幾個海島上成了蔣匪，而乘日本入侵在江西瑞金起家的被稱為共匪的中共卻由於軍事上的勝利成了正統，好一曲成王敗寇的現代絕唱。

　　中國的歷史就是一部合久分、分久合的歷史，所以分與合都是中國政治生態的基本常態，不足為怪。

　　臺灣的中華民國，於七十年代初被褫奪聯合國席位。1972年尼克森開啟了中美關係正常化大門，一時間成骨牌效應，使臺灣的中華民國在國際間日顯孤立，是它的經濟成就及政治民主化被國際社會重新認可。反觀中國大陸經過連續不斷的政治運動及文革浩劫，元氣大傷。經濟改革四分之一世紀，綜合國力有所增長，但其政治制度依舊專制獨裁，五十餘年的分治，已使兩岸的政治、經濟、社會、文化環境都出現很大的不同，尤其在兩岸的政治制度上更是方枘圓鑿，扞不入。

　　若從另一個更為客觀和理性角度來推斷中共，武力攻佔臺灣是擺脫困境的國內政治的需要。已經有過兩個先例：一次是1962年中印邊境之戰，再一次是1978年中越邊境之戰，都是為了緩解國內的矛盾和困境，轉移人們的視線。那麼在必要和適當的時候故技重演對臺灣再來一次也不足為奇了。

　　臺海現狀是國共內戰的繼續，中共是武力攻佔還是以不戰而屈人之兵收得臺灣，全憑大陸的實力。臺海分治五十六年是因為雙方都無力勝對方。現在中共軍事上拿不下臺灣是敵不過美國所致。臺灣也完全可以反攻，問題是反攻得了與否。這是雙向的。

臺灣與大陸過去的半個世紀的政治博弈中一直處於下勢，尤其是在中共被接納成為聯合國安理會常務理事過之後，臺灣在國際上的處境更是艱難，處處遭受中共的打壓和封殺。到了近年中國大陸由於經濟的發展，西方主要民主國家的政治眼光短淺，尤其是歐洲的德國和法國和在地球南端的澳大利亞等國家為了短期的經濟利益而罔顧民主和自由的普世價值，對中共又是磕頭又是作揖，在這種骨牌效應的影響下，臺灣的國際生存空間更受擠壓。

而臺灣方面對中共的封殺的回應招數太不敢令人恭維，臺灣總是不自覺地按照中共彈奏的曲子翩翩起舞，實行銀彈外交，結交一些唯利是圖的海島小國以圖短暫外交承認。最令人哭笑不得的是灑大把銀子獲得馬其頓和巴布亞新幾內亞的短期外交關係。

在我看來，臺灣與大陸隔海峽相望，彈丸之地，人口僅兩千多萬，軍事上與大陸抗衡處決對的劣勢。但是臺灣政治民主、經濟發達，人民富足，這些民眾福祉方面遠勝於大陸。在政治的牌局中與大陸中共交手並非處絕對的劣勢，臺灣能與中共相抗的絕不是軍事和經濟，而在於已經實行民主的政治王牌。如果臺灣不是一味地對中共採取偏安躲避的態勢，而以民主牌與中共過招，相信中共就會非常的尷尬和難受。如果將中共比作阿基里斯巨人，臺灣制勝中共的就是他的腳後跟。問題是當今的臺灣領導人可能看不到這點，如果看到了不願做那就是無此心。

國際形勢變了，民主的浪潮席捲全球，專制主義在世界範圍內無可挽回地敗落了下去，而臺灣完成了民主的轉型，成了民主大家庭的一員。大陸方面雖在經濟上有進展，綜合國力和軍事力量有提升，但政治上依然專制和滯後，因而中國大陸真正的崛起還非常遙遠，反而專制腐敗造成的社會危機使它突然崩潰的可能性卻越來越高。其實這個問題中共體制內官員比我們看得更清楚，識時務者為俊傑，在澳洲的新近脫離中共的原中共體制內官

員就是這樣的俊傑人士，他們知道中共時日不久了，不願跟隨中共一條道走到黑，不願做中共的殉葬品。

中國民眾對臺灣的看法也能說明問題，除非受中共宣傳機器的矇騙過深的人不明大勢，但凡對世界民主潮流有所認識的人都會珍惜臺灣今天的成就，九十歲老人胡績偉先生這麼說的，很有代表性：我反對在任何情況下對臺灣動武，因為「統一是未來的事情」，但在今天，「臺灣是中國人追求自由民主的根」。

當然還應看到，對臺灣海峽兩岸關係不僅僅是大陸中國和臺灣兩個因素，還應該看到美國的世界超強力量對兩岸關係的影響，以及日本對兩岸關係的影響。從國際關係上看，美國和日本都不會願意看到兩岸之間的統一，但也不願意接受戰爭對地區和世界的穩定造成的影響。無論是統一還是戰爭都不利於他們的國家利益，目前的兩岸對峙才最符合和美日兩國的國家利益。美國副國務卿佐立克最近的公開發言稱中國現行的一黨統治的政治體制已經無法支撐下去，敦促中國政府必須向民主政治轉變，這可能是布希當局對中共最直率的表達。這將進一步引起國際社會對中共的政治壓力。

最近中日在東海海底資源的爭奪上產生摩擦，是否會先與臺海衝突前發生軍事爭端大家都在密切的關注。還應看到，自1962年邊境之戰後一直與中國關係冷淡的印度在南亞次大陸漸漸的崛起，對中共尚有一箭之仇的印度的逐漸強大會對中共產生牽制作用，更兼最近美國開始與印度關係親睦起來。這些都是臺灣在與中共博弈中的有利因素。

在中國歷史上由小變大、由弱變強、反敗為勝的例子屢見不鮮。遠的就不說了，就從明清兩代開始舉些例子，明成祖朱棣北平發起靖難，以一隅戰全國，趕走建文帝；努爾哈赤以十三副盔甲起於白山黑水之間，他的後代勵精圖治終於入主中原。中共發跡於江西瑞金，曾被國民黨政府打得落荒而逃，到處流竄，靠西

安事變救回一命，再藉中日全面開戰的機會養精蓄銳，以後一鼓作氣打敗了國民黨。

在臺灣的中華民國雖然曾經失敗，但沒有滅亡，經過了半個多世紀的頑強，依然守住了這一息國祚。三十年河東，三十年河西，風水輪流轉，但願中華民國能把握歷史時機，以多黨民主政治為典範，以多年民主憲政為經驗，以世界民主浪潮為動力，勇敢地挺進大陸逐鹿中原。

臺灣在氣勢上不應該低於專制蠻橫的中共，一學李自成兵敗商洛山只剩下幾騎跟隨的時候，不氣餒，幾年後就逼崇禎正皇帝自盡煤山；二學皇太極積極進取，雄視關內，最終借吳三桂獻關的機會一舉入主中原；更要不忘國父孫中山的遺訓：革命尚未成功，同志仍需努力。為推翻滿清王朝，孫、黃聯手，屢敗屢戰，最終獲得成功，建立起了亞洲第一個民主共和的國家。

千萬不可學沉迷於玉樹後庭花的陳叔寶，不可學以淚洗面的李後主，更不可效仿南宋趙家小王朝偏安一隅，到頭來落得個陸秀夫背上末代皇帝趙丙共同蹈海的可悲下場。

現在民運人士雖處中國政治的邊緣之處，但是現在的行為言語都得為將來負責，不可逞一時口舌之快，更不可隨意奉承。因為這是一種政治承諾，不可輕許。聖經中有這麼一個故事，以掃為了一碗紅豆湯就把自己的長子權出賣給了弟弟雅各，後患無窮。中國春秋戰國時代顛沛流離的晉文公重耳可為後代的榜樣。

臺灣領導人李登輝和陳水扁為推動臺灣走向獨立的鍥而不捨的精神值得讚賞，臺灣共和國的成立是多年多代臺灣人的宿願，我能充分理解。但是政治現實是，這個問題不是臺灣單方面決定得了的，大陸方面不會輕易首肯，除非是國勢衰落，無可奈何。一個強大的專制政權在側，臺灣時時在被武力攻擊的恐嚇之中，處境不易。

統一和獨立都不是民主運動當前輕易表示的，目前不統不獨應是兩岸無可奈何的權宜之計。兩岸中國人民的福祉應為中國民主運動關注臺海關係的最高點，為所謂「統一」而進行一場可能動搖國本的統一戰爭，造成生靈塗炭遺害後世的悲劇應是所有中國人都有責任去制止的。中國應以民主富強、榮辱與共的嶄新形象出現於本世紀。

早在1994年，我向澳洲雪梨的民進黨朋友求教，希望學習民進黨人如何推動臺灣島內的民主化，他們在島上的登陸對海外民運在中國大陸的登陸有現實指導意義。從十多年前起，我曾多次試圖通過臺灣官方駐澳洲機構如下表達：希望臺灣的中華民國政府勇敢地接受中共的政治談判要求，可以接受三通的要求，但也要求中共開放黨禁和報禁，允許中共在臺灣設立分支部，允許人民日報、光明日報等中共的喉舌到臺灣發行。在相互對等的原則下，臺灣的聯合報系可到中國發行，中國國民黨，民主進步黨也可到中國建立支部，發展黨員。

試想如果臺灣方面對中共國土統一的喊話，回敬以制定中國政治民主時間表，互通政黨組建自由和報刊言論自由，看中共能否接受，我想中共是斷然不敢接受的，這樣臺灣可以比較容易地佔領兩岸互動政治上的制高點。最近國民黨新當選主席的馬英九向中國大陸放話：六四不翻案，統一沒得談。我一直希望看到臺灣的領導人能夠有大政治家的氣魄和胸懷應用於兩岸政體之間的政治博弈上。

去年年初，一位與中國民運有比較密切關係的著名臺灣人士就我對臺灣朝野的熱切期待兜頭一瓢冷水：要求臺灣人決意逐鹿中原，把中國的民主化當作自己的事來做是脫離實際的，支持中國大陸實現民主化對臺灣有什麼直接利益？

來自中國大陸的民運人士可能會覺得實現中國的民主化，臺灣有不可推脫的責任和義務。自蔣經國開放黨禁和報禁以後，臺

灣逐漸實現了民主化。民聯成立之初曾得到蔣經國的大力支持，據王炳章透露，當時的中國民聯與臺灣的國民黨之間的關係是政治合作，而非國民黨的附庸。我想這與蔣經國親眼目睹失去大陸的切膚之痛和大陸情節有關，但自從蔣經國1988年初去世後，臺灣的中華民國對大陸民主運動的態度與以前相比有很大的不同，在我海外十幾年投入民運的經歷來看，李登輝和陳水扁對中國大陸民主化的支持就比較顯得無心無力。

大陸的民運人士對待奧援不應抱不實際的幻想，我們應該清楚，錦上添花常有，雪中送炭不常有。

專制的中共可以被看作是高懸在臺灣的中華民國頭頂上的一把德莫克利斯之劍，一個民主化的中國政府應該能理性地處理地區之間的問題和爭端而不致輕易地兵戎相見，民主化的中國可使全國十三億人民都能對重大國是發表見解而非少數專制獨裁者乾綱獨斷。臺灣的安全因此可有基本保證，這就是支持中國大陸的民主化對臺灣的益處；臺灣的民主政治的經驗可以示範大陸，英雄不問出處，就有機會由臺灣一個地區領導全中國，這又是一個益處。當然，臺灣的政治人物沒有愛新覺羅氏的勃勃雄心，我今天再次舉出的益處是一定不會被接受和認同的。

2005年10月2日

臺海兩岸，剪不斷，理還亂

　　臺海兩岸，一廂是中華民國，一廂是中華人民共和國，剪不斷，理還亂。

　　1950年韓戰爆發，杜魯門夢中驚醒，美國第七艦隊進入臺灣海峽，協防臺灣。免除了驚魂甫定的蔣介石流亡菲律賓成立流亡政府的艱難，也免除了臺灣淪入共產主義統治的苦難。

　　臺灣成為孤島，中華民國成為國際社會的棄兒，1971年，中華民國被逐出聯合國，1979年，中華民國再次被美國民主黨行政當局拋棄，斷交、廢約、撤軍，拱手送給對岸的中華人民共和國。對岸雖然虎視眈眈，但不敢輕易下嘴吞噬。

　　又三十多年過去了。其間蔣經國的三不政策「不接觸、不談判、不妥協」有效地抵擋住了葉劍英、鄧小平的招降，同時順應時勢開啟了民主化之路，為後任李登輝做了鋪墊，使得風雨飄搖的中華民國渡過難關。

　　以後李登輝十二年有「兩國論」，陳水扁八年有入聯公投，都讓對岸幾驚幾乍，好不煩惱。

　　如今風水輪流轉到了馬英九手上。馬英九也有「三不」：「不統、不獨、不武」。這個三不應該這麼讀解：「不統」是告慰臺灣，「不獨」向對岸輸誠、「不武」向對岸哀求。

　　海峽兩岸之間關係表面趨於平緩，內不乏笑裏藏刀、桌下踢腳。蔣介石、蔣經國父子站在寶島，北望大陸，不免傷悲，淚流滿面，唱一曲李後主的虞美人「春花秋月何時了，往事知多少，小樓昨夜又東風，故國不堪回首月明中。雕闌玉砌應猶在，只是朱顏改，問君能有幾多愁，恰似一江春水向東流。」

　　當「新中國」首位醫學博士王炳章棄醫從政，1982年在美國

舉起反對中共專制主義大旗，開啟了中國之春運動，立刻得到了中華民國總統蔣經國的回應，派員與王炳章接洽，飽含深情，總算有來自大陸的仁人志士開始了二十世紀的揭竿而起折木為兵。次年中國民聯成立，用王炳章語言，中華民國與民聯的關係是一種政治合作。蔣經國還懷有希望有朝一日王師北定中原。

蔣經國繼任者李登輝，政治主張和目標十分明確，一旦時機成熟，權柄在握，則返本歸真成為臺灣「新摩西」，沉著堅定地率兩千餘萬臺灣人出「新埃及」，要讓臺灣不再「漂流」找回自我，成為有意志的棋子，成為新時代臺灣人。用短短的幾年，全力推進臺灣的民主化，終獲成功。但是從那時起，中國大陸的民主化，則不再是中華民國在臺灣的關注要點。中國海外民運處境艱難。

千禧年以臺灣獨立為訴求的陳水扁接棒，繼續前任的政治路線，著實給對岸不少政治困擾和麻煩，每每引起對岸在總統大選前夕放出狠話，做出軍演恫嚇姿態。陳水扁總是我行我素，任憑對岸猿聲叫喚，我自輕舟飛過萬山。「中國是中國，臺灣是臺灣」時常可以在臺灣綠營組織的抗議中共活動中聽到。中國大陸內部的政治演變，更不值得陳水扁政府關心，表現在對艱苦卓絕中爭取中國民主的海外民運則是絕水斷糧。

臺灣民主基金會成立於2003年6月成立，取代了原來的世界自由民主聯盟所行功能。其宗旨為支持亞洲及世界各地之民主化，與全球各地民主領袖建立密切合作及聯繫網絡，並致力推動全球民主發展。具體的運作方式就是抽象的支持亞洲包括中國的民主化。陳水扁的第二任期與中共政治反對派的互動發生了微妙的變化，一改以往對海外民運漠視的態度，以民主基金會為中間橋樑，以海外民運組織為開路先鋒，高舉民主人權的旗幟，昂首闊步走進國際社會，突破對岸刻意封殺的外交空間：2006年5月的柏林大會、2007年5月在布魯塞爾歐盟總部舉行的大會，2008年8月的東京大會。

2008年國民黨馬英九從民進黨手中奪回政權，開始了海峽兩岸關係從緊張趨於緩和的新局面。在馬英九執政期，為使對岸寬心，效仿香港進行自律。臺灣民主基金會本來的無準星漫無目標的抽象推動亞洲民主化的功能也被放棄，把臺灣民主基金會束之高閣，作為花瓶擺設之用。基金會雖不撤除，但不需要發揮不辱其名的功能。

其實，對岸中共專制政權，雖貌似強大，已經病入膏肓日薄西山。中共自己已經惶惶不可終日，一個行將就木的政體究竟有多大的能力戰勝代表世界歷史潮流發展的民主臺灣？

站在歷史的轉折點上，在歷史機會面前，馬英九應該認真問一下身邊幕僚金溥聰，當年他的祖上如何問鼎中原的。可悲的是，馬英九徒有其表，而無一代政治家的壯志雄心。

馬英九本為蔣經國秘書出身，理應不忘師長的言教，在闊別政權二十年之久之後，理應立誓三民主義光復中華，以告慰創立民國的孫中山、領導衛國戰爭的蔣介石、堅守中華民國國祚的蔣經國。然而在過去的四年裏，在推動中國大陸民主化的功課上做得比以往任何一屆政府都要次，既比不上陳水扁，也比不上李登輝。蜀後主劉阿斗雖然愚笨，以弱蜀人口僅八十餘萬的國力，全力支持著孔明六出祁山和姜維八次伐魏，為恢復漢室主動進攻人口二百五十萬的強魏。相比之下，馬英九還比不上劉阿斗。真是商女不知亡國恨，隔江猶唱後庭花。

蘇聯初建政，立足未穩，內心總有恐懼。擔心西方資本主義國家對新生的蘇維埃發動進攻，尤其是東面漫長的邊境，實在難以防守。在東方中國尋找合者這就是最大的國家利益。在中國蘇聯找了吳佩孚，後來確定了聯合孫中山，在中國扶植陳獨秀、李大釗。經過三十年的努力，最終建立了中華人民共和國，東線安全了，共產主義陣營也得到了空前的擴大，可以東風西漸了。西方在這些關鍵時刻總是單純甚至是愚蠢的。

中華民國與中華人民共和國分也好，合也好，永遠是零和博弈。不是青天白日紅旗幟插回大陸，就是中國大陸分崩離析，臺灣可趁此機會逃之夭夭，但是五星紅旗絕無可能長久穩定地插上臺灣。這些都是未來臺灣領導人應該認真審視並且認清的問題，無論是馬英九還是蔡英文。

2011年11月8日

寫在臺灣總統大選前

　　時光進入了2012年，今年的有幾個地方政治權力交接：臺灣大選、香港換特首、美國總統大選、中國的胡下習上。都很有看點，我們坐在看臺上，認真觀摩評賞。我們也只能坐在看檯上，有的地方連競技場的門票都沒有，無法入場觀摩，只能場外聽裏面的聲音，比如中國。

　　臺灣大選是今年最早可看的一場，我們中國民運團體和個人好幾十個人從世界各地彙聚到臺灣觀摩總統大選和立法委員的選舉。近三十年來，類似這樣的觀摩已經不計其數，恕我實話實說，引用一位民運人士對臺灣民主的認識和評價，「臺灣民主對未來中國的民主有示範作用，但沒有促進作用。中國的事他們無心也無力參與，自顧不暇」。可謂一語中的。今天中國民運幾十人到這裏的觀摩大選，有點幾十個盲人摸象的味道，各自摸到自己所感覺的圖景。我們打老遠的從世界不同的角落到臺灣，也都有各自的憧憬。我認為應該面對現實，分析、比較我們所從事的這場中國民主運動，這件志事。

　　中國民主運動，從西單民主牆起算，已經有了三十三年的歷史。形成組織形式，首推身陷圇圄的王炳章博士於1982年在美國開始的中國之春運動，到今天也已經有將近三十年的歷史了。

　　1978年時候的北京西單民主牆，有一批民刊，每個刊物有幾個人，除了北京，在上海、貴州、天津、山東也都有個別的，對中國社會造成的影響在我看來很有限，當然在國際上還是引起了一定的關注，但是沒有多久就被鎮壓了。1982年11月，中華人民共和國建政以後公費留學生在北美獲得博士學位的第一人王炳章

博士在海外開始的「中國之春」運動，如同一聲驚雷響徹北美大地，由東向西橫穿美利堅合眾國，越過太平洋，到了臺灣島，傳進了蔣經國的耳朵裏。最近，民聯陣理事長、民聯創立時期盟員汪岷先生專門撰文，圖文並茂地回憶了這段歷史。

客觀地說，海外王炳章發起的「中國之春」運動在中國大陸的普通民眾中間幾乎沒有影響。就拿我本人為例，首先我承認自己的孤陋寡聞，但肯定是屬於中國普通民眾中的絕大部分。在我1988年11月離開中國之前，對「中國之春」運動從未有過聽聞。儘管中國老百姓對中國之春運動並無知曉，但是中共當局對王炳章發起的「中國之春」運動還是比較憂慮擔心的，因為鄧小平等一輩開創中共政權的非常懂得防微杜漸的道理，深明「千里長堤可以毀於蟻穴」後來效果。我想表明的是，中共深知1949年從蔣介石手裏奪取整個大陸的政權的艱苦卓絕和歷史的僥倖，因而對任何可能構成政權威脅的因素都採取最強力最有效的措施，將這些威脅消滅在萌芽狀態之中。

1989年的「六四」運動對中國的政治變化好像是一個機會，但是這個好像是的一個機會在中國人手指縫中迅速地未得到手就失去了。有這麼一句話，機會是你的就是你的，不是你的就是握在手心裏也會得而復失。1989年的時候，最先出現民主浪花的的地方是中國，以後在蘇聯東歐的民主浪潮卻席捲了共產主義陣營，蘇聯解體了，東歐各共產主義國家大都完成了民主轉型。歷史就是這樣地捉弄中國人，中國在那次民主化浪潮被重新打回專制主義的高岸上。

1989年的一頁，已經翻了過去。覆水難收，我們應該抬望眼向前看，向後看，向左看，向右看。環顧四周，把我們進行的近三十年的民主運動進行橫向和縱向的比較，橫向看國際縱向看歷史，進行參照，然後方可知道自己所處的位置，方可知道要去的目標，找出達到目標的路徑。

在國際上，有過美國的獨立戰爭，有過俄國的十月革命；在歷史上，有過孫黃的辛亥革命，有過毛澤東的共產革命。獨立戰爭成功了，建立起了美利堅合眾國；十月革命成功了，建立起了蘇維埃；辛亥革命成功了，推翻了滿清建立了中華民國；共產革命成功了，把中華民國趕跑到了臺灣小島上，建立起了中華人民共和國。

三十來年的中國民主運動，目標是建立一個民主共和的政治制度，其任務之艱巨、事業之宏偉一絲一毫不亞於前面提及的所有革命。但是我們把中國民主運動放在歷史和國際的縱橫座標中考察一下，就可以發現，中國民運是那麼的「有氣無力」。中國民運有氣概有氣節，但是沒有力量。中國民運既無外援又無內應，就憑著縱橫千萬里北美歐洲亞太不足百人的理念堅定鍥而不捨和國內不怕抓不怕放不怕把牢底來坐穿的一小部分民主人士，這與愚公移山精衛填海有何區別。

我來分析比較對照一下。先說美國獨立戰爭，北美十三殖民地戰勝英國獲得獨立的關鍵是有背後的巨大支持，有法國、荷蘭和西班牙錢財和軍事的支持，這與哪方正義哪方不正義沒有關係。我們看中國的辛亥革命，孫黃背後有日元的支持，不然哪來錢買槍買炮搞武裝起義，如何辦刊物鼓動民眾，如何讓革命黨人遍佈全國，打響武昌起義第一槍。俄羅斯的十月革命依靠德國皇帝出資列寧2600萬帝國馬克，相當於今天7500萬歐元，列寧拿了這筆錢返回俄國，鼓動俄國軍隊反戰，幫助布爾什維克拿下俄國政權。然後列寧按照承諾與德國皇帝簽約，讓俄國軍隊從第一次世界大戰戰場撤出。雙方互惠互利，童叟無欺。中國共產革命更是令人叫絕，整個中國共產黨就是共產國際的東方支部，完全是斯大林國際主義義務下促成的勝利，從武器彈藥到軍事顧問甚至歐戰的蘇軍炮兵，一齊用上，把蔣介石國民黨打跑到海島上。

中國民運有這個條件和背景嗎？有過，很短。中國之春運動的開始，從1982年秋到1988年1月13日蔣經國去世。聽王炳章親口說過，中國之春運動開始的時候，中華民國派人找到了他，眼含淚花，總算有了中國大陸的人開始決心衝擊中共專制體制了。據王炳章自述，中國之春運動與中華民國之間締結的是一種政治合作關係，中國民聯要挑戰中共，但是保留批評中華民國國民黨的權利。臺北都答應了。其實那個時候海峽兩岸的政治制度差別不大，大陸是極權專制，臺灣是威權專制，兩者是五十步笑百步的關係。蔣經國的早逝，對中國民運的影響卻是巨人。以後的中國民運雖然有過1989年民運的高漲，但是曇花一現，很快跌落低谷，長期徘徊，至今無法走出來。最為關鍵的不是民運分裂，不是民運人士私心嚴重，實實在在的是後繼無援，巧婦難為無米之炊，所以二十多年來中國民運一直是有氣無力。

這有什麼好怨的嗎？沒得怨！這就是這個時代，這就是中國的國運。中國民運與對手中共能進行力量抗衡嗎？無法相抗。具有道義責任應該給予中國民主運動物質支持的中華民國和美國為首的西方都冷眼看著中國民運，他們充其量提供一些打發叫花子的、不至於餓死在路旁的幾塊骨頭而已。

但是我們還是需要對中華民國和西方的態度做到理解萬歲。蔣經國眼睜睜地看著大好江山丟失的，奪回大陸江山的心念驅使了他堅定地支持中國民運。李登輝和陳水扁都是臺灣土生土長，他們有不同於中國民運的政治目標和理念。李登輝的政治主張和目標十分明確，一旦時機成熟，權柄在握，則返本歸真成為臺灣「新摩西」，沉著堅定地率兩千餘萬臺灣人出「新埃及」，要讓臺灣不再「漂流」，找回自我，成為有意志的棋子，成為新時代臺灣人。陳水扁是李登輝事業的跨黨繼承人，蕭規曹隨情理之中。馬英九就任總統以前有長達二十年同情中國民運的姿態，自從2008年當選總統以後，對中國民運採取的是迴避的態度，馬政府

四年來的政治表示和動作，明白無誤地告訴中國民運組織和人士，期待今天的國民黨支持中國民運就是刻舟求劍的一廂情願了。

美國為首的西方，出位的大都是政客，很難出政治家，這與制度有關。民主制度，任期短而有期限，政客力爭在任內完成自己的目標，因而制定的政策往往是短期的，在這種政治大環境下不容易產生目光深邃雄才大略的政治家。他們的政策比較務實，考量多的是效果和利益，道義和原則就退居在後了。正因為美國幾任總統的政治短視，給世界帶來巨大後患，而中國人民是最大的受害者。二戰後國共內戰時期馬歇爾和杜魯門的政治幼稚捆住了蔣介石國民黨的手腳，天真地在不支持中國內戰的堂皇理由下對蔣介石國民黨實行武器禁運，樂見國民黨政府在內戰中處於失敗地位，聽任共產黨席捲中國大陸，將四億中國人民送入共產主義鐵幕的水深火熱之中，引發韓戰，引發東西方冷戰四十年。

中共專制今天在國際上的強勢地位，也拜西方綏靖主義所賜。1989年以後，美國兩位總統布希和克林頓幫了韜光養晦的中共大忙，中國綜合國力增強了，中共地位看似更加鞏固了。美國和西方在無意間強化了中共，荼害了中國人民。中國民運除了表示無奈和理解還能做什麼，說什麼？

看清楚了中國民運的艱難境地了吧。我們不妨再比較一下今天的中國民運與辛亥革命，高下立見。黃花崗起義失敗了，錢用光了，武器打沒了，七八十鐵血男兒一去沒有復還。孫中山灰頭土臉，北美做工；黃興悲憤之極，想要相伴死者地下。但革命的主張已經深入軍中，革命黨人遍佈全國，因是武昌起義一聲槍響，峰迴路轉，大清朝腐朽的大廈摧枯拉朽般轟然倒塌了。過去二十年，中共只有內憂，卻無外患。而今中共政權內憂迅速竄升，外患也開始浮現。發生在廣東烏坎村曠日持久的巨大群體事件，一波未平一波又起，廣東海門也發生巨大的群體抗爭事件。而中國民運是怎樣的狀態呢？除了隔靴搔癢地隔岸觀火地過過嘴

癮，寫幾個發表在我們這幾個人看的中文網站上聲明，還能有何作為？民運派不出一兵一卒攜帶輜重糧草進入實地進行引導，鼓風助火，火燒赤壁，火燒連營七百里。「挾太山以超北海，語人曰『我不能』，是誠不能也。為長者折枝，語人曰『我不能』，是不為也，非不能也。」今民運作壁上觀，誠挾太山以超北海之類也。因為近二十年來的中國民運沒有實際力量，組織是空的，沒有人力也沒有財力。為數不多的民運人士的心志不移，堅持著這場沒有實際政治力量民主運動，它實際上是一種守望，正義的守望，理念的守望，和對中國未來願景的守望。

亡六國者，六國也，非秦也；族秦者，秦也，非天下也。那麼今天的情勢就是亡共者，共也，非民運也。中國民運雖然弱小，但是站在歷史的正確一邊，絕對的握有天時。中共專制悖天而行，民心盡失，專制主義腐朽大廈的轟然倒塌，就如同擔著生辰岡眾軍漢喝了蒙汗藥，「倒也」、「倒也」，只是時間問題。「山頭林立，旌旗飄飄」的中國民運這個時候能夠而且應該做些什麼呢？不就是攏好隊伍，把散落的一支一支箭捆綁起來，然後就守株待兔吧。我期望我們至少能夠拿出排排坐，吃果果，小兒玩家家熱情勁，最終達到假戲真做弄假成真的結果。

2012年1月10日

親身體會臺灣民主

　　臺灣的民主化過程曲曲折折，很值得回顧和借鑒。我們不妨回頭看看歷史：美臺斷交（1978年12月16日，美國通知蔣經國將於此年1月1日起與中華民國中止外交關係，轉而承認對岸的中華人民共和國）、1979年12月「美麗島事件」和1984年的「江南命案」，層層進逼蔣經國放棄國民黨威權統治。不少人認為「江南命案」是壓垮蔣氏威權政治統這匹駱駝的最後一根稻草，迫使蔣經國做出痛苦抉擇，蔣家不再承續中華民國國柄。蔣經國順應歷史潮流，認識到「時代在變，潮流在變，環境在變」，開放了黨禁和報禁，為臺灣邁向民主鋪平了道路。

　　李登輝從蔣經國手上繼承了大位，進一步推動政治民主化，1996年完成總統直選，從而使臺灣成為一個完全民主化的政體。以後陳水扁執政八年，馬英九執政四年，在政治民主化的道路上依然向前邁進，毫不回頭。

　　臺灣富庶，百姓生活優渥。從1987年開放黨禁和報禁算起，經過了不到四分之一世紀的時間，在民主化的道路上幾乎走完了西方老牌民主國家三百多年走過的路程，說明使用漢語的民族可以享受民主，有能力正確使用民主，這是一個值得自豪的成就。並非如對岸中國共產黨所言，西方民主不符合中國的國情。

　　大概是1990年代初的時候，有這麼一個笑話，臺灣中華民國的立法院活動的電視新聞和報導，在國際媒體上播放時候往往上的不是政治頻道，而是體育新聞檔。原因是臺灣立法會辯論時候經常出現不同黨派相互大打出手的場面，儼如體育搏擊。其實西方民主實施之初，不同黨派議員之間的打鬥也是常事。英國議會裏面桌案上的墨水瓶與桌案澆鑄一體，為的是防範議員發生衝突

的時候用作武器。從橫向比較臺灣中華民國立法院與西方老牌民主國家議會是有點不太雅，但從縱向比較就可以發現，這種現象是早期民主議會的必由之路。前不久在旅行途中看到歐洲某新興民主國家議會爭鬥的新聞，圖片上體現的肢體衝突場面，兩相比較，就更加感覺到臺灣立法會的肢體衝突實在是小巫見大巫了。

　　拿臺灣與中國大陸相比，那就更不可同日而語了。中國沒有民主和自由，但是為政者還要灌輸老百姓，臺灣的民主帶來的是一片亂象，還是中國的好，強有力的一黨領導下多黨合作保證了經濟的發展，才有了今天經濟總量達到世界第二的地位。不少糊塗百姓還真以為然，利益均沾者當然會與中國共產黨同聲同氣了。民主的好，專制的壞，已經爬到井口和井外的青蛙自然知道天地之大，而能分辨兩者的好壞。苦的是蹲在井底的青蛙只看見井口大的一小塊藍天，告訴它什麼就信什麼。

　　自從2008年4月第一次踏上臺灣本土，到今天已經是十好幾次了。每次來總有一種賓客如歸的感覺，良好的感覺就有了以後再來的願望。更重要的是臺灣可以是中國境外政治反對力量推動中國政治變化最好地方。這次在臺灣滯留的時間是最長的，特意等待觀摩總統就職典禮。

　　一到臺灣，就知道還未就職的馬英九總統已經是一隻瘸腳鴨了，民調跌落到只有15%的支持度，當然這個民調是反對黨的統計，難免有誇大之嫌。5月18日的聯合報民調也只有23%支持度。這可是貨真價實真金白銀了。一個民望如此低迷的總統今後四年的執政困難可想而知。不過一旦當選，儘管民調低迷，臺灣沒有機制可以迫使當選總統下臺。當年施明德率紅衫軍在總統府前曠日持久靜坐抗議也沒有能夠把陳水扁逼下臺。同理，對馬英九有再大的不滿，也得等到2016年以後再行理會。

　　就職日當天下著雨，想當然地步行去總統府觀摩就職盛典。卻發現找不著入口，通向總統府的主要幹道都被用鐵絲和鐵柵封

住了。在澳洲生活了這麼多年，沒有碰到過這樣的場景。以為馬英九做過了頭，這個就職典禮是應該與民同慶的。再瞭解一下，前任李登輝和陳水扁也曾這麼做，把反對聲音隔得遠一些。只是這次馬英九把隔離段擴得大了一些。陳水扁就職，藍的一方來「嗆」；馬英九就職，綠的一方來「嗆」。兩廂一樣，沒有對錯，只有輸贏。

臺灣可以傲視漢語世界的是她的民主和自由，臺灣可以是比照對岸的一面鏡子，臺灣可以是照耀對岸的一盞明燈。但是從我四年來這麼多次到訪臺灣的觀察和體會中，臺灣從上到下這個自我感覺和認識不強，這一點讓筆者比較悲涼。尤其是現領導人的政治軟弱更使人感到無可奈何。

有政治雄心，就可由弱變強，轉敗為勝。中共1931年江西瑞金彈丸之地建立國中之國，巧借日本入侵弱化中華民國政府的天賜良機，十八年以後席捲全部中原大地。知道忍辱負重臥薪嚐膽，臺灣與中國大陸的互動的政治博弈中也可以重新贏回，臺灣中華民國有這個歷史機會，領導人沒有這個願望和雄心。

蔣經國以後，李登輝和陳水扁都是臺灣本土生長，更注重臺灣本土的走向和國際定位，這個好理解。馬英九率領國民黨贏回政權，給了推動中國政治變化的個人和團體一種莫名的期盼，期盼著新國民黨政府在兩岸的互動中高瞻遠矚，立足臺灣，放眼中國和世界。四年過去了，重新審視這個期盼，發現這是一個錯誤，是刻舟求劍地期盼國民黨和馬英九。經過在野的國民黨已經脫胎換骨，不再有「三民主義統一中國」的豪情意志。馬英九生來循規蹈矩，不越雷池一步，企盼馬英九作出驚世之舉，實屬一廂情願。這也難怪，不能期待在游泳池淺水區域學會水性的人到大江大海、大風大浪中去搏擊。

鏡子還是鏡子，只是被封存了；燈塔還是燈塔，只是沒有放射光芒。中國大陸的政治變化是不可逆轉的，等到歷史時機到來

的那一刻，臺灣這面鏡子和燈塔還是會有效地發揮出它應有的功能和作用。

2012年5月30日

從世界看中國

致李瑞環先生的公開信

中國人民政治協商全國委員會主席李瑞環先生：

　　獲悉您將來訪澳大利亞，民聯、民陣澳洲分部想藉此機會向您並通過您向中共決策層表達我們對中國當前局勢的關注及看法。

　　行將結束的1997年中，中國共產黨在舉世矚目之下，處理了鄧小平去世、香港回歸以及「十五大」這三件大事。並且在「十五大」上，在國企改革領域，以決議形式制定出新的決策。我們還看到，中國最著名的政治異見人士魏京生先生，近期以「保外就醫」名義被送往美國；據媒體報導，江澤民先生在加拿大渥太華表示，中國將會進一步擴大民主、加強法制，並完全接受人權的普遍原則。

　　上述一切，對跨世紀時期的中國社會及國家形象無疑都將產生積極的影響。我們認為，這已顯示了現一代中共領導人較「馬上得天下」的先一輩領袖有務實和明智之處。我們對此表示贊許和肯定。

　　但是，我們還必須指出，中共急需改變的事情還有很多，對中共上述變化所持的歡迎態度，並不意味著改變民聯、民陣以往的政治立場，民聯、民陣更不會放棄對中國實現政治民主化的訴求。

　　我們認為，僅僅釋放一個魏京生還遠遠不夠，王丹、劉曉波等所有政治犯都應獲得無條件的釋放。在人類文明發展到近二十一世紀的今天，政治異見人士因言獲罪乃是對政府的極大嘲諷。作為一個國家的執政黨，應學會尊重國民的政治權利，應學會容納和善待不同政見者，否則它也將不被其他國家容納和善待。

我們不能接受中共總書記江澤民先生最近在加拿大關於「六四」鎮壓的辯解。中國的「八九」民運是愛國的，也是和平的，其關於民主的訴求和反貪呼籲是合情的，也是合理的。所謂「動亂」是由於當局的鎮壓造成的。江澤民先生辯稱，沒有當時的「果斷措施」，就不會有今天的穩定局面。而我們恰恰認為，正是當局的鎮壓，中斷了中國政治改革的進程，從而導致當前官場貪汙腐敗，令中共高層束手無策的局面。「六四」情節，難以繞開，更無法被遺忘。主動重新正確評價「六四」，越早卸下「六四」包袱，便越主動，這樣與國、與民、與中共本身也都有利。

　　我們已注意到李瑞環先生不久前在政協會議上講話中關於民主部分的闡述。在某種程度上我們認可中國國情特殊、民主不能一蹴而就的說法，但是我們反對的是以國情特殊論為由，刻意阻止政治改革，一意實行一黨獨裁的政治手法。我們承認，中國的民主道路確實是漫長而坎坷的，但其步伐仍應邁開。中共政改的中止，使國家在改革開放的行程上形同跛腳鴨。沒有政改與經改的同步，經濟大潮之下，必是弊病叢生，危機四伏，隱患重重。這不但阻礙國家的發展，威脅著社會的穩定和人民的安寧，也威脅著中共政權本身。作為中共的反對派組織，我們不會嘆惜中共所處的險境，可嚴峻的現實是中國的社會和人民不能再次承受劇烈的動盪。

　　因此，我們再次向李瑞環先生及其同事呼籲，計天下利，求萬世名，重開政治改革的進程，使中華民族在21世紀真正能立足於世界民族之林。

　　最後，祝李瑞環先生的澳洲之行愉快。

1997年12月14日

胡錦濤來訪的前前後後

　　中國國家主席胡錦濤來訪澳洲，對澳洲政府、在澳的華人以及中國政府的反對派都是一件大事。胡錦濤自去年11月接任中共總書記以來一直備受矚目，澳洲作為胡錦濤成為中國最高領導人以後比較早造訪的西方民主國家，對澳洲、對中國、對這裏的反對派都具有各自理解的特別意味。至於澳洲和中國方面的意味，在這裏我不做分析，我只想說明作為中共反對派對胡錦濤來訪澳洲一事想要達到的目的和初始動機。

　　海內外對「胡溫新政」的讚譽頗多，期待也高。胡似不同於尸位素餐無意走民主化道路的前任江澤民和背上天安門事件罪責的李鵬，他給人感覺是面孔新，形象清，又在處理薩斯侵襲時由於採取不同於前任的做法，增加了新聞透明度使得薩斯得以緩解以致控制，因而在國際間聲譽鵲起。中共的反對派反對中共的極權專制，對於中共堅持專制獨裁的頑固立場一向不妥協。但對新人胡錦濤，做法上就必須做到有理有節。因為中國人生活在面子文化中，而且中共更為注重面子，很多時候到了可笑的地步。既要達到預期的目標，又不使對手有失面子。胡的到訪澳洲無疑是反對派必須認真謹慎對待的課題，分寸拿捏不易準確。

　　由於近年來中國大陸經濟的發展，無論是西方政府和商人以及已經定居海外的中國同胞對大陸巨大商機的誘惑難以抵禦，姑且不論這樣的商機是真實的還是虛幻的。在政府層面，多數願放棄西方民主的精神和原則，儘管在價值觀念上對專制不認同；另一方面，由於「六四」事件而居留海外的許多中國同胞一邊充分地享受西方的民主和自由，一邊又熱烈地擁抱著曾經背離過的專制。面對著普遍的冷漠和麻木，聲音大，口號激情往往更加於事

無補。在這個時候而更應體現的是中共專制的反對派的堅韌、執著、平和、理性。

基於此，在澳洲的中共反對派在胡到訪前，10月8日給中國駐澳大使去函，要求會見胡錦濤，進行政治對話。

信發了出去，「泥牛入海無消息」，沒有絲毫回應，這在意料之中。開始起草致胡的公開信，目的只在於藉此胡訪澳機會向胡傳遞一個要求中國進行政治改革走政治民主化的道路的信息。

我有幸受澳洲綠黨的邀請出席胡錦濤10月24日在澳洲國會的演講。在此前兩天的新聞發佈會上，綠黨參議員布朗向媒體披露了這一消息。從這一刻起，我就比較懷疑我是否最終能進得了澳洲國會的公眾席上聽一聽中國領導人的演講，親眼目睹一下他的聽聞已久的「政治風采」。因為中國方面一向在對待反對派的措施上僵硬呆板，通常是不顧外交禮節且往往不可理喻。因此23日我還特意與邀請我的沃根議員通話，提出了我的擔憂。我被告知我是受邀的客人，無須擔心，這裏是民主國家。

24日上午8點30分，我參加了國會前的一個小型集會，如塔省獨立議員哈里丁所說，少於50人的抗議，反對派人士則更少。據我所知就反對派而言，與其說是抗議，不如說是請願。我在集會上借傳媒向胡呼籲：結束專制，實行民主；釋放政治犯和良心犯；停止鎮壓法輪功。胡錦濤憑佔據的有利位勢，主動開啟真正意義上的政治改革，而不是為更有效維持一黨專制的體制變動，胡可因此垂名青史，中國可因此從千年的專制桎梏中解脫。這於國於民於胡都有利之事胡難道不值一搏嗎？胡處在歷史重要關頭，成為歷史偉人和猥瑣小人全在一念之間，望胡審時度勢，要問蒼生利，莫念一黨私。並白話告訴胡大可不必擔心我的出現，好好演講，體現一個大國領袖的風範。可能是出於不放心，香港翡翠的記者還問我胡演講時有什麼特別行動，我回答我已說過，不用擔心。實際上有反對派人士提出在胡演講時亮出個什麼東

西，但更多的表示此舉不可。根據我本人的行事風格，我也不願採取什麼特別行為，寧願靜靜聽演講，仔細體會和分析胡有什麼與前任不同。如果允許，會要求合適的人傳遞一封公開信。

約9點40分，沃根議員的兩位工作人員一前一後將我送到進入國會下院登記處，登記完畢過安檢，已有兩位原先會見過的澳洲外交部官員迎上並將我帶到了不該被邀客人去的地方，從那裏仍能看到議會內部的活動。

胡出現了，但遲於規定的時間。一直到胡的演講結束，我完全才知道了剛才發生在幕後的從前一天晚上開始的中澳雙方緊急外交磋商的事情。布朗參議員對於綠黨所邀請的三位客人由於中國方面的壓力如數被限制進入公眾席表示強烈的憤慨，而我的感受就有所不同。被阻隔進入國會演講廳預先有考慮，因而反應平緩，但悲哀的是原來人們對胡僅有那麼一點幻想被胡自己破滅了。據傳胡在不久前表示過不採取共產黨原來的方式對待政治異己，現在看來這信息不是有人的一廂情願就是有意粉飾胡錦濤。

從這事上進一步看清了中國領導人的思維定勢，做事的方式方法仍然那麼刻版和僵化，更談不上正確對待政治反對派的雅量。看看美國的政治人物是怎麼面對所處的尷尬局面，當布希在澳洲國會裏遭人責難時，他雙手一攤：「我喜歡自由言論」；加州新當選的州長影星阿諾被人扔了雞蛋，他便幽默了一下：「他還欠我一塊鹹肉」。既解了嘲，又提高了自身的形象。胡錦濤為什麼不能向人學一下？還是缺乏自信。如果不進行大量的幕後緊急活動把我和另外兩位綠黨邀請的客人排除在外，反對派能夠在場內，應該不會發生什麼塌天之事，何必如此緊張上升到外交層面造成不必要的尷尬。胡演講時安靜，氣氛也平和，胡按預先準備的發言稿照本宣科，一片讚詞和掌聲，在胡看不到的後面又有什麼呢？據我所知，塔省獨立議員哈里丁杯葛了胡的演講，他的座位是空著的。另外政府自由黨參議員比爾‧海夫曼在胡演講時

拒絕使用同步翻譯設施，還有其他政府自由黨議員在胡演講結束時僅站立起來但沒有鼓掌。這些都是無聲的抗議。外長唐納事後發表評論，胡不是中國的戈爾巴喬夫。

　　胡錦濤到訪澳洲的確受到很高的禮遇，二十一響禮炮，總督和總理到機場親迎，很熱情，但不真摯。何華德有興趣的是胡帶來的大宗訂單。我這裏有興趣回憶一篇小學課文烏鴉和狐狸來說明類比一下。樹上烏鴉口中叼著肉，樹下狐狸很饞，但苦於無法上樹奪取，便讚烏鴉歌喉優美，請烏鴉展現一下。烏鴉很受用，便唱了起來。剛一張嘴，叼著的肉便掉了下來，狐狸銜起肉扭頭就進了洞裏。所以胡受到的禮遇同烏鴉被狐狸讚頌相差不大。

　　胡錦濤訪澳過程中這事的發生是對他的真正意義的政治改革決心的一個測試，很顯然他在這場測試中的得分不及格。中共的僵化沒有大的改變，因而對所謂的「胡溫新政」不能抱有過高的期望，胡錦濤的表面清新很有可能是不真實的。沒有足夠的民間和國際社會的政治壓力，期待胡錦濤主動啟動中國的政治改革在近期內是不現實的，儘管胡在演講中十二次以上使用了「民主」這一詞，但他的民主與西方的真正意義的民主是有很大區別的。

2003年10月26日

中國能建立起沒有基礎的高樓大廈嗎

胡錦濤訪問澳洲並在國會演講，筆者作為綠黨的貴賓受邀出席。中國外長李肇星與澳洲外長緊急磋商，阻止筆者進入澳洲國會殿堂，此事在澳洲媒體廣為傳播。因此一家政治網站邀請筆者寫一篇文章參與以上專題討論，是為筆者首篇英語發表的文章。

——筆者注

英國人主宰過十九世紀，美國人主宰了二十世紀，而且現在仍繼續遙遙領先於世界，世界進入了二十一世紀，美國的主宰地位會在本世紀的中被後來居上中國取代嗎？中國人顯然這麼期待著，不少西方人也樂意做如是預測。

一個國家或民族能否在世界範圍內起主宰作用，就要看這個國家在經濟、政治、軍事和文化等方面能否大幅度的領先於他國。當今世界的超強美國顯然在以上所涉及的諸因素佔有領先地位，而且無一國能夠與之相匹敵。當然，世界是變化的，中國是否能在變化過程中脫穎而出在本世紀的中取代美國而主宰世界，不妨對能成為世界超強的諸因素先進行一下分析。

中國的經濟在近二十五年來的經濟改革中確有了長足的進步，人們的生活水準有了提高，但不是大幅度，受惠分佈也不平均，地區的發展更不平衡，得到發展的主要集中在沿海一帶的城市，廣大邊遠地區的發展仍然落後。上海、北京和其他一些大城市高樓林立顯而易見，但這絕非中國經濟發展的全貌。

經過二十五年相對快速的經濟發展，在一些西方人眼裏，中國正逐漸形成明日的世界超強。然而事實上中國相對來說仍然比

較貧窮，而不是什麼世界經濟強國。根據新近統計資料，現在中國的生產總量居世界第六，人口是世界第一，如此龐大的人口基數使得中國的生產總量在排名榜上往前靠，可是到現在人均收入仍不足千美元，若以此計算，中國的排名就得在倒數處尋得其位了。而且中國的資料統計是有問題的。有西方經濟專家指出近年為呈口舌之快而聲稱中國漸成經濟超強是很不成熟的。中國國家統計局已經下調了一些經濟資料，原因就是各地方政府向北京提供數字時往往極大地誇大了經濟活動成果，而這不反映經濟活動的實際情況。

中國的科技仍然落後於許多發達國家，更不用說最主要的對手美國。毛澤東時期錯誤的人口政策導致的巨大人口吞食了很大部分的經濟發展成果，並且更加重了先天性資源貧乏這一難以解決的問題。中國人口素質絕非一流，文盲不斷增多，這也反映了中國教育制度的失敗。中國政府處理生態環境問題的嚴重失誤正逐漸構成對中華民族生存的威脅。中國人民解放軍，中國的武裝力量，也不可倖免地在這場經濟浪潮中被商業化和腐蝕，有關注中國軍事問題的人士對中國是否有能力打贏一場局部戰爭深表懷疑，如與近鄰印度發生軍事衝突，儘管中國一再聲稱如果臺灣拒絕和平統一就以武力收復。

讓我們看看中國的社會現狀，經過近四分之一世紀的經濟發展，中國出現了許多富人（相對於全國總人口仍是極少數），但貧富差距加大。同時伴隨著社會更加不公，道德水準嚴重下滑。中國領導人有意誤導民眾將注意力轉向不擇手段如何發財致富，而不問操守和良心，不設任何道德底線，進而使民眾喪失了維持一個正常社會的基本良知和信仰。然而，只有不到人口5%的極少數人能夠將權力和資本結合，鯨吞最大部分到社會財富。那部分富人得以致富靠得不是勤勞和智慧，而靠的是手中握有的政治權力和由此引伸的特權。這勢必導致不滿和怨恨的日益增長，總有

一天會爆發少部分權貴與廣大邊緣化的民眾之間的對抗。中國司法之黑暗已到了前所未有的地步，社會公正幾乎蕩然無存，政府信用近乎破產，民間也是如此，60%以上經濟合同存在欺詐。

中國在政治上實行的是一黨專政，這是阻礙中國高速、穩定和長期發展的最根本的原因。中國政府握有不可挑戰的絕對權力只能導致不可救治的絕對腐敗。中國領導人迷信在中國共產黨的領導下，在「穩定壓倒一切」的高壓政策下，經濟高速發展的勢頭可以保持不落，他們不明白的是高速、穩定和長期的經濟發展需要有一個公開透明的民主政治體制來支撐。

高速的經濟發展和表面的繁榮迷惑了西方，也掩蓋了隨時可爆發的危機。當前的政治穩定是以犧牲人民自由的高額代價並通過軍隊和警察的力量來維持的。但這不能長久的保持，民間不滿的情緒和政治反抗在日益積累，直至如火山噴發那一臨界點。而事實上，中共高官對他們所面對的問題心知肚明，只是沒有意願更沒有勇氣去面對，他們中間不少人已經開始善後工作，安排退路，將子女和財產轉移至海外。這足以說明了他們對現有政權失去了信心。

中國尚缺少一個能進行充分表現和發揮以達到頂點稱雄世界的平臺，這個平臺就是符合歷史潮流的政治制度。一個非民主化的中國可被視為一隻未孵化的蛋，而絕非是被可數點的的雞。只有民主化的中國，才能尊重她的人民和他們的聰明才智和創造性，也只有這樣，能使國力增強財富增加的民間偉大力量得以釋放。當中國實現了民主化，中國人民充分享受自由的時候，我們再談論「二十一世紀是中國人世紀」才是有意義的。

2003年11月10日

澳洲的中國豪賭

中國總理溫家寶即將訪問澳洲，簽署澳洲鈾礦出售中國的協議。毫無疑問，此行他手中握有令澳洲目眩的巨大數額的訂單。據悉澳洲方面比較放心地認定已經簽署了「核不擴散」條約的中國會把從澳洲購得的鈾僅用於和平之用途而非軍事的發展。

如果拋開道義層面，就從自身利益考量，以此謀求經濟的利益，實非明智。向中國出售鈾礦也許符合澳洲的短期經濟利益，但一定不符合澳洲長期國家安全利益。鈾物質與核武器的發展有著密不可分的聯繫，澳中鈾礦的買賣，怎能根據中國政府的一紙協議來確保中國僅用於和平建設而不用於軍事發展呢。

容我建議重溫過去的經驗，請看以往的事例：

- 1998年中國政府就簽署了聯合國關於國公民和政治權利、經濟社會文化權利的兩個國際公約，但是迄今未獲得人大正式的批准，這兩個公民權利的公約就無法在中國實行。
- 中國加入世界貿易組織之後，中國政府有沒有按照加入世界貿易組織的承諾做一個守法成員國去進行金融和傳媒的自由化和市場化，在知識產權的問題上繼續與被侵害國家形成摩擦。

當不僅本國的包括其他國家的公眾的健康和生命受到影響和威脅的時候，中國政府總是表現出對國際社會的欺騙和愚弄。

- 松花江水受到嚴重污染而使得哈爾濱停止供水，中國政府在事發之後一個星期才對外公佈；以後發生在四川的毒氣洩漏的處理上又一次表現出的中國政府習慣做法，依然對外封鎖消息。

- 當薩斯病毒在中國爆發的時候，中國官方的第一反應是否認和隱瞞。中國官方為了瞞過世界衛生組織的檢查，將薩斯病人裝在救護車裏，在北京城裏滿世界地轉，一直等到檢查官員滿意地認為北京沒有薩斯的威脅，才把一車車的病人送回病院。

須知這就是中國政府的習以為常的操作方式，它就是這樣有效的一次又一次地愚弄了國際社會。

中國果真如中國的領導人對外聲稱的正在「崛起」嗎？它的經濟能力和巨大的市場正使得西方炫目，它的軍力增強也令西方感到不安，它的政治制度繼續反動，而且讓美國國務卿萊斯女士感到它是「一個負面的力量」。

從歷史上看，一個新的強權國家的出現，必定與現有的強權國家形成衝突。從亞太格局上看，最容易產生劇烈摩擦甚至戰爭的危險地帶是臺灣。中美之間軍事衝突雖然不是即刻的，但是臺灣領導人不斷地挑戰中國政府的底線，就會使這樣危險成為可能。一旦這個局面產生了，美國捲入軍事衝突了，澳洲怎麼辦？誠然澳洲目前能夠遊刃有餘地一方面與中國發展更為密切的關係，另一方面與它長期的、親密的盟友美國維持著良好關係。但這取決於美中關係的氣候變化，隨著臺海局勢的緊張會發生逆轉而使澳洲陷於尷尬，澳洲與美國之間的長期的國家安全保障關係，澳洲與中國之間的商業利益關係——這一兩面取巧、魚與熊掌兼而得之的外交策略將被迫有一個取捨。放眼看後若干時間，澳洲向中國出售鈾礦實在是為了眼前的經濟利益而做出「藉寇兵而齎盜糧者」的不明智行為。

歷史不斷的重複，就是因為人類不斷地遺忘歷史。第二次世界大戰的爆發，在很大程度上是英、法對納粹德國的縱容。韓戰的爆發，遠因是二戰結束前夕，羅斯福和邱吉爾犯了張伯倫的綏靖主義錯誤，一紙雅爾達密約，使得斯大林在遠東獲得了不應有的戰後地位，奠定了中共與戰後餘生的中華民國政府進行軍事割

據分庭抗禮的基礎。近因是杜魯門繼續前任的錯誤，聽任共產主義席捲中國，把在二戰中艱苦抗戰的國民黨趕到了海島臺灣，進一步刺激金日成有恃無恐的發動統一朝鮮半島的戰爭，形成了東西方對峙達四十年之久的冷戰。今天，新的綏靖主義又在作用，面對著一個對世界和平不具有正面作用的集權專制的中國的崛起，西方民主世界的表現實在不敢令人恭維，中國的一個巨大的市場可以讓西方的民主世界的領袖垂涎欲滴，而忘記了世界和平和人類共同進步的準則，聽任十三億中國人中的絕大多數遭受中共專制主義的踐踏。面對中共的急劇發展，西方民主國家非得重蹈覆轍像對待希特勒一樣，等到危害到自身的時候才恍然大悟嗎？

上個世紀1970年代末始於中國的經濟自由化政策，使中國進入了前所未有的經濟增長時期。許多西方觀察人士認為，中國的政治改革將隨之而來。西方國家長期以來一直認為，民主會隨著經濟的自由化而出現。但是，中國的情況並不如此，中國的情況證明了西方的這種觀點是錯誤的。西方對中國大量資金的注入無疑是中共政權的一劑強心針，中國迅速的經濟增長幫助了共產黨鞏固其政權合法性，阻礙了中國進行民主變革。現在更值得深思的一個問題卻是：西方國家在中國進行的投資和其他商業活動是否已經阻礙了中國進行迫切需要的政治改革？澳洲作為一個有成熟民主的西方國家，是否也應考慮一下這個問題？

在中國總理溫家寶訪問澳洲的時候，澳洲總理和其他政府官員可以帶他看一看澳洲國會大廈，告訴他國會大廈建築特點和建築含義，讓他親眼看一看澳洲國會議員之間唇槍舌劍的辯論，對他進行民主的基礎教育，規勸他通過他在中國的政治地位和影響力，推動中國的政治改革，讓中國匯入世界民主的潮流中去，走到歷史的正確一邊。

2006年3月30日 星期四

（英文發表於《澳洲人報》The Australian）

西方民主社會不可推卸的道義責任：
推動民主改善人權

　　澳大利亞地處南半球的南太平洋，地理上遠離文化歷史淵源的歐洲以及經濟發達政治領先的北美，就近合作發展地帶就是東南亞和東北亞，可以開拓澳大利亞將來發展的新的途徑。亞太經濟合作組織這一概念源於澳洲前總理霍克政府任上的外交策略，最先出現於1989年1月31日訪問韓國的一個演講中，因而有了1989年11月舉行於坎培拉第一次亞太經濟合作會議，現在又將在澳洲雪梨舉行這個年度的峰會。一年一度的亞太地區首腦峰會是世界上最重要的政治會議之一，它不僅可以提升亞太地區的經濟合作和發展，也可以改革這個經濟組織建立的初衷，突破現有的經濟合作範圍，2001年上海的亞太峰會上一致通過的「反恐協定」就是一個範例。毋庸諱言，澳大利亞，一個地區中等國家，對亞太地區近二十年來的經濟發展做出了應有的貢獻，對整個世界的和平與穩定做出了貢獻。

　　上個世界1990年代初，蘇聯東歐集團的突然崩潰，東西方冷戰結束，美國成為了世界單極化霸權，國際新秩序形成，以美國為首的西方民主陣營在關於世界發展的思維發生了很大的變化。西方民主陣營過於注重自身的國家利益，而罔顧民主自由的普世價值觀念，在面對著全世界存餘的四十五個專制集權採取姑息甚至是縱容的態度；過分注重短期的經濟利益和世界格局中縱橫捭闔，而缺乏長遠的眼光領導世界走向真正意義上的和平與穩定，讓世界上所有的國家走上民主化的道路，讓所有的民族平等地生存這個地球村，以及讓每一個個人獲得天賦人權。

　　亞太地區是世界政治和經濟活動最為活躍的地區，擁有41%的全球人口，51%的全球生產總值，49%的全球貿易。從政治格

局層面上看，在這個區域中有世界上最大的、非常成熟的民主國家，如北美的美國和加拿大、南太平洋地區的澳大利亞和新西蘭和亞洲的日本；有最大的最後階段的非民主國家中國、越南、北韓和緬甸（儘管這兩個國家並非亞太經濟組織的成員國）；從經濟發展層面上看，有世界上最大的發達國家和最大的發展中國家。迄今為止，亞太首腦峰會過多地集中經濟議題從而導致民主國家向專制國家過多地妥協，尤其是對世界上最大的集權國家中國的過分的妥協。在亞太區域內的美國、澳大利亞、日本、加拿大·和新西蘭等民主國家目視下，一個獨裁專制的中國的崛起，對世界未來的發展和格局都不是一個福音。因此，亞太經濟峰會是區域內民主國家可以利用的一根槓桿對區域內的專制國家施加政治影響，也是一個良好的機會通過經濟合作從而引伸到政治制度層面敦促像中國這樣非民主國家進行政治變革走向民主，更是一個道義責任充分利用這個重要平臺推廣全球民主化。

　　亞太峰會領導人普遍認為把美國、中國、俄羅斯、日本等國領導人聚合一處對於地區的穩定至關重要。這是一個很片面看法，民主才是尊重人類尊嚴以及維持經濟發展和社會正義的普世價值，所有西方民主國家都負有推動全球民主化的道義責任。美國總統布希和澳洲總理霍華德在推廣全球民主化的過程中的政治表現可圈可點，推翻了薩達姆侯賽因政權。但是中國是全球最大的專制主義國家，胡錦濤是這個專制國家的最高領袖，在亞太峰會期間，想必有機會相互寒暄，舉杯祝酒。兩位西方民主國家的領導人是否利用這個機會，輕輕地拍著胡錦濤的肩膀，說道：世界的形勢是民主化，中國的經濟發展有長足的進步，但是民主化的進程是否可以跟上來了。這樣真是功德無量了，中國民眾會感激你們，專制體制下的民眾會感激你們。不然，就會被視作為採取雙重標準的政治虛偽。

　　天下沒有免費的午餐，中國的民主要靠中國人自己努力去

爭取。中國的人權狀況不良，誠然如此，但是中國的問題不是人權問題，卻是政權問題，沒有政治制度的民主化，就不可能有人權的真正改善。只呼籲改善人權，不要求政治制度民主化，無異於緣木求魚。在沒有要求中國進行政治改革實行制度轉型的前提下，西方與中國的人權對話，在實質上走的是一條不通之路。

　　世界在變化，中國也在變化。過往的四分之一世紀，中國的變化主要體現在經濟的高速發展。中國在政治制度、社會道德以及生態環境等方面沒有發生正向變化，反而發生了停滯和倒退。這樣的現象能夠持續嗎？顯然不可能。二十一世紀最為眼花繚亂令人目不暇接的世紀性變化將是什麼？就是本世紀初葉即將發生在中國的政治大變化，它將影響整個世界。中國將從一個封閉型的專制社會逐漸邁向一個開放型的民主社會，這是一個任何個人和集團都不能阻擋的歷史趨勢。

　　聖彼德堡一天早晨突然麵包脫銷導致了俄國沙皇的倒臺，武昌兵營的一次擦槍走火導致了大清王朝的覆滅。然而推動中國民主化進程的歷史性變化的起始點現在何處？一定就在每一位致力於中國民主化的中國人民的腳下。

2007年8月30日 星期四

澳洲政治新領袖漢語講得一級棒

9月初一天，接到澳洲人報記者來電，問工黨領袖陸克文的中文講得如何。我問記者為何提這個問題，記者回答陸克文用漢語致辭歡迎參加亞太經濟峰會的中國領導人胡錦濤，有人認為他是在炫耀他的漢語語言能力，所以想通過我這個以漢語為母語的人對陸克文的漢語能力的鑒賞來判斷他的漢語能力的程度和高低，這樣也許更具有說服力。由於他的漢學功底好，所以取的名字非常的漢化。不過我更傾向於稱他凱文拉德，這樣更加原汁原味。

我是這麼回答的，我曾幾次在不同的場合見到過陸克文，交談還是比較有限，主要交流語言是英語，但是聽到過陸克文講漢語。我的印象中他的漢語講得還是比較準確流暢的，尤其是發音和吐字很精確，我用了一個英語詞precise描述陸克文的漢語發音，給我的感覺聽上去很是字正腔圓。

第一次見到陸克文的時候，他還是工黨的一個新秀，剛剛入圍的後排議員，那是1999年的9月初，八年以前的事情。中國領導人江澤民參加新西蘭舉行的亞太經濟峰會，途經澳洲。我邀請了中國海外民運大腕人物魏京生過來趕集與江澤民打擂。工黨墨爾本議員丹比Michael Danby很是熱心，安排中國民運一行人到坎培拉活動，見見當時的工黨領袖比茲利Kim Beazley、前工黨外長伊文斯Gareth Evans以及其他工黨議員。丹比說，澳洲總理霍華德John Howard忙著給江澤民舉行國宴，那麼中共政治反對派領袖應該有一個相對對等的午餐會，當然規模不可能有江澤民的那麼盛大。參加午餐會的有政府和反對黨兩邊的議員，包括現在的反對黨副領袖朱麗葉吉拉德Julia Gillard、維省自由黨參議員陳之彬Tsebin Tchen、綠黨領袖布朗Bob Brown參議員。

那天會見工黨眾位議員是在陸克文的辦公室，我對那天記憶還是很深刻的。為何？因為魏京生煙癮大，憋不住要抽煙。陸克文說國會山莊裏面是不可以抽煙的，但是我可以讓你在我的辦公室裏面抽煙。還有一個有待進一步證實的趣聞，聯盟黨一方的抽煙室是在前紐省省長費約翰John Fahey的辦公室，染上煙癮的議員議會休息的時候會到他那裏吞雲吐霧。我好像還記得陸克文拿出他的專著論文給大家看，說道，他的論文就是講述中國1978年西單民主牆和魏京生，所以他非常崇敬魏京生。談話間陸克文用了不少漢語，而且辦公室裏牆上掛著的盡是中國字畫，可見他的中文功底非同一般，也足見他對中國文化和語言文字的比較深刻的融會貫通。

去年初兩位來自中國的作家余傑和王怡到澳洲參加學術會議，我藉此機會陪同他們走訪坎佩拉，工黨議員丹比還是不厭其煩地請了四位議員過來座談，我權充翻譯。完了丹比說一定要讓這兩位中國作家見一個重要議員，帶著我們穿過議長辦公室，同時介紹國會辦公室的格局和含義。然後帶我們一行到了國會正中央，介紹說這個噴水池代表了澳洲政治的公平和透明。正在此時工黨外交發言人陸克文來了，丹比樂了，這是我給你們客人的一個驚喜。握手、寒暄，用的是漢語，雖然很簡短，前後加起來也不過5分鐘時間。丹比不無自豪地對陸克文說當你成為澳洲總理的時候，我就站在你的右手邊。這句很簡單的話給了我一個很明確的信息，也印證了我在2003年末雷森Mark Latham、比茲利和陸克文等在工黨內部爭奪領袖地位時候的猜度，此位陸克文將是能夠握有實力挑戰當今聯盟黨領袖霍華德角逐澳洲總理一職的不二人選。

第三次見到陸克文是在他出席雪梨學院Sydney Institute漢德森博士Dr. Henderson主持的演講會，他主講工黨外交問題，我藉機會提了一個問題，是關於澳洲與中國的在世界新格局下的

雙邊關係。演講會結束，有機會與陸克文禮貌寒暄，我講的是英語，陸克文回答的是漢語，非常得體到位的漢語表達。

前倨後恭，中國人對之耳熟能詳。但情形也經常反過來，前恭後倨。八年前魏京生尚能在陸克文的辦公室抽煙，如今已經磨刀霍霍欲登大位，國內事務、國際事務、區域的領導地位、與東亞大國的微妙關係，都不容他再有時間和雅興與中共的政治反對派表現出有痕跡互動往來。這是政治現實。陸克文懂中國語言，懂中國文化，對中國有特殊情節，很注重中國方面的政治反應，尤其是現政府的反應。

用漢語進行開場白，胡錦濤澳洲國會演講他不用同步翻譯，有人揶揄他是炫耀。我不這麼認為。我認為他其實是不覺技癢，檢測自己的能力。這麼說吧，傳說中的人物不算，學術界中的人物不算，僅以澳洲政壇甚至世界政壇人物作為衡量標準和範圍，陸克文是我所知道的漢語能力最好的一個。聯邦大選在即，陸克文已經不耐煩了，頻頻主動出擊，儼然已經在位的澳洲總理。儘管雙方的席位之差達十六席，攜民調遠遠領先霍華德十餘個百分點餘威，進一步採取全方位主動態勢。政府在位時間十一年，選民已經喜新厭舊，要期待改換新顏。現在看來社會民主主義和自由經濟主義之間的鐘擺已經回落到前者，也許真的天時地利與人和都在陸克文一邊了。

2007年9月18日

隨談澳洲聯邦大選

上週日晚總理霍華德與反對黨領袖陸克文鏖戰一場，唇槍舌劍九十分鐘。焦點在澳洲經濟、消減稅收、工業關係、環境氣候以及伊拉克戰爭的撤軍等方面。辯論結果很快出來了，65%認為陸克文勝出，29%認為霍華德勝出，另外6%未置可否。另有評說陸克文贏得了面子，霍華德贏得了裏子（Rudd won the contest, but Howard won the substance.）。

聯邦大選的電視辯論引進澳洲有二十年的時間，其中有一半的時間是霍華德與對手的辯論。2001年的辯論霍華德輸給了工黨領袖比茲利，2004年的辯論霍華德又輸給了工黨領袖雷森，但都贏得大選。這次霍華德又輸了辯論，是否還會贏得大選？結果可能不會再像從前那樣了，命運之神不會永遠只是惠顧一方。

上屆大選，聯盟黨贏面很大，不但加大了與反對黨的議席差距，而且獲得了上院的多數，這一下執政更加可以遇阻築路馮河架橋，各項政策出臺可以暢通無阻所向披靡。初一看對手鹹魚翻身更加困難了，其實不然。此所謂物極必反，否極泰來，月盈則虧，水滿則溢。

陸克文去年末從比茲利手中接過反對黨領袖一職，民調從此傾向工黨，一路攀升。今年初的時候比茲利有一個斷言，如果聯盟黨在下一回聯邦大選中敗北，將會一蹶不振很長時間。就這個說法問了近霍華德人士，回答承認比茲利所說屬實，但是畢竟十六個席位差距，需要選民6%左右的投票方向的轉變。澳洲經濟形勢比較好，選民的滿意度比較大，不會無端改換政府。末了加了一句：當然，陸克文有機會贏。

八、九個月過去，形勢的一路發展一直對政府不利。月初的

時候一個機會再次與這位近霍華德人士談及聯邦大選，口氣發生了變化，這回不是陸克文有機會贏得大選，反過來說了，是霍華德仍然有機會贏得大選。更有一個演講會，主講人澳洲「家庭至上黨Family First Party」的史蒂夫・菲爾丁（Steve Fielding）參議員。令我感興趣的不是他的演講內容，而是跟在演講的主題下面的附帶說明：經濟自由主義和社會保守主義的衝突——陸克文政府下家庭至上黨和綠黨在參議院的權力平衡作用。大選尚未正式宣佈，就已經把聯盟黨政府從未來組閣的位置上抹去了，這是一個什麼樣的政治信號？

　　一位前工黨聯邦議員評論這次大選說，工黨會大面積贏得聯邦大選，他用了一個詞thresh, Rudd will thresh Howard。在我看來，一是他個人的感情因素希望工黨贏得大選，二是他對澳洲政治的諳熟，知道政治的潮漲潮落。

　　功成名就身退天之道，霍華德很顯然犯了大忌。已經成為澳洲歷史上在位第二長的總理了，衝破在位十六年這個紀錄毫無可能，但有創下五連勝的新紀錄有可能。就這個一念之差，繼續澳洲歷史上幾乎所有領袖不是大選失敗就是被黨內對手逼宮下臺的這一結果。名曰為了政黨利益堅持領袖地位，實際是為了個人的歷史定位和記錄擋了同伴的道，情以何堪。2006年10月的自由黨內領袖之爭，財長考斯特羅取而代之的政治機會被內部手術斷送。對手工黨改換領袖，從此改觀政治頹勢。霍華德未能看出端倪和跡象做出相應調整就勢引退，臨大選已成騎虎之勢，進退兩難。早就聽聞霍華德有號「受傷之虎wounded tiger」，他意志堅韌從不服輸，能夠臥薪嚐膽捲土重來。實在是從事政治、作為政治領袖的高素質。問：作為政治上好朋友，何不關鍵時刻提醒一下，該退時候就該退，切莫遺憾餘生悔。答：自己不在其位不謀其政，總理一旦意決不輕更正。

　　坎培拉各國外交使團已經開始向反對黨內重量級人物紛紛靠

攏，為將來政府更換做預先準備。更有風聞坎培拉一些政府議員
的辦公室人員暗中開始打點行裝自謀生路了。全球氣候變暖，澳
洲政治氣候也發生變化，霍華德在位十一年，中間游離票開始轉
向了。這不是政府做得好壞的問題，是人之常情人之常態，想換
新口味。試想一位雖然經驗老道但年屆七十的政治人物與一位才
五十歲的年富力強的政治新人誰能更獲得選民的青睞。

2007年10月23日

中國的政治和軍事對日本的影響

中日關係的歷史、淵源和現狀

中國是世界上人口最多的國家，具有悠久的歷史。中國曾經有過輝煌，但是在近代卻嚴重的落伍了。目前中國在政治上實行一黨專制獨裁，經濟上近三十年來有比較顯著的發展，已經被列為世界第4大經濟體。

日本是世界上第二大經濟體，二十世紀下半葉所取得的經濟奇蹟震驚了全世界。

中日兩國是一衣帶水的鄰邦，兩國之間的交往可以追溯將近兩千年。

日本人民是一個勤奮好學的民族，十九世紀中被西方列強強行打開國門，不久就開始了脫胎換骨的革命，經過一場明治維新，很快就在東亞崛起。

中日兩國在近代史上，留下了難以磨滅的痛苦印記。中日之間爆發了兩次戰爭，十九世紀末的日清戰爭，清朝戰敗，割地賠款。1931年始的中日戰爭，中國幾乎敗亡。由於美國被捲入戰爭，戰局發生根本性轉變。這場戰爭給中國帶來的災難是無窮的，難以彌補的；同時日本民眾也深受戰爭的痛苦，核武器對人類的直接生靈塗炭的苦果只有日本民眾飽嚐，兩顆原子彈在1945年的8月6日和9日分別投在了的廣島和長崎。

戰爭已經結束六十餘年了，戰爭的創傷隨著時間的流逝在逐漸地平復。但是歷史地記錄不會消失。忘記歷史，歷史就會重演。記住歷史不是為了記住仇恨，記住歷史是為了汲取歷史的教

訓。中日兩國人民都應該記住歷史，展望未來。

今天的中國和日本都是亞洲的重要國家。一個是人口最眾多、經濟發展最快速、政治上最專制的國家；一個是經濟發達、社會穩定、政治民主的國家。兩個國家在整個世界的國際政治格局裏都擁有者舉足輕重的作用，在亞太地區毫無疑問擁有並駕齊驅的領袖地位。

但是兩個國家之間仍然存在在很大的不同和分歧，最明顯的不同是兩個國家的政治制度的不同，最明顯的分歧就是在眾多國際事務站在不同的國際陣營之中。舉個例子，在對待中東伊朗的核計劃發展的立場上，因為日本遭受過被核攻擊的痛苦而會支持美國的對伊朗經濟制裁的立場，甚至會對美國在國際壓力無效情況下先發制人採取軍事打擊破壞伊朗的核計劃採取默認的態度。而中國在這個問題上就會態度截然相反，中國會在聯合國安理會中與俄國聯手行使否決權，使得聯合國形不成對伊朗進行制裁的決議。

由於兩國的政治制度的巨大差異就使得兩國之間不可產生真實的互相信任，只能產生兩國之間在經濟關係上的互相利用。中國的政治制度的專制性，國家決策的非民主性、非程式性、非透明性，本國民眾飽受其苦，而中國軍力發展的非透明性更會造成與周邊國家之間的相互猜疑甚至敵視。

中國軍事力量的增長

中國的武裝力量稱之為中國人民解放軍，是世界上兵員最多的一支軍隊，是中國共產黨進行絕對領導的黨軍。

隨著中國經濟實力的增長，中國軍費開支不斷增加，中國軍事力量的急劇增長，引起了周邊國家的擔心和恐懼。印度知名國防戰略分析家2008年3月6日表示，這與中國有意在今後五十年軍

力達到美、俄水平的戰略思維有關，對中國今後在軍事與外交上可能對南亞地區構成的衝擊，不能不慎重以對。

中國軍費開支急劇增長，軍事力量急劇增長，若只限於常規武器，也許不至於引起世界第一軍事強國美國和遠東的另一個經濟大國日本的擔憂和恐慌。但是非常規武器的發展，尤其是具有極大攻擊性的中遠程導彈和可以攜帶核彈頭的導彈的軍事發展，的確令美、日擔心。根據日本的經濟實力和科學技術能力，成功研製核武器應該絲毫不成問題，但是日本的戰後軍事力量的國際定位使得日本不能突破框架自行研製核武器形成對可能構成威脅的對抗。

中國自從中共建政之初，就開始探索新興科技與新興軍事，並力爭將本國軍事實力提升到世界一流水平。1964年10月16日，中國在新疆羅布泊成功試爆了第一顆原子彈，這意味著中國已經一躍成為世界核武器大國。中國首枚原子彈試爆成功，使中國成為第五個核國家。中國的核武發展以提升國際地位和核反擊能力，中國核彈數字的推測可謂人言人殊，目前中國的核力量居全球第二位。

中國在核武器問題上的表述

中國在1995年4月5日正式宣佈，做出5點承諾，第一條就是中國將任何時間任何場合不首先使用核武器，進而中國還承諾不對無核國家無核區實行核攻擊。但是中國的官式聲明真得那麼可信嗎？中國在11年前1997年的時候就簽署了聯合國《經濟、社會及文化權利國際公約》和《公民權利和政治權利國際公約》，一直到現在都沒有在所謂的最高權力機構「人大」上得到通過和批准，在現實中也一直沒有按照承諾去遵守。2005年7月14日中國中國國防大學防務學院院長朱成虎表示：「如果美國介入中共武

力攻臺，準備讓西安以東的所有城市被摧毀。當然，美國人將必須準備好數以百計，或兩百個，甚至更多的城市被中國人夷為平地。」雖然不代表中國官方正式對外發言，卻也反映了中國官方的心態和阻嚇戰略。所以對中國政府的聲明和承諾還是必須謹慎地留下一個問號。

中日軍事衝突可能性

中日兩國在軍事技術上對比，中國不見的有明顯的優勢。中國對日本存在軍事壓力是核威懾。中日之間無端產生軍事對抗和衝突的可能性不算高，可能的熱點主要是臺灣海峽兩岸的兩個政體之間政治衝突引發的軍事衝突，進一步引起美國軍事干預。如果美國軍事力量的捲入，由於日美軍事聯盟關係，再進一步將日本捲入。戰端一旦開啟，中國在常規武器和軍力方面與美軍相比一定會處於下勢，那個時候，在中國內部「超限戰」叫囂者的鼓動下，中共領導人在政權存亡的緊急關頭必將放棄中國在1995年4月5日正式宣佈的「中國將任何時間任何場合不首先使用核武器」的承諾，率先使用核武器對敵對軍事力量實行核打擊。受核打擊對象可以是美國的航空母艦，也可以是美國在日本的軍事基地。中日兩國在東海大陸架（日本稱之為中日中間線）和釣魚臺島（日本稱之為尖閣群島）的主權爭議按目前中國的經濟和軍事實力尚不至於引發兩國之間的戰爭。

如果考察一下解放軍隊自從1949年內戰結束以後到目前的五十九年中的六次對外戰爭，就可以看到這支軍隊對周邊國家的作用力和影響力了。第一次對外戰爭是五十年的時候毛澤東力排眾議強行出兵朝鮮，對手是以美國為首的聯合國軍，交戰三年，傷亡慘重。第二次對外戰爭是1962年中印邊境戰爭，第三次是越戰，第四次是1969年的中蘇邊境衝突，第五次是1974年的中越

西沙海戰，第六次是1979年中越邊境戰爭。規模都有限，歷時也很短。

　　中國這支軍隊，其中包括武警部隊，在大部分時間裏面部主要的作用是對內而不對外，對付內部的非武裝人員。在中國的文革時候曾經參與武裝械鬥，在中國的內地鎮壓不同造反派系。1989年6月曾經在中國首都北京鎮壓非武裝的北京市民和爭取民主的學生，最近在西藏拉薩鎮壓藏人。所以這支軍隊總體是上用來鎮壓內部的政治反對力量和非漢民族的獨立傾向，保護中國共產黨政權的穩定，基本上不構成對周邊國家的軍事威脅。對印度和越南的邊境戰爭也只是對交戰國進行「教訓」，而非以佔領對方國土或者與鄰國爭奪資源為目的。因此日本無需對這支軍隊表現出過度的恐慌。

　　可能引起遠東軍事衝突的區域主要是臺灣。現在國民黨已經從民進黨手中奪回了政權，馬英九當選中華民國的總統。相信臺灣新政府和新總統在今後與中國交往過程中會減少陳水扁民進黨執政時期的刺激性語言，今後海峽兩岸之間的軍事衝突的危險性也會因此降低。這樣的話，在臺灣海峽問題上美中軍事衝突的機會大為降低，那麼同理，日本被捲入戰爭的機率也降低。

中國民主化和東亞安全與穩定之展望

　　從最近幾年來中國政府對日本的外交策略來看，主要表現為：「不妥協、不對抗、不破裂」。若論中國對日本構成的潛在軍事威脅，單一地從軍事上進行對峙和抗衡不是好辦法，於事無補，解絕不了實質性的問題，更大的可能是適得其反。實際上中國可以對周邊國家或者日本構成的威脅不在於它的軍力增長，因為實際的軍費開支絕對數字要低於美國、英國和日本。但為何英、日兩國的巨大軍費開支不引起美國的的恐慌呢？美、英、日

三國的巨大軍費開支並沒有引起世界的恐慌呢？唯獨中國的軍費開支的增長會被視作中國對周邊國家包括日本的軍事威脅，原因何在？其根本是這個軍事力量背後的政治力量或者是政治制度，中國的專制政治使得它的決策非民主、不透明，它的對外行動沒有規律可循，經常不按牌理出牌，這才是西方國家以及日本對中國軍力增強擔憂的原因。那麼中國叫喊著「和平崛起」為何還引起西方和日本的懷疑呢？一個和平崛起的國家如果是一個理性的民主國家，它就不會對世界的和平與穩定構成威脅，一個所謂和平崛起的國家如果是一個非理性的非民主國家，它就會對地區和世界的和平與穩定構成潛在的威脅。如果存在「中國威脅論」，中國對鄰國的威脅不在於它的軍事強大，而在於它的政治專制，解決這個問題才是一勞永逸的。

我們回顧一下1945年第二次世界大戰結束到目前的六十多年裏，整個世界發生過許多次地區性的戰爭以及長達近半個世界的冷戰，但總體來說，基本上是一個和平的時期。在這個時期內的和平，美利堅合眾國對世界所起的安全穩定作用至關重要，以美國為首的西方民主國家在世界格局和勢力範圍劃分上基本上不採取「弱肉強食」的叢林法則，雖然美國在扮演世界警察這個角色的時候，會根據國家利益採取雙重標準對待不同國家和地區的政治事件和軍事衝突。四年前澳洲就「二十一世紀是否是中國世紀專為專題」展開討論，我被邀請就這個專題發表評論。我認為中國不具備成為世界新超級大國取代美國的世界霸主地位的基礎，中國的要建立經濟高樓的基本地基沒有形成，這個地基就是使得中國得以經濟穩定發展、社會長治久安的民主憲政制度。美國為什麼能夠用兩百多年的時間從一個美洲殖民地一躍成為世界超級強國，根本原因是他的民主憲政體制。

但是世界是變化的，美國今年的經濟出現了衰退現象，美國對伊拉克用兵帶來的負面國際形象使得美國在相當程度上丟失了

道義的制高點。任何事物都有盛衰的變化，歷史經歷過許許多多的帝國盛衰，美國也不可能永遠是單一超強，它有被取而代之的時候。不少經濟分析家認為中國將在2025年的時候可以成為世界第一經濟體，一旦經濟上進一步強盛，必然帶來的是軍事上強盛和更具有對外擴張性。如果那個時候中國依然是一個政治獨裁的國家，「和平崛起」歷史使命已經完成，那個時候的中國對周邊和世界的作用力將會是什麼呢？中國對周邊國家和世界的威脅應該在那個時候。如何消除中國對地區和世界的潛在威脅，中國古時候的軍事學家就提出過：「攻心為上，攻城為下；心戰為上，兵戰為下」。今天在中國對面的日本若以發展軍事力量來抵抗未來中國的軍事威脅，那是攻城，那是兵戰，都是下策。面對中國逆歷史的政治專制施加政治影響力，用政治化解的方式改變中國現行的政治制度，那是攻心，那是心戰，都屬於上策。如果日本以亞洲成熟民主國家的姿態在中國政治變化過程中發揮巨大的作用和影響，使中國由專制變成民主，即使美國有所衰落，即使中國有一天成為世界第一強國，它也不會再對周邊國家尤其是日本運用以往的「弱肉強食」的叢林法則而發生災難。

　　日本是亞洲的一個成熟的民主國家，在亞洲應該起到當然的領導作用，在東亞應該與同為民主國家和政體的南韓以及中華民國結成政治聯盟，向中國施加政治影響力，迫使中國在世界民主的政治潮流下進行政治轉型。中國人民進行了近百年的努力，民主只是短暫地在中國停留了一下又匆匆離去，至今還是遲遲沒有到來。現在中國民主化的最大障礙是中國共產黨的一黨專制，而日本在近二十年來的中國經濟高速發展過程裏，中日外交關係發展上日本對待中國的民主化推進的表現不算好。1989年中共政府用武力鎮壓了民主運動，中國與世界民主國家的關係全面倒退，但是日本的表現卻很不好，率先幫助中共從外交孤立中走了出來，進而又向中共提供經濟援助，經過近二十年的經濟發展，

專制的中國比原先強大了，比原先更難對付了，現在日本感覺到了威脅，內心隱隱作痛，這是自食其果。

日本政界和民間應該能正視中國民主化的問題，幫助中國人民儘早完成政治制度民主化，使得整個東亞都由民主政體主導亞洲事務。這樣的話，國際間的爭端就可以通過民主協商解決，而無需通過軍事較量解決，中日之間的外交摩擦就容易解決，不至於兵戎相見。在太平洋西岸的中國建立起民主制度，就可以完全徹底地解除中國強大軍事力量對周邊國家的威脅。政治化解是上策，軍事對抗是下策。

2008年4月20日（日本大阪）

民主人權高於奧運

澳洲雪梨「智力廣場」論壇辯論會發言

人類的文明有兩大類，物質和精神的文明。體育、奧運屬於精神文明，奧運精神可以進一步推進人類精神文明。奧運的舉辦，要求基礎建設，舉辦城市的重新規劃和重建，都能推進物質文明。

當代夏季奧運會自1896年希臘雅典首次舉辦，到今年8月的北京奧運會，這112年中共舉行二十九屆。由於兩次世界大戰，中斷過三屆。在這26次夏季奧運會中，在歐洲舉行了15次，北美舉行了5次，澳洲2次，亞洲3次，拉美1次。從奧運的歷史來看，1936年的奧運鼓勵和默許了納粹德國的發展，直接後果就是以後兩次奧運由於戰火紛飛而中斷。今天的北京奧運是世界對中共專制的默認，其後果是什麼，可以參照柏林奧運會。雖然不見得完全重複納粹德國的歷史，幫助穩固中共的專制體制、強化中共專制政權的合法性是沒有疑問的。將帶給這個世界是什麼，不是眼前就能看得到的，但是可以預見，一定是不利於整個文明世界的正常健康發展的。

中國自1978年經濟改革以來三十年的經濟發展的確使得中國的經濟有了舉世驚歎的成就，平均以9.9%的年增長率成為世界發展最快的經濟體。中國的出口和外匯儲備居世界第一，國民總產值居世界第四，外商引資在發展中國中居第一，全世界居第四。這是一個硬幣的一個面。

中國貪汙腐敗盛行，每年貪汙腐敗上的經濟損失大於整個教

育投資額,是中國政治穩定的最大威脅。中國2005年根據公安部的統計群體抗爭事件高達8萬7千起,為了政治穩定,2006和2007年就不再公佈這個數字。這也是中國社會不穩定的重要因素。中國的失業率壓力沉重,社會保障系統極不完善,也是社會不穩定的重要誘發因子。由於中共的獨裁政治下畸形經濟發展,吏治敗壞,警匪勾結,全民一致向錢看奔小康使得社會道德急劇下降。這是一個硬幣的另一個面。

中國三十年的經濟成果外靠國際資資本內靠廉價勞力。國際資本需要在中國的市場中獲得經濟利益,中共政權需要在國際資本和中國廉價勞動力結合下的經濟成果中獲得更大的政治利益,這個政治利益就是維繫中共政治統治的法統。中國的經濟如同自行車的兩個車輪,一個是國際資本,另一個是廉價的勞工,片刻不可停歇,任何一個車輪停止轉動,中國的經濟就會發生逆轉。今天的中國的經濟成就以犧牲中國普通底層民眾的基本人權為代價的中共政治權力與國際資本的勾結的結果。

從不同方面和角度看中國,從政治、經濟、社會、環境、治安、人權、言論自由和結社自由等方面全方位的分析和瞭解中國是必要的。一個失敗國家的四大特徵是:公共權力私人化,政府行為黑社會化,政治暴力普遍合法化和軍隊的私人化。中國的現狀可以滿足以上四點中的前三點,除了軍隊私人化沒有發生,其餘的都已經普遍地存在於當今中國社會現狀之中。

中共以中國的名義1993年申辦2000年奧運,沒有成功,這與當時中國剛發生不久的天安門鎮壓事件中國的人權紀錄惡劣有關。中共在中國的名義下申辦奧運,爭取體育比賽中好的名次,與推廣國民身體健康和素質關係不大,主要為其政治服務。請看,中國奧運會的金牌排名居世界第三,可是根據世界衛生組織的資料中國國民的健康衛生排名世界第88位以後。這個反差很大的比較就很能說明問題。

國際奧委會鼓勵並接受中國申辦奧運是體育的考量，中共以中國的名義申辦奧運是政治的考量。2001年再度申辦，並作出開放媒體和改善中國人權的承諾。2008年北京奧運是中共最大的形象工程。通過舉辦奧運，中共可以對外顯示三十年的經濟成就，對內顯示國際上對中共的認同。獲得奧運舉辦權就獲得了穩固中共政權的最大政治利益。

　　奧運雖然是體育盛會，奧運的精神同時也是推廣世界文明和普世價值的一個有效手段。選擇奧運舉辦城市應該有利於這個城市和國家的發展和進步，有利於世界向昌明的發展，推動人類的進步。本來中共承接奧運的時候有過承諾，現在離奧運舉行只有八十天，中共的承諾兌現了多少？新聞自由是進步了還是後退了？人權狀況是改善了還是保持原樣或者是倒退了？國際奧委會有責任去監督，也有槓桿施加影響和壓力。國際奧委會做了多少？西方民主國家的領袖們對中國的承諾有沒有通過合適的外交途徑施加有效的政治壓力呢？

　　國際奧委會通過奧運有推動世界體育的發展、推動世界精神文明的發展的功效，但是沒有洞察世界如何更有效地通過奧運走向昌明、有助於光明戰勝黑暗的政治洞察力。這與諾貝爾和平獎幾次頒發錯誤一樣，有的是善良的願望。須知有的時候通向地獄之路是由善良的願望鋪成的。所以通過奧運推動世界進步走向光明是政治家的事情。通過外交、政治和經濟槓桿把專制主義的中國和全世界引向光明大道，是西方民主陣營領袖們的道義責任。

　　面對兇殘的時候，需要道德勇氣和良知。尤其是西方民主國家的政治家表現出道德勇氣和政治洞察能力，開放社會的普通民眾對待邪惡要表現出良知。當年的英國首相張伯倫和法國總理達拉弟對納粹德國的姑息和縱容最終引來全球性的災難。

　　世界民主大國的戰略錯誤在於對蘇聯與中國的區別對待，雷

根視蘇聯為邪惡的帝國而進行殊死的鬥爭，通過星球大戰拖垮了蘇聯本來已經脆弱的經濟，而使得蘇聯在兩極競爭中失敗。而克林頓和布希將中國列為戰略夥伴和戰略競爭者。東西方意識形態和政治制度的競爭和較量遠沒有結束，以美國為首的西方陣營必須有正確的全球戰略目標和眼光，要看到二十年、三十年甚至五十年以後的變化，才能使這個世界長久穩定。蘇聯解體以後中國取代了蘇聯的地位，但是西方陣營依然停留在對付蘇聯打中國牌的時候，意識形態上早就將中國化敵為友了，中國沒有來自西方直接的政治對抗的壓力，巧妙地通過經濟上的平穩發展加固了實力和地位。中國的和平崛起完成以後對世界的危險是什麼，西方民主陣營的政治領導人要有清醒地認識。

韓國與中國有很大的不同，把專制的中國與威權的韓國同等看待，是一個很大的錯誤。當然退一步來說，國際奧委會有的是體育競技的意識，缺的是國際格局的感覺，在2001年做出了決定，把2008年夏季奧運會給了中共，我表示理解。

中國共產黨政府需要奧運，不是中國普通的大多數民眾。對於中國，急需的是政治改革，使得中國走上民主化道路，從而產生民選政府，受選民權力制約和限期的政府，一個受制約的民選政府會懂得如何處理人權問題的，到了那個時候，中國舉辦奧運的條件才真正成熟。中國的國情有能力辦奧運，但是不適合辦奧運。沒有民主就沒有人權，沒有人權的奧運是鼓勵和縱容邪惡。古時中國先賢留下名訓：饑不從猛虎食，暮不從野雀棲。渴不飲盜泉水，熱不息惡木蔭。今人應該效仿借鑒為是。民主和人權高於奧運。對於中國，正確的順序是：民主、人權、奧運。

2008年5月20日 星期二

落幕的2008年美國總統大選

　　今天，毫無疑問是一個載入史冊的歷史性日子，記載了美國社會發展的一個新的里程。一個曾經種族主義肆虐的社會，從美國黑人民權主義領袖馬丁路德・金不朽的演說「我有一個夢」到今天奧巴馬登上美國最高階政治舞臺的中心，不到半個世紀，美國社會進步之神速和昌明之伸展歎為觀止。美國之所以雄踞世界民族之林之首，所依賴的是引以為豪的民主制度，穩定高尚的清明社會，以及具有博大寬厚心胸的美國人民。

　　八年前小布希以微弱優勢甚至有點趁佛羅里達州計票的混亂入主白宮，以後在伊拉克進行了一場難以自圓其說的戰爭，戰爭啟動前沒有精確估算到一旦戰端開啟將使得美國步越戰後塵而陷進難以自拔的泥潭；戰爭啟動以後又不能在短時間內完勝而及時抽身，美國兩條戰線疲於奔命，國際聲譽急劇下滑，總統布希遭受來自各方的極其負面的攻訐，留下的局面對後來的共和黨人競選下屆總統是非常困難的政治包袱。

　　這種情形下美國總統競選的天平已經自然地倒向了民主黨一邊。希拉蕊・克林頓夫婦默契配合，很多年前就盤算了這場競選，一圓夫婦雙雙入主白宮的美夢。本來從經驗和人望兩方面來看美國選擇一位女總統的時候是到了，此時此刻出現了激情雄辯、目光如炬、具有非洲裔血統的黑馬奧巴馬。

　　奧巴馬的出現為民主黨內外不接受克林頓夫婦的政治、金融、媒體、娛樂等各界重量級人士提供了機會。為有東風勤著力，枯枝也能綠成蔭，最終成功地將希拉蕊拋棄，選擇了奧巴馬。奧巴馬本無根基，也無政績，但是可以大無畏。奧巴馬雄心勃勃，計畫宏偉，言辭鏗鏘，始於州部，以一屆參議員政績和資

歷，走入白宮，領導世界。這就是美國，什麼都是可能的。

占多數的美國選民對布希的白宮八年厭倦之極，不少少數裔的美國公民早就準備把票投給民主黨的希拉蕊，尤其是亞裔和華裔。當奧巴馬獲得黨內提名，他們如何投票開始發生極大的猶豫。在北美的關注世界政治局勢的華裔人士，大多數站在希拉蕊一邊。有一位不知道高低深淺的人士在一個內部信件往來的群體中呼籲支持奧巴馬，立刻引起反彈。可以感知，他們都不會公開發表言論，如果他們有投票權，投票的時候悄然無聲地投給本來不太喜歡的共和黨候選人麥凱恩。有一位澳洲的學人在紐約暫住兩年，遇到過四次搶劫，三次是黑人兄弟幹的事情。在美國生活多年的都有這個經驗，晚上單人行走，口袋裏最好揣上二十美元，撞大運碰上打劫的時候作為祭品貢獻，消財免災。

本來這次總統大選共和黨人麥凱恩只有坐困愁城坐以待斃的份，希拉蕊‧克林頓的失敗重新提供一絲機會，薩拉‧佩林的入圍更增添了共和黨的人氣。可是好景不長，美國經濟危機出現，發生在布希行政當局的最後歲月，這個巨浪把麥凱恩從此徹底地壓了下去。美國民眾更加堅定了不顧一切改變美國和世界的決心和意志。

臨大選前夕一天，奧巴馬外祖母去世，沒有機會親眼目睹自己的外孫經年累月的選戰到最後獲勝的一刻，這對奧巴馬來說是一個遺憾。今天奧巴馬的勝利平穩了美國社會，反之後果很難想像。接下來第四十四屆美國總統奧巴馬面對的是一個棘手難解的政治困境：兩線並舉的海外戰爭和信心失落的嚴重的衰落經濟。這不是一句「我們要求變，我們能夠變」可以了得的。

克林頓夫婦雖敗猶榮，心悅誠服地雙雙為奧巴馬登臺背書，充分地表現了一代政治人物的政治胸懷和氣度，更值得人們對他們產生可敬可佩之情。

初始時候的認知：美國社會的平時看不見偶爾露崢嶸的種族

偏見和歧視將最終左右選情。現在推盤認輸,低估了美國民眾渴
求變化的覺悟和決心,而且如此的義無反顧;也沒有預見到美國
9月份開始的經濟危機。

2008年11月5日

西方民主政治的鐘擺變化

　　當今領導世界潮流的西方民主政治總是不斷地變化，但是這種變化只是鐘擺變化，由一端擺向另一端的變化。民主世界總是這樣，大政府、小社會的傾向社會平均的社會民主主義和小政府、大社會的傾向自由競爭的保守主義。

　　由於自己生活的地域範圍和觀察體會的興趣原因，主要是觀察澳洲本地和美國的鐘擺變化，相對於歐洲和其他民主國家的關注就比較少，這容易產生認識偏差。物極必反否極泰來基本上是這個鐘擺變化的規律。根據我自己的觀察和體會在美國和澳洲，保守主義在位執政時間比較長一點，而代表左傾的社會民主主義政黨在位執政時間相對短一些。從八十年起過去的近三十年時間裏面主要是英國和美國的保守主義影響世界，儘管中間有克林頓的八年執政和布萊爾的十年執政，而且他們也都是中間偏左而已，基本還是沿襲了里根、柴契爾夫人、老布希等人國際戰略格局，在內政上與保守主義差別略微大一些。治大國如烹小鮮，是上古時候中國的治國方針和思想，它符合實際。大小布希、雷根、柴契爾等人都屬於這一類政治領導人。

　　澳洲遠離世界政治中心，戰後代表保守主義的自由黨政府長期執政達四分之一世紀之久，後來才有了七十年代工黨政府的短暫執政，以後再有了霍克、基廷工黨政府長達十三年的執政，經濟嚴重受挫。何華德代表保守主義執政了十一年，澳洲選民產生了視覺疲倦，把他趕下了臺。

　　無論是美國還是澳洲，政治鐘擺很顯然擺向了保守主義的對面，澳洲已經有陸克文工黨執政，美國也將由左派的奧巴馬執政，英國布朗本來被夾在國際左右傾向的中間好不為難，現在可

以邁開大步走自己的左傾道路了。東方不亮西方亮，美國和澳洲政治轉向了左邊，而剛大選完的南太平洋小國新西蘭卻轉向了右邊，執政十年之久的克拉克工黨政府下臺了。英國布朗工黨政府應該不出所料下一次大選要拱手讓出政權下臺，由蟄伏多年的保守黨執政。在目前格局或者框架下面的西方政治，其變化不過是鐘擺的擺動，只是擺動的幅度和頻度的差別。如果出了這個圈，世界就亂套了。

　　我們對美國和世界政治傾向的觀察都是著眼於中國未來發展。我們不妨把目光往後移到二戰結束的時候，再遠的就先放下。馬歇爾計劃在歐洲獲得了很大的成功，拯救了戰後歐洲經濟，並且捋順了歐洲自由社會秩序。但是在中國的馬歇爾計劃卻是完全的失敗，放手讓共產主義席捲全中國，進一步引發韓戰和東西方全面冷戰達四十年之久。這是誰幹的？史蒂威的小報告，馬歇爾的一廂情願，杜魯門缺乏預見，那可是民主黨行政當局內幹的好事。

　　東西方對峙時期西方並沒有必勝的信心，出於這個考慮，尼克森率先打開中美關係大門，應了丘吉爾的話，為了打敗納粹德國，在地獄中哪怕是與魔鬼結盟也在所不惜。為了戰勝蘇聯，美國這麼做了，走出國際格局棋局上二十年以後蘇聯解體、美國成為唯一世界超強的關鍵一步。這對中共政權太重要了，煢煢孑立形影相弔的時候送來了最大的安慰。在上海的一位老銀行家、陸小曼表弟吳耀南先生不禁老淚縱橫：這下完了，美國來救了中共的性命，中國老百姓不知又要等多少年才能擺脫中共的奴役和統治啊。

　　與中共建交的是卡特總統，民主黨行政當局，從1979年元旦生效。克林頓競選時候譴責國從巴格達到北京的獨裁者，當上總統以後就悄悄地把北京從譴責名單上抹去了。當然小布希也從來只說5大邪惡軸心，沒有把中國羅列在內。今天奧巴馬當選了，

今後的中國政策怎樣我們還都不知道，他對未來世界的改變是什麼，我們不知道。他所追求的變化是否能給中國走向民主帶來推助作用我們也不知道。我所知道的是他剛與澳洲總理陸克文通了10-15分鐘的話，強調加強兩國間在國際政治舞臺上的通力合作，希望澳洲幫助美國打贏阿富汗反恐戰爭，聯手對付世界性經濟危機。還有一條，借用陸克文的中國通特點，從中有利於美中關係。我們民運人士千萬不可盲目樂觀美國大選的結果，應該謹慎地觀察和應變。

中國有個成語：朝三暮四或者是朝四暮三。講的是養猴人告訴猴子們每天早晨給三顆栗子，晚上四顆。猴子們不高興了。養猴人改口說，早晨四顆，晚上三顆，猴子們歡呼雀躍。我想說的是，選民很多時候就是猴子，政客就是就是養猴人。

我們很多人聽說過這麼一回事，亞馬遜河上一隻蝴蝶的展翅可以引來阿拉斯加一片鵝毛大雪。這次美國大選的結果也可以這麼推斷。一批有錢的、好萊塢的嬉皮士大腕們，好像尋找轉世神童一樣地發現了奧巴馬，經過加工包裝隆重推出。不要質量最好的，只要價格最高的，也是相當一些人的消費心理。電影百萬英鎊的神奇效應我們都可以記憶起來，一對富豪兄弟用一張面值百萬英鎊的現鈔打賭，看這張鈔票究竟會給人帶來無盡的財富還是只是一張一文不值的「小紙片」。在我的理解和認知上，當時的亞當就有點像今天的奧巴馬。這個實驗成功了，贏家是亞當還是在後面操縱的富豪兄弟？

真正對世界構成威脅的是恐怖主義的蔓延，在他們的後院有強有力的同情和支持。巴基斯坦擁有核武器，一旦流落到恐怖主義者手中，他們一定毫不猶豫地使用。巴基斯坦的核武技術來自何方？無疑是中國，目的是為了給宿敵印度以牽制。這是世界的夢魘，如果在這些環節上出現問題，那麼世界真的如聖經啟示錄所言末日到了。

大禹治水用的是疏，其父鯀用的是堵。中國共產黨一向以堵的方式對待任何有形的政治反對力量，最嚴重的時候百萬人在天安門廣場，鄧小平照樣用軍隊和坦克把人民要求民主自由如堵決堤洪水一樣堵得嚴嚴實實。只要中國共產黨沒有看到洪水滔天堵不住的那一天，它永遠使用堵的方式。小布希毫無疑問是用的是堵的方式對付伊斯蘭極端主義和恐怖主義。並不是說堵一定不好，堵不住的時候就要考慮用疏。現在是小布希在阿富汗和伊拉克兩線作戰，沒有堵好還是根本就是堵不住的，這個問題搞清楚了嗎？我看還沒有搞清楚。如果是堵的不力，就應該加大力度堵住；如果是根本堵不住的，那就只能換成疏。其實小布希堅信可以戰勝恐怖主義，所以持之以恆，從近年的形勢來看，已經初見成效，但是肯定沒有大見成效。奧巴馬將要用疏的方式解決恐怖主義，小布希的初見成效就要因為不能持之以恆而功虧一簣，這是一。其二，有技巧和智慧可以做得到，不然就是湯恩伯花園口決堤澤國千里。

2008年11月8日

中共與西方的「人權」遊戲

　　有可能成為2012年以後中國最高領導人的習近平近日做旋風式四國訪問，最後一站澳洲。習近平此行澳洲的目的還是繼續貫徹中國政府的一貫對外方針和政策，加強更深層次的互惠互利、雙贏合作。拋開另外三個國家不論，單就澳中關係，中國政府的外交策略和手法很能夠獲得澳洲政府的贊許和認同。現任的陸克文工黨政府和前任的霍華德聯盟黨政府，都比較以務實的姿態與共產黨中國維持這種生意式的關係，進行「在商言商」商業往來，同時帶動兩國之間的其他往來互動。在中國政府方面，有一個「民主、自由、法治和人權」禁區希望西方不要衝撞。整個西方包括澳洲在內，在與中國政府交往過程中，基於貿易和國家利益的需求，基本上對中國政府的這個要求是給予滿足的。儘管西方與中國在政治制度和意識形態方面存在巨大差異甚至是對立，卻能夠非常功利地在利益面前把爭議擱置一旁，接受中國政府的「雙贏」主張而被「和諧」。這是這個世界的現實，既無法抗拒，也無法迴避。

　　我們再來看一看這位可能的、未來中國最高領導人習近平先生，論才幹和能力沒有顯示出比他的前任中共領導人毛澤東、鄧小平、江澤民和胡錦濤有高出之處。毛澤東一代梟雄從蔣介石手中奪過江山，鄧小平三起三落返回政治舞臺中心，江澤民見風使舵投機取巧獲得老人欽定，胡錦濤出生底層綿裏藏針決斷果敢，1989年3月西藏拉薩嚴厲鎮壓藏人奠定了他日後承接大位的根本。習近平得以冊立王儲靠的是什麼呢？靠的就是他姓習，是習仲勳的後代。其父習仲勳早年遭受黨內左傾路線的迫害，險些死於非命。習仲勳在1978年以後成為中國經濟改革的地方大員，其

思想開明也許就是得益於早年所遭受的政治迫害。習仲勳在中國留下了比較好的政治口碑，習近平毫無疑問因此受益，成為中國官方和民間都可以接受的未來政治領導人。

中國官方和民間都對習近平有某種期盼。中國官方對於習近平接掌未來政治權力有一種安全感，因為習近平畢竟中共元老後代，把政治權力轉移到這樣出身背景的人物手中，他們離經叛道背棄中共的可能性比起胡錦濤一類要小。中國民間對習近平沒有惡感，不是因為習近平做了什麼，說了什麼，而是他的父親習仲勳主政廣東推動經濟改革的結果。但是中國民間對政治人物的期待可謂毫無作用，民間對政治人物的遴選沒有絲毫發言權，中國政治人物的遴選，全憑中國政治利益集團在黑箱之中操作完成。

2009年2月習近平出訪南美，發表了如下這段精彩絕倫的脫稿即席演講：「有些吃飽沒事幹的外國人，對我們的事情指手劃腳。中國一不輸出革命，二不輸出飢餓和貧困，三不去折騰你們，還有什麼好說的」。顯然習近平對中國的人權狀況在世界上遭受批評很不耐煩，所以脫口而出表達了中國政府在這個問題上對西方普世價值的不妥協的立場。在中國經濟還沒有獲得世界讚歎的時候，中國政府對於西方的批評還能感覺到一點理虧而裝模作樣地聽一聽，還有掩耳盜鈴式的人權對話。今天的中國經濟比以前強大了，不順耳的話就不再耐煩聽下去了。 2008年澳洲總理陸克文先生訪問中國在北大發表了批評中國政府在西藏有嚴重的人權問題。如果這次習近平訪問澳洲的幾天裏面，陸克文總理再次當著習近平提出這個問題，可以估計不會得到禮貌的回應，是個自討沒趣地事情。也可以推斷，既然澳洲和中國是一種貿易夥伴關係，這次習近平的訪問澳洲，澳洲一如既往地保持好與中國的關係，不去做無謂的政治冒犯。

中國經濟的發展，掩蓋了它的政治上的滯後和反動。中國政治非民主而帶來的人權惡劣，苦難的承受者是生活在中國共產黨

統治下的無權無勢的民眾，與西方並無直接關係。所以西方仍然可以心安理得地與中共親善關係，保持良好的貿易往來，哪怕是與狼共舞。

但是中國還是在變化著，這個變化不是朝著中共政權更加鞏固的方向發展，而是朝著它的相反方向發展。1989年是中國社會發展的一個重要的分水嶺。在此以前，無論是中共黨內還是民間，還尚有政治民主的傾向，此後全然無存。到今天中國社會的問題和矛盾，比起1989年以前要更為嚴重。社會亂象比比皆是，在中國共產黨的強力統治下，積壓下來的社會矛盾和衝突正在逐步形成猶如火山爆發的社會能量，岩漿噴發只是一個時間問題。社會反抗此起彼伏，社會矛盾總爆發的期限越來越接近。

中共手中雖然擁有三百萬國防軍和二百萬武警，如果是冷兵器時代，中共一定已經被中國的民眾推翻過幾回了。由於時代的不同，中共只承受國內社會壓力，並不受到國際社會的政治壓力，所以暫時還能應付。西方錯誤地認為，一個專制社會只要經濟得到長足的發展，自由民主會自然到來。中國二十多年的發展和變化證明了這是一個錯誤，這是西方對中共專制的縱容。

1989年以來，西方一直以人權問題與中共進行交涉，中共也習慣了西方套路，不是動真格的。雙方都清楚，這是一個遊戲。西方批評中國的人權問題，幾乎不要求中國進行可以根本上改善人權的政治民主化，卻認同中共為維護專制獨裁而提出的社會文化和政治制度不同。這是荒唐可笑的。西方要求中共進行政治改革，中共不接受。那麼就退而求其次，不講政治制度，只講人權。所以二十年來西方和中共彼此熟悉對方，互相配合演戲做遊戲。

這次習近平訪問澳洲會做什麼，能做什麼，都無關緊要。澳中兩國政府之間的良好關係會進一步加深鞏固，在「雙贏」的策略下面，中共會成功，習近平也會滿意。但是中國民眾在中共的惡政下所發出的痛苦呻吟會加大，中國民眾的積怨所形成的火

山爆發遲早會來到。這就會印證中國文化中的一個鐵律：物極必反，否極泰來。

2010年6月18日

《趙紫陽回憶錄——改革歷程》讀後感

2009年是1989年天安門事件的二十週年，2009年早些時候，趙紫陽的回憶錄問世，為二十年前的那個事件以及趙紫陽活動於中國政治舞臺中心時期的政治作為做出了注解，為後人正確準確了解和讀解那個時期中共的政治演變提供了一個令人信服的第一手史實。

中國共產黨1949年建立政權以後的六十年中，具有開明政治作派的最高領導人為鄧小平、胡耀邦和趙紫陽三人。但是鄧小平的開明更確切地說是一種實用主義，在經濟上放鬆，政治上卻依然強硬。根據剛進行的中共六十週年國慶大典上的排序，華國鋒、胡耀邦和趙紫陽被從中共建政之後政治權力最高人物的歷史記載中不留痕跡地抹得一乾二淨。也就是說，華國鋒的短暫時期被鄧小平的強勢完全遮蔽，而胡、趙時期則是晚清同治、光緒二帝晦色於西太后「垂簾聽政」的翻版。雖然如此，胡耀邦和趙紫陽二位總書記時期的政治局面對中國所產生的作用和影響仍然不可小覷。

普遍認為，鄧小平在毛澤東死後復出，迫於國力式微，開始了完全抄襲清末西太后的洋務運動的經濟改革。雖然鄧小平也提出了政治改革的主張，但是，鄧小平的政治改革所要達到的政治目標完全不同於西方的三權分立式的民主憲政，鄧小平的政治改革為了強化中國共產黨的一黨專制而做的結構調整。趙紫陽的回憶錄證實了這一點。

回憶錄通篇可見趙對鄧的個人情感，一片知遇之心。趙視己為共產黨人，跳不出共產黨的思維框架，只能在共產黨的政治思維模式中發展演變。胡的下臺改變中國改革路線的主導地位形

勢，使左派佔據了有利的位置，埋下了1989年趙走麥城的伏筆。本來胡主導意識形態，是開放的；趙主導經濟發展，也是開放的。胡的倒臺，由趙接替胡，原來趙的部分由李鵬接替，中國政治經濟形勢由此發生變化，最終導致了左派的全面反攻倒算，鄧無可奈何地在左派壓力下用武力鎮壓學運，將趙罷黜，中國政治改革從此被堵，政局從此逆轉。

根據回憶錄可以看出，趙紫陽處處以鄧小平馬首是瞻，考慮的是鄧小平的個人情感，卻無法考慮歷史關頭民眾的福祉。鄧與趙的角力鄧明白底線在何處，趙不知道。趙習慣於「垂簾聽政」的政治思維，卻不能跳出中共黨文化的局限，走出一個新的天地。毫無疑問，中國的「八九」經驗和教訓催生了蘇東波的成功。如果蘇東波發生在中國八九民運之前，中國的「八九」歷史也可改寫。在無歷史先例援引的情況下，趙紫陽是誠實的，墨守成規的，這就註定了趙只是一位有良知的政治悲劇人物，卻成不了繼往開來、扭轉乾坤的偉人政治家。趙紫陽的優柔寡斷導致了中國政治改革滯後至少四分之一世紀。

下令強行清場軍事鎮壓的命令究竟何人下達，時到今日仍然未敢公佈。是鄧小平，是李鵬還是其他何人？這個共和國護國公的殊榮至今無人敢認領，可見這些中共政治人物是明白將來歷史會給他們什麼樣史評的，絕對上不了歷史的凌煙閣，只能上歷史的恥辱柱。

趙紫陽在這種陰謀政治中只能是一敗塗地。趙紫陽缺乏政治家的政治謀略，根本不是政治經驗老道的鄧小平的對手。趙紫陽連的基本的政治韜略都不具備，相比較他的後任江澤民和胡錦濤，趙明顯的弱。

在中國政治上，皇帝一旦被罷黜是被砍頭的，中共專制體制下趙紫陽被限制人身自由是相對君主帝制是一個進步。其實限制人身自由是必然的，趙對此有怨言說明他對人類所有組織的奧

秘所在的無知，如張學良不管他自認為發動「西安事變」多麼正確，蔣介石之後長期軟禁張必有其政治組織的倫理在，所以對政治組織倫理無知的趙當年與鄧較量敗北也是必然結果。至今為他辯護的人（包括令人尊敬的鮑彤先生）也不懂得這一點。根據趙紫陽的回憶錄，中共沒有走西方民主道路的意願，儘管中共一再提出要進行政治改革，是改變中共的執政方式，但不改變中共的執政地位。在起草十三大報告的時候，鄧小平一再提醒趙紫陽不要受西方三權分立的影響，甚至說連三權分立的任何一點痕跡報告上也不能有。中共的政治體制改革，實際上是行政改革，如精簡機構、精簡人員、克服官僚主義、提高效率等，沒有涉及政治制度本質的問題。

趙紫陽產生中國需要進行政治改革走西方式民主化道路的想法還是在他被軟禁以後有了大量空餘時間的時候的想法，當年會見前蘇聯領導人戈巴契夫的時候還沒有這個想法，故說明戈巴契夫在他的回憶錄裏面提到趙紫陽有這個想法是一個誤解。那麼以後的中共領導人江澤民和胡錦濤也都唱的是1980年代相同的政治調子，中共不會進行三權分立具有實際意義的民主憲政改革。

趙還考慮過把中國其他花瓶黨轉變成共產黨領導的多黨合作和政治協商制度，以通過民主黨派的形式實現他們的政治參與與願望，實際上是從共產黨那裏分一點權，使共產黨不致全面壟斷權力。但不能對共產黨的執政地位形成挑戰。無論是西方還是中共的體制外，都翹首盼望中共進行政治改革，而且相信中共會進行政治改革。根據趙紫陽回憶錄的陳述和解析，人們應該徹底死心了，這種良好的願望其實是一廂情願。即使中共不斷地提出政治改革的口號，也是中共特色的政治改革，與走西方憲政民主道路風馬牛不相及。

中國有過政治意義的政治改革走憲政民主道路的機會，就是鄧小平「垂簾聽政」的胡、趙主政時期得以延續，如果胡和趙都

有一點政治韜略，耐心等待鄧小平退出政治舞臺，他們可能會有意願走民主化道路。如前文所提到的，如果「蘇東波」發生在中國八九民運之前，中國的「八九」歷史也可改寫。所以有學者發出「上帝對中國不公」的哀歎。

趙紫陽毫無疑問是一位具有良知和道義的政治領袖，但是絕對不是一位在歷史轉捩點上可以決定乾坤的政治偉人。看到過這麼一段介紹趙紫陽的往事，文革中，趙紫陽受到衝擊，趙紫陽非常詼諧地把省委圖章如數交給了造反派，心平氣靜地被打倒靠邊站，趙紫陽的真誠配合也使得趙紫陽在文革沒有承受到比較多的苦。由此可以看出，遇到衝突的時候，趙紫陽是非常具有妥協精神的，而且可以隨遇而安。但是趙紫陽能夠在困境中嚴守人性和良知的一條最後底線，寧願承受政治打擊和迫害，也絕不違心。趙紫陽的忍讓軟弱性格決定了他以後十六年的軟禁生活，再次證明了性格決定命運。

根據趙紫陽的回憶錄，不禁引申出這樣的思考，在歷史的關鍵時刻，前蘇聯領導人與中國領導人趙紫陽的不同表現決定了兩個國家的命運和走向。面對軍隊武裝，葉利欽面無懼色，發表了激動人心的演說，極大的鼓舞和凝聚了俄羅斯民眾的民心。軍人在民眾的示威面前動搖了，懼怕了，最終潰散了。而北京天安門前百萬民眾，與進入北京的野戰軍形成僵持有時日，在如此重大的政治危機和歷史轉機的時刻，中國就缺乏一位有眼光、有勇氣、有決斷的政治人物，登高一呼，整個政治格局也許發生根本性扭轉。趙紫陽是最具有這個權勢的政治人物，但是他沒有這麼做，一是沒有勇氣，二是沒有意識。

蘇聯變化是十月革命以後七十年，當政者與打江山沒有關係，因而戈巴契夫所遇的政治阻力相對來說比較小。而中國的八九民運時候，一大批打江山的將帥仍然健在，胡、趙所面臨的保守勢力依然十分強大。

俄羅斯人有政治勇氣，中國人沒有，這就決定了歷史轉捩點上兩個不同民族自甘認受的不同的命運。而蘇聯八十年代初連喪三元，為戈巴契夫鋪平了道路，掃清了政治路障，加上他的銳意革新的思維，最終葬送了共產主義。就握有政治權力來說，戈巴契夫是一位失敗者，但是他懂得人類普世價值，捲旗繳槍結束冷戰，從而推動世界和平和進步，是共產主義世界中無人可以比擬的。

　　胡、趙沒有戈巴契夫的運勢，鄧小平活得太長了。鄧小平的十年壽命折損了全中國老百姓至少二十五年的福祉。同樣是劇烈政治衝突，葉利欽跳上坦克鼓勵人民，趙紫陽充其量現身天安門廣場說一聲：「我來晚了，我老了，無所謂了」。不在沈默中爆發，便在沈默中死亡。葉利欽選擇了前者，趙紫陽選擇了後者。

　　不食髓不知味，民主是何物？中國百姓要否？有點令人困惑。中國人有惰性，不少人知道民主是好東西，也想要。但希望少出力，不出力更好，能吃免費午餐那就最好。這也許是至今中國民間尚不能形成要求民主政治改革的巨大動力的原因吧。

2009年9月

聽胡錦濤講，隨共產黨想

今天中共掌握著世界最大人口的國家，經濟總量排世界第二，西方經濟學家馬丁・賈克語出驚人，預言到2025年，中國經濟將與美國相等，而到2050年的時候，中國經濟將是美國經濟的一倍。對於這樣的歌德之音，中國領導人當然樂滋滋的。一個網上的匿名帖子搞什麼茉莉花散步，就希望中國領導人拱手交出權力，改弦更張走民主化道路，實在是匪夷所思，天真爛漫。中共一是手上握有強大的經濟實力，連的包括美國在內整個西方都不得不謹慎對待甚至俯首稱臣，二是手中的國家機器早就與時俱進更加有效更加先進，根本不是北非突尼斯、埃及等所能相比，對付一盤散沙神經麻木的中國民眾來說，實在是張飛吃豆芽，小菜一碟。

最近中共高層就當前國內外形勢進行了一次會議，總書記胡錦濤發表了一個語重心長的講話，據傳是這麼說的：

> 我胡錦濤，作為中國共產黨的總書記，承擔著歷史重責，要維護我黨所創下的紅色江山千秋萬代，直到永遠。我莊重地向全世界表明我黨的主張，可見我們的開誠佈公，同時也斷了有覬覦之心人的雜念。我黨擁有黨員七千萬，比起大多數歐洲國家的一國人口還多。我黨是強大的，我黨基本上也是團結一致對外的。自從1989年事件以來，我黨從來沒有鬆懈過，什麼茉莉花、紫金花的，我共產黨這裏都時刻準備著嚴陣以待。
>
> 我看清楚了國際上不會對我們有大的麻煩，美國根本就是從骨子裏害怕跟我們發生衝突，因為我們懂這個道

理，「橫的怕愣的，愣的怕不要命的」，而美國和西方不懂。現在中國經濟走勢比較好，整個世界的經濟復甦都期待著我們中國，我們已經成了世界經濟的火車頭，連西方的經濟學家都認為，不出多少年，我們就成為世界第一。我們國際地位越來越高，世界各國都惦記著我們的廣袤無邊的巨大市場，都想跟我們做買賣，憑什麼我們放棄手中的權力和利益，中斷我們共產黨的偉大事業。

不想想看，如果中國真像中東一樣，我們社會主義的經濟建設就會中斷，人民生活穩步提高的願望就會落空。更為重要的事，我們一定會面臨中國暴民的秋後算帳，我們的身家性命和子孫後代的幸福就要淪喪。更何況，這是引一髮動全身的事情，就我胡錦濤一家還好說，我為中國人民犧牲一下自己也可以，可是我們這個黨的七千萬黨員都不會答應，他們都不想這麼做，我也無能為力。如果結局真像穆巴拉克一樣，這個可怕局面是太不可接受的。看到穆巴拉克的今天，我們要預想我們的明天，所以我們只能採取果斷措施，將任何動亂苗子掐死在襁褓之中，消滅在萌芽狀態。

中國邊緣化百姓的疾苦是一個事情，但算不得什麼，我們已經提倡「和諧社會」這麼多年了，只要沿海城市的市民不反對就可以了，他們已經成了我們權力基礎的穩定部分，犧牲大多數如同牲口般的百姓利益又有何妨。現在我們面對的課題是，對於任何政治上風吹草動，都要嚴加防範，能抓就抓，能關就關。抓了艾未未又怎麼了，國際上的批評只當是蒼蠅嗡嗡，不用在乎，叫幾聲就飛走了。老百姓也老實踏實，沒有人知道是怎麼回事，幾個藝術家猶抱琵琶半遮臉地想搞個什麼活動，把它瓦解了就是了。趙連海也踏實了，給點蠅頭小利都會就範。錢雲會厲害，

軟硬不吃，就把他滅了，又咋地。也不是網絡虛擬世界裏面咋呼幾聲，過幾天就煙消雲散。中國老百姓就是這個德性，控制嚴密了，他們就是順民；稍一放鬆，他們就成了刁民；再有一個政治上風吹草動，他們就成了暴民。他們沒有能力和意識由刁民轉變成公民，如果中國百姓能夠有這個變化，我們放鬆一些也沒有大關係，我們不會被秋後算帳，我們不上斷頭臺，我們的財產不被充公和沒收，我們的子孫後代可以在海外過著悠閒的寓公生活。當然我們也不會開這個口了去創造中國公民社會。魯迅分析得很到位，中國有的是華老栓，過去是這樣，現在是這樣，將來還是這樣。要不然，怎麼大清辮子進北京了，夾道歡迎；日本人進東北了，東三省人民歡迎；中央軍回南京了，南京人民歡迎；我們共產黨進北平了，北平老百姓也一樣歡迎。誰是贏家就歡迎誰，這是中國人。茉莉花香飄進了中國，但飄不進中國老百姓的心裏，中國老百姓關心的是他們眼前的利益，滿足了就沒事了，這個容易對付，外匯儲備這麼大，掌一點出來擺平一下，分一小杯羹給他們就可以了。

再看看海外那幾個老跟我們共產黨過不去的，不就小貓三五隻。橫看，從北美到歐洲；豎看，從日本到大洋洲；這些人湊在一起還不足一個連，連根上吊繩都買不起，他們開所謂民運會議的時候，還是我們暗中派人過去幫他們撐場子湊人數，還想跟我們共產黨較勁，這不是螳臂擋車不自量嗎。我們從上海特科起就訓練成的情智能力，在三年解放戰爭中打敗國民黨起了重大作用。過去二十年來我們繼續使用這種戰略戰術而讓這些組織和團體渙散了，很多年以前我們對他們的評定就是「不成氣候，不足為慮」。那些想動真格的，王炳章和彭明之類，他們

早就自動送上門在這裏乖乖地服刑。那些只說不練的，我們就讓他們在海外發發牢騷，反正無關痛癢。沒了他們，巨大開支養著的國安和國保的就得失業，在歷史上崇禎皇帝精簡機構把在驛站工作的李自成給精簡了，後來鬧成了李闖王進北京把崇禎逼死在煤山上。這個歷史經驗我們要記取。我們希望他們「政治運動非組織化，組織活動非政治化」，他們也真聽話，就按著我們意思去辦了。沒有一個組織可以像模像樣成形的，只能在海外通過網絡發發帖子，派不出一兵一卒進入前線指揮中國老百姓追隨著他們鬧事。

他們還幻想著西方美國幫幫他們，實際上美國是不會幫他們的。當年二次大戰的盟友蔣介石美國都不幫，讓我們共產黨撿了一個便宜。還真多虧了杜魯門總統的糊塗和費正清、謝斯偉、戴維斯等人的從中幫忙，幫我們摧枯拉朽地把蔣介石趕到海島上去了，更不用說現在。從尼克森起，福特、卡特、里根、老布希、克林頓、小布希到現在奧巴馬，幾乎沒有一位美國總統是有意跟我們作對的。即便是有作對的言論的，都是在他還沒有當選的時候，一旦當選了，他們個個都會修正他們的競選時候反華言論的。具體拿出錢財來支持全球所謂民主和自由的美國國家民主基金會，也不會對這些三五隻小貓支持的，因為他們還分不清哪隻貓會抓老鼠，哪隻貓只會曬太陽而不會抓老鼠的。美國不說話了，其他西方國家就更不會說話了。對於這一塊，我們基本可以高枕無憂。

本來已經向英國訂購了巡洋艦，就是打臺灣用的，蔣介石也已經做好了到菲律賓組建流亡政府的準備。要不是金日成操之過急，一定要搶在我們前面先統一全朝鮮，弄醒了沉睡的杜魯門，第七艦隊進入臺灣海峽，我們共產

黨早就打過臺灣海峽全境解放了金馬澎湖列島，就沒有以後蔣經國、李登輝、陳水扁和今天的馬英九什麼事了，臺灣老百姓也都會老老實實地在我們共產黨的一統江山底下。還好，現在臺灣領導人馬英九很合作，對我們這裏的事情基本上不發表冒犯性的言論，更不會幫忙小貓三五隻所謂的民運分子來顛覆我們共產黨的江山，有的時候他被迫無奈做一些支持民主和自由的表態，我們要理解他的難處。我們要在經濟上幫助馬英九，使他在臺灣得到更多的支持，爭取2012年的連任，到那個時候，我們再與他討論兩岸和平統一的事情，估計馬英九會願意，到時候我們兩岸可以共享一次諾貝爾和平獎。所以也不用擔心臺灣會對我們這裏的茉莉花有什麼不利的反應。臺灣綠營更不用擔心，他們的眼睛只盯著2012的總統大選，他們對中國大陸沒有多大的興趣，用他們自己的話講，就是「他們（中國人）的事情不用多管，我們只要做好我們自己的事情」。

香港已經回歸了十四年，港人由於殖民地的原因，政治意識不強。中央這麼些年來給了很多優惠條件，前不久還敦促曾蔭權發錢給港人，有效地平息了年輕港人的煩躁心理，也把紫金花的事情安撫了下去。儘管香港在支聯會的領導下每年都有天安門事件的紀念活動，有十好幾萬人港人在維園點蠟燭。已經連續二十多年了，他們從不與時俱進，他們的口號一直不變，只要求我們平反六四，而沒有進一步的政治要求。這樣也好，二十年來，我們也就與香港支聯會形成了一個心照不宣的默契，他們要求平反六四，可是決定平反六四的是我們共產黨。我們是不可以平反六四的，平反六四也就意味著我們的紅色江山不再。香港人很明白，不再往下要求。我們與他們之間也就相安無事，他們說他們的，我們做我們的，井水不犯河水，周

瑜打黃蓋，願打願挨。香港立法會的選舉，是一個麻煩，他們如果往前進的話，總有一天整個香港會從部分選舉變成全部選舉，包括特首。這就麻煩大了。捨不得孩子套不著狼，中央做出了犧牲，擴大了一些選舉範圍，泛民主派為此吵個不休，這反而對我們有利。他們內部自己打起來了，就不會步調一致地做出不利於我們中央政府的事情了。不過香港還是絕不可以掉以輕心，支聯會的六四紀念不再對中央構成威脅，而且中央早就習慣了，但是一群街頭上鬧事的要注意觀察，尤其是香港社民聯線的，別看他們偏激，而且人數有限，對香港民眾的動員能力也比不上支聯會。但是他們愛鬧事，特別是那個領頭的在立法會都不守規矩讓董建華和曾蔭權揪心的，他們鬧起事來，一旦有所得逞，就會得寸進尺得隴望蜀，就有可能一發不可收拾了。所我們要警鐘長鳴，不可掉以輕心。

這些年來我們軍費上升很快，引起了西方和周邊國家的疑慮和恐慌，這就說明了他們對我們中國國情的瞭解基本上還是無知的。三年前，部隊的工資長一倍，最近又長了很高百分比，這些主要是用來提高官兵生活水準的，更重要的是提高軍人對黨和國家的向心力，在我這裏出事的時候可以聽命驅馳。西方就是不懂，我們每年花費的維穩費要高於軍費，為何？不就是提前預防禍起蕭牆嗎。我們內憂遠遠大於外患，我們好像正在與中國老百姓進行一場戰爭。說實在，茉莉花在老百姓心中作用不大，如果茉莉花開在軍人心中，那就要出大事了。我們應該看清，中國軍人中有的是野心家，歷史上一貫如此，一旦給了他們介入政治的機會，亡黨就在眼前了。過去兩個月來，我們有效地控制了局面，防患於未然，投入大量的警力。尤其是武警，消防工作做得很扎實，有效地撲滅所有可能發生的

火苗。預防要比治療有效，我們做到了。我們要繼續這麼做，哪裡出現火星，消防隊般的武警就衝向哪裡。可以預見，如果我們的防範工作出現漏洞，武警不能及時地驅散受茉莉花蠱惑的散步民眾，就會馬上擴展開來，這樣就勢必將軍人捲入維持秩序。到了這一步，那就太危險了。如果軍中出現了野心家，學習埃及軍人，以「不向人民開槍」作為幌子，坐視老百姓鬧事，到那一步，就一切都晚了。

因此，我們必須保持清醒的頭腦，我們並不是沒有軟肋，我們哪怕是力大無比的大力神，我們還是有腳後跟的。千里長堤毀於蟻穴，我們一定要謹小慎微，防微杜漸。我們必須同舟共濟，挺過現階段中東政治變化，不能出事。不然以我們幾百萬拋頭顱灑熱血共產黨人生命換來的紅色江山就會毀於一旦，如果他們地下有知，我們將無法面對的，尤其是毛主席和小平同志。同志們，讓我們團結一致，共同努力，再打勝一場共和國的保衛戰。

根據胡錦濤的講話和精神，中共中央正在一致齊心地緊鑼密鼓地進行這一輪的戰略部署。

2011年4月22日

要挪威道歉，是發威還是發昏？

晚上跟一群朋友聚會聊天，朋友進書房上網看了一點新聞，從書房出來，帶來一條消息：中國政府要求挪威就劉曉波獲得諾貝爾和平獎道歉。開什麼玩笑，都已經過去了半年多了，還提這個事情，這不是明擺著自找沒趣和麻煩，這消息是真的還是假的。朋友進而說道，如果挪威不道歉，所有經貿關係和在中國投資都要被切斷。誰這麼說的？是外交部發言人還是駐挪威大使？朋友回答是駐挪威大使。

這太好了，說明中國國力強大了，力氣大了，口氣更大了。這真像庚子年慈禧太后堅定勇敢地向全世界莊嚴宣告，向英國開戰、向法國開戰、向米國開戰、向俄國開戰、向日本開戰，向所有膽敢藐視我大清的國家開戰。中國人終於吐出一口鳥氣。再一想，不會吧，中國領導人很聰明的，很能總結歷史經驗和吸取歷史教訓的。一個諾貝爾和平獎又有什麼大不了的呢？過個半年一年不就大家都忘了嗎，中國老百姓不太在乎誰得獎得什麼獎。

為了證實這條新聞的真實性，上網查看了，中英文網站上都有，是真的。

是唐大使自作主張嚇唬一下挪威政府吧，就像朱成虎將軍豪邁地叫出不惜犧牲中國西安以東所有人口和設施也要炸毀美國西海岸的時代強音，都屬於個人意見，不代表中國政府的立場。不同的是，朱將軍是對空發表言論，唐大使是正式場合發表言論向挪威政府提出警告。這個區別有點像中國兩個跳高運動員破世界紀錄，一個是倪志欽的成績，在非正式的訓練中跳出；一個是朱建華的成績，在全運會上跳出。唐大使的義正詞嚴可以是代表了中國政府，不然再借給他一個膽子也不敢胡言亂語。經過這麼

一個小小的彎彎繞，可以確定是胡錦濤的意思。

挪威一個北歐小國，人口不到五百萬，國民生活水平很高，屬於全世界最富有國家之一。國家雖小，但是影響力的卻不算很小，尤其那個煩人的諾貝爾和平獎，總是給世界上意識形態跟她不同的專制獨裁國家帶來一些煩惱，這次就把中國惱得不小。中國一向貧窮，這些年由於美國為首的西方國家領導人的政治弱智和見錢眼開的貪婪心態給中國提供不可多得的經濟發展機會，現在中國精英階層口袋裏的錢是鼓起來了，開始懂得使用經濟槓桿警告那些不聽話的西方小國，比如現在的挪威。

海派清口段子裏一句話很經典，凡事不能過，一過就錯，這就是過錯。唐大使代表胡錦濤向挪威要求道歉就是一個過錯。挪威政府會道歉嗎，門都沒有。挪威是個富裕小國，他的經濟富裕並不依賴與中國的貿易。本來中國沒有發達的時候，挪威就是富國，大不了再回到中國沒有發展起來的以前。本來在諾貝爾和平獎宣佈以前，也就是去年10月初亞格蘭在紐約的時候，挪威外長轉告他中國對將要頒發的和平獎很在乎，希望換個國家的被提名人，亞格蘭一聽就光火了，回到挪威跟委員會的其他成員通報了這個事情，而且這個獎頒發給劉曉波頒定了。

諾貝爾和平獎委員會無視挪威政府的影響，頂住了中國政府的壓力，堅決地把獎發給了劉曉波不能出席的空椅了，這還倒得回去嗎？時光一逝永不回，往事只能回味。而且，雖然整個西方在中國人權和民主的問題上表現得比較縮頭烏龜，但是在諾貝爾和平獎頒發給劉曉波時候都表現出了極大的認同和支持，奧巴馬發了聲音，臺灣的馬英九也發了聲音。

現在中國向挪威施加壓力，就等於是跟西方叫板。輕輕地跟挪威說一下，你太讓我們丟面子了，這回算了，以後不要這麼幹。好傢伙，寧靜的黑夜一聲巨吼，把熟睡的西方給弄醒了。本來西方已經被中國用金錢誘惑地不知道東南西北四分五裂的，這

下好，等於提醒西方聯合起來一起對付咄咄逼人的中國。論實力，中國經濟雖然世界老二，但總量不到全球百分之十。西方經濟雖然走下坡，總量占全球百分之六十五到七十之間。兩邊相撞起來，中國沒法贏，實力相差太大。本來他們各自為政，為了賺取中國錢，一個勁地向中國叩頭作揖。中國聰明的話，就應該保持西方被分化瓦解的狀態，中國才可以從中遊刃有餘。一旦他們驚醒過來聯合起來對付中國，那胡錦濤和下一個習核心還能過得安穩？太得不償失了，為淵驅魚，為叢驅雀，真為小胡扼腕痛惜。前幾天賓拉登被幹掉，美國可以騰出手來對付下一個對手，這個時候不學好孫臏騙龐涓裝瘋賣傻躲過風頭還來不及，還迎上去撞槍口。當年西太后雖然果敢，向多國宣戰，結果卻是很壞的，自己被逼著逃出京城不算，還讓頤和園讓鬼子給燒了一把。哪個奸佞之人給出了這麼一個餿主意，小胡應該當機立斷，揮起斬馬劍，先斷佞人頭。

2011年5月6日

致美國總統奧巴馬

尊敬的美利堅合眾國總統奧巴馬先生：

首先我們預祝您歷史性首訪澳洲獲得圓滿成功。

美國毫無疑義仍然是世界首強，儘管自2007年以來一直遭受經濟衰退的拖累。

值得慶幸的是，您還在一個舉世矚目的重要位置上，具有領導世界邁向美好的政治位勢。所以我們期待著您充分使用手中的權柄做出影響全球、光照千秋的劃時代巨變的偉大創舉。

君不見世界的變化已經開始，就從阿拉伯之春開始，蕩滌世界殘存的獨裁專制。

總統先生，以在下之見，阿拉伯之春是應該得到您和西方世界進一步支持和推進的。在遠東，獨裁專制的中共正神情緊張地注視著這場社會制度的變革。中共專制獨裁繼續阻礙著世界的文明與進步，它阻礙著中華民族的發展與進步，阻礙著十三億中國人民獲得民主與自由，它克持緬甸軍政府對內實行軍事獨裁，豢養著北韓金正日對東亞和世界的穩定構成威脅。

冷戰結束了，以美國為首的西方是贏家。但是冷戰的結束並非意味著東西方之間的意識形態的對抗也隨之結束，而西方卻迫不及待地刀槍入庫馬放南山了。

1989年以後的中共面臨嚴重的國際孤立，國內經濟疲軟。但是這個時候卻獲得了當時的美國總統老布希施以援手，以後又得到了克林頓總統將經貿與人權脫鉤的對華政策，中共迅速走出孤立，經濟開始起飛。中共的棋盤走活了。以美國為首的西方資本與中共的政治權力進行了結合，打造了一個新型的中共專制帝國。我們認為這是上個世紀三十年代的歐洲綏靖主義在當代的重演。

自從尼克森總統以降，美國基本上採取無條件接觸交往共產中國的策略，這是一個很大的戰略錯誤。這項政策給了中共巨大的支持，給予中共韜光養晦發展壯大的機會，現在越發顯得西方難以應付。您是否根據現實採取新的對中共策略，這樣也可以有助於中國人民實現民主和自由。

中共正面臨著巨大的國內壓力和難以解決矛盾和問題，無所不用其極來維持政權。而中國人民也急切地需要民主和自由。這個時候的西方卻表現得更加願意與中共進行交易。無疑西方領導人的這種做法是短視狹隘的，這將最終損害全世界進步與發展，我們希望您不位列其中。

與此同時，中共正暗中加緊在政治、經濟和軍事等方面追趕美國。而美國過去四十年來的對中共政策沒有能夠推進中國邁向民主和自由，現在是到了重新審視的時候了。在歷史的轉擇點上，我們再次呼籲美國有正確的政治抉擇。

上個月，全世界目睹了安理會一幕，中俄聯手否決了關於制裁敘利亞的決議案，暫時有效地阻止了阿拉伯之春在中東地區的蔓延。很顯然，中俄此舉不代表正義，西方不應對此熟視無睹，您也應該對此了然於心吧。

全世界蘇聯問題的專家和學者都沒有能夠預見到蘇聯帝國的崩潰，這個事件在今天來看，還是一個教訓。當今的中國，天災人禍不斷，環境污染世界之最，人心道德潰散，存在的嚴重的危機。整個中國如同一個沒有排氣閥的高壓鍋，隨時都有爆炸的可能。這樣的危機，同時也是轉機，中國政治大變的歷史時刻就在不遠的將來。

美國作為西方民主社會的主要大國，您作為這個大國的總統，您具有這個歷史機會，您也有這個道義責任面對這些挑戰和困擾，來改變這個世界，使這個世界變得更加美好，誠如您在總統競選時候所豪邁地表示那樣「Yes, We Can.」。用我們的語言就

是「我說行就是行，不行也行」。那麼現在就是時候了，您可以
展現您的勇氣和智慧，展現美利堅合眾國對世界的領導能力。

中國發生政治變革，產生一個民主的政府，不僅可以讓十三
億中國人民享受民主和自由，同時還可以解決西藏問題、催化解
決緬甸軍政府問題和瓦解北韓金家王朝，它還可以平穩臺灣海峽局
勢等諸多國際爭端和問題。

您的手已經放在了歷史航船的舵輪上，可以調撥世界歷史進
程的航向。我們對您深表期望。

再次祝您澳洲之行順利、成功。

秦晉

謹代表中國民運團體聯合工作委員

2011年11月14日

美國總統奧巴馬訪問澳洲，藉此機會向他致函，對奧巴馬
總統寄予某種期盼，希望奧巴馬總統充分利用手中的權柄和所具
有的政治位勢，做出影響全球、光照千秋的劃時代巨變的偉大創
舉。此函於11月14日郵寄給美國駐澳洲大使Jeffrey L. Bleich，
希望通過美國駐澳洲大使轉給到訪澳洲的美國總統奧巴馬。兩個
星期後收到大使秘書的回覆，說是信件已經轉呈給了總統身邊的
幕僚，幕僚是看了還是扔進廢紙簍只有天知道。

敘利亞議案上中西較勁

去年10月4日，聯合國安理會關於敘利亞決議案被俄中兩國聯手否決。時隔四個月，1月4日，敘利亞議案再次提出，聯合國安理會十五國對此進行表決。十三國支持通過決議案，對敘利亞阿薩德政權進行制裁，俄中兩國反對，使得決議案第二次被否決。

消息一出，舉世震驚。俄、中立刻成為眾矢之的，飽受譴責。敘利亞人民說，對決議案的否決，等同於發給阿薩德政權對敘利亞人民進行屠戮的「證書」。法國外長向俄、中不點名地發出警告，「繼續在敘利亞問題上採取阻撓態度和立場的國家必將承擔嚴重的歷史性後果」。美國駐聯合國代表萊斯質問中國代表劉保東，「為什麼投反對票」？（有照為證，萊斯咄咄逼人，劉保東一臉茫然。

俄羅斯自普京從葉利欽手裏接棒，俄羅斯就開始了民主政治逆向發展。是否回歸到前蘇聯時代，就看俄國人自己的意願了。他們願意把普京再度送回克里姆林宮，普京可以用再一次的總統任期，把俄羅斯再拉近蘇聯解體前的政治時代。俄國人手中有選票，完全可以自己做選擇。

筆者認為這次中國做的與四個月前一樣。中國政府很清楚，這是政治零和博弈，一著錯，滿盤輸。事情看似發生在離中國遙遠的中東，阿拉伯之春的波浪的餘波對中共堤壩的衝擊力還是不小，這一點以胡錦濤為核心的中共中央還是看得很準。不否決敘伊亞決議，等於鼓勵中國民眾效仿阿拉伯之春，向自己提出政治訴求，每年十好幾萬起的中國民眾的群體維權抗爭事件已經令中國政府窮於應付，拿出高於國防軍費的開支著手處理。這個時

候，中國政府絕對不會搬起這塊石頭砸向自己的腳去讓決議案通過的。兔死狐悲，物傷其類。眼看著中東地區的獨裁政權一個一個地倒臺，昨天倒了突尼斯、埃及、利比亞，今天倒了敘利亞，明天再倒了葉門、巴林，整個中東地區的獨裁政權相繼淪陷，與之為伍的中國政府可就真的煢煢孑立形影相弔了。

再說了，1989年的時候，中國政府也是這樣對待自己的學子和民眾的。敘利亞阿薩德、利比亞卡紮菲，都是北京的學生，哪有學生按照老師提示和要求完成作業，老師還去批評指責學生的？聯合國安理會制裁阿薩德得以通過，等於暗示中國民眾起來爭取民主遭受中共武力鎮壓時候接受西方對自己的制裁。因此，為了中國政府的前後一致（1989年和現在）、表裏一致（六四屠殺和利比亞、敘利亞當政者對民眾無情鎮壓和屠殺），李保東代表中國政府義無反顧地投下了否決票。

如果西方美、英、法等國與心不甘，同樣決議案再次提出，結果還是一樣，中國繼續否決，哪怕俄羅斯在全世界眾目睽睽的壓力之下臨陣逃脫，不再繼續與中國共進退。根據聯合國的規定，一票否決制。中國已經足夠的強大，已經可以向西方說「不」，已經有足夠的勇氣和力量單獨行使否決權。中國不乏「愛國者」，早就按耐不住噴發的欲望，對西方說「不」。中國政府傾聽這樣的「民意」，充分地合理地使用聯合國安理會規則。俄羅斯下一輪臨陣變卦的可能性已經初露端倪，畢竟俄羅斯還有一點新聞自由，俄羅斯媒體對俄羅斯再次行使否決權持的是批評態度。中國政府深知唇亡齒寒的道理，為捍衛神聖的獨裁專制、為護衛阿薩德政權，力挽狂瀾，下一回很可能是獨自迎戰西方。

聯合國在二戰後的建立旨在主持正義維護和平，但是這些功能往往不能實現。根本原因在於不同政治體制的大國對正義與和平的認知理解不同。對本國人民實行殺戮，是嚴重的反人類罪，這對西方民主社會來說如此。但這對中國政府來說，那就根本是

兩回事，人民的生命對中國政府來說不重要，穩定壓倒一切，維持專制政權的繼續存在才是最高政治利益和追求。人民有政治民主的要求，政府進行武力鎮壓，這在中國政府的眼裏是天經地義的事情。所以，如果聯合國安理會敘利亞決議再次提出，中國政府將一如既往地行使否決權。

面對著敘利亞阿薩德政權肆無忌憚地對內血腥屠殺，如果美、英、法西方國際社會真想阻止解決，只有繞過聯合國安理會，別無他途。只要中國在，制裁阿薩德在聯合國得到授權就不可能。繼續聯合國安理會辯論表決，只能讓更多的敘利亞民眾喪身於阿薩德政權的屠刀。正義與邪惡在這個世界並存，這個時候就是俄、中兩國政府明火執仗地代表了邪惡，與之相對的正義也只能與它同臺共舞。上帝創造的世界，本來就是如此，有天使就有撒旦。「人權高於主權」就是專門用來解決科索沃事件的，解決塞爾維亞的米洛舍維奇的，很奏效。今天為解放敘利亞人民於阿薩德的屠刀之下，既然聯合國安理會決議上屢屢受挫於俄、中兩國，繞開聯合國另闢途徑再一次祭起「人權高於主權」的大旗也未嘗不可。西方未得聯合國授權戰爭有過好幾場，並未留下大的後遺症，今次再用，也不會留下大的後患。

過去的二十多年裏，西方時有時無地批評中國的人權狀況。這是西方對中國避實就虛。歸根結底，中國的問題不是人權問題，而是政權問題，也就是政治制度問題。要求一個專制獨裁政府按照國際標準和慣例改善人權狀況，無異於與虎謀皮，無異於緣木求魚。西方不明白嗎？西方很明白，西方短視、急功近利，為了短期利益而掩耳盜鈴。今天在敘利亞問題上，是美、英、法為首的西方與俄、中聯盟的力量對抗。哪怕俄羅斯半途而廢，中國已經下定了決心保衛自己的政權，在聯合國安理會與西方進行殊死的鬥爭。現在輪到西方繼續出牌。

2012年2月6日

澳中人權對話聽證會

澳大利亞國會「外交、國防、貿易」人權委員會主席勞利・佛格森Lorry Ferguson議員、副主席菲力浦・盧鐸Phillip Ruddock議員：

　　民主中國陣線是一個致力於通過和平理性方式結束中國共產黨一黨獨裁建立民主政體的組織。民主中國陣線感謝澳大利亞國會「外交、國防、貿易」人權委員會的邀請，出席這個關於「澳洲—中國人權對話」的聽證會，並且表達我們對這一問題的看法。

　　中國是一個延續數千年的專制帝國，有數千年的惡劣人權紀錄，而且這個惡劣記錄一直保持到今天。不用懷疑，一個沒有言論自由、結社自由的國度，其人權狀況一定是惡劣的。中國就是這麼一個國度。人權這個概念相對於中國社會是一個新概念，也就是在中國文化大革命結束，毛澤東去世以後，中國開始實行改革開放以後從西方引進的一個新概念。

　　1989年天安門事件震驚了世界，中國的人權問題凸顯成了國際焦點。澳洲率先開啟了與中國進行人權對話的破冰之旅，1991年7月和1992年11月，澳洲人權代表團兩次訪問中國，以後澳中之間的人權對話形成了一種制度。但是這樣的人權對話對於改善中國人權有沒有實質性的幫助，中國在澳洲和其他西方國家的關注下改善人權了沒有？應該說是沒有的。

　　中國經濟發展的成功，得益於西方對中國的錯誤讀解，聽任了西方資本與中國權力的勾結。全世界都在為中國經濟成長歡呼，巨大市場更使得全世界的資本都趨之若鶩。中國將取代美國成為世界超強統領世界，西方世界的如此評判甚囂塵上。但是我們認為，中國成為世界超強而統領世界只是無知淺薄之人的一廂

情願，這個願景絕無可能最終實現。我們預見到，中國在不久的將來必然走進經濟發展的瓶頸而徹底崩潰，因為中國的經濟是建立在沙灘上沒有堅實基礎摩天大樓，轟然倒塌是必然的事情。我們的判斷可以被認為是危言聳聽，我們可以等待，由時間來最後決定。如果一個非民主的中國可以成為明日的帝國，世界的超強，這將是世界的災難，絕不是世界福音。

我們注意到，在東西方對抗的時候，西方的民主社會是軟弱的，東方的專制主義是強硬的；在正義與邪惡對抗的時候，邪惡表現得頑強和實用，正義表現得偽善和無能。我們認識到，在中國共產黨一黨獨裁的執政下，中國人權狀況不會改變，不會進步。只要中國繼續一黨獨裁，中國人權遭受踐踏就是一個常態。

讓我們略瞥一下目前的中國人權狀況吧。中國政府繼續對自己制定的憲法所規定和保證的言論自由進行限制，繼續濫用概念模糊的法規監控拘押著名異見人士，藐視國際壓力，繼續關押諾貝爾和平獎得主劉曉波先生。自從2010年末開始，使用黑社會流氓無賴手段綁架毒打著名異見作家和維權律師，包括滕標和無奈去國的余傑。迫使更多的異見人士在這種流亡手段之下噤聲或者遭受更為殘酷的酷刑。

鎮壓和殺戮對中國政府習以為常，儘管西方向中國發出嚴重關切和批評，中國政府一向置若罔聞，毫不在乎。因為中國政府很清楚，西方不是動真格的，無論中國政府如何採取這樣高壓手段，都不會有後果。

澳中人權對話二十年，以及其他民主國家與中國之間的人權對話，都沒有可見的成效出現。沒有效用和結果的工作繼續進行，非明智之舉。因此，我們不對將來的澳中人權對話可以產生積極效果持盲目的樂觀態度。但是我們也不反對澳中人權對話，這個機制存在與否，對改變中國的人權可有可無。

南太平洋的澳洲、新西蘭，北美的美國和加拿大，亞洲的日

本和臺灣以及其他歐洲民主國家有類似中國和其他專制國家的人
權問題嗎？都沒有。這是什麼原因？很清楚，因為政府的權力有
限，政府權力的使用有時間限制、權力的來源是人民的委託。而
中國政府的權力不來自於人民選擇，來自於1949年內戰的軍事勝
利，與千年來中國歷代王朝的更替沒有區別。對統治下的人民犯
下再大的人權罪惡，也不影響它的繼續執政。所以，一個國家的
人權狀況的良好與惡劣，完全取決於這個國家的政治體制。一個
專制獨裁的政治體制，就是產生踐踏人權的溫床，中國的情況就
是如此。這個溫床不得到剷除，這個根本問題不解決，一廂情願
地希望通過與中國政府進行人權對話來改善中國的人權，這不是
與虎謀皮緣木求魚嗎？這不滑稽可笑嗎？

真心實意地推動中國人權狀況向良性發展，就應該以推動
改變中國現行政治制度為根本目標，只有中國有政治改革，從專
制轉變成民主，中國的人權改善才會起步。我們希望澳洲政府，
把注意力更多地轉向中國民間，關注中國每天大量發生的群體事
件，給予必要的道義支援和物質支持，讓中國境內的維權運動得
以發展，形成迫使中國政府進行政治改革的聲勢和壓力。我們希
望澳洲政府堅守西方民主得道義原則和價值觀，不要為中國政
府提供的經濟利益所誘惑，不要心甘情願地被中國政府分而治
之；我們希望澳洲政府給予中國政府的政治反對派　定的理解
和同情。

由於時間關係，仍有許多問題無法展開討論，在此表示我們
的歉意，但我衷心地感謝委員會所提供的這次機會。

2012年2月24日星期五於墨爾本

三岔路口的中共

石破天驚。2月6日，重慶「打黑」英雄王立軍喬裝打扮躲過監控直奔美國駐成都領事館。四十天以後3月15日，受王立軍出逃美領館事件直接影響，開創重慶模式的薄熙來被免了職。可以預見，重慶模式將因此人亡政息。王立軍的出逃，可與四十年前1971年9月13日林彪出逃遙相比較。當年林彪的出逃，動搖了毛澤東神的地位，否定了文化大革命的史詩般神話。今天的王立軍的出逃，引發了中國政壇風暴。

我們認為，雖然薄熙來被迫下了課，所引發的中共黨內的政治變化應該只是開端，而非終結。

自毛澤東1976年離世以後到現在的不到四十年裏，中共一次又一次很走運地渡過難關。中國的經濟改革，不是中共有主觀願望進行改革，而是當時中國的經濟已經到了崩潰的邊緣，不得已而救亡圖存。中共很幸運，成功了。經過了三十多年的經濟長足發展與進步，中國現在一舉成為世界第二經濟實體。

中國經濟改革的成功，並不意味著中共的專制獨裁可以合掌騰騰，信馬由韁地長久維持下去。中共一直拒絕政治改革，從鄧小平、江澤民到現在的胡錦濤，都一樣持有頑固的政治立場和態度，絕不允許改變中共的獨裁地位。我們觀察到，在中共內部，除了胡耀邦和趙紫陽是異類，他們尚有一息民主的理想和進行真正意義上政治改革的願望，其餘的基本都沒有。

鄧小平以其特有意志力，堅決地鎮壓了1989年的民主運動，拯救了陷入困境的中共，為中共又保有了二十餘年的政治生命。江澤民蕭規曹隨，平穩地將接力棒交給了下一任胡錦濤。胡錦濤則比起前任更為頑強，堅守共產黨的專制獨裁統治地位，絲毫不見鬆動。

中國社會在變化著，這個變化已經使得中共不能夠按照現在的執政方式從容不迫地繼續下去，中共那就必須再一次政治上救亡圖存。中國的現狀是什麼？整個中國社會充滿了暴戾和仇恨，上下瀰漫一片「棄船心理」，有錢的和當官的都想棄船逃跑。中國的官場還有另一種「擊鼓傳花」的景象。這不是傳統意義上的遊戲，而是一個假借。傳的不是花，卻是政治爆炸物。一旦擊鼓停下，就意味著手中的傳遞的爆炸物立刻爆炸，那就大禍臨頭了。

胡錦濤掌權以後不久，就迫不及待地走政治回頭路，向北韓金正日學習。走新路是未知的，是艱難的。但是走回頭路，到頭來只能是一條死路。中共黨內雖然不願意進行政治改革，但是迫於情勢也不得不進行這方面的試探。總理溫家寶多次高調呼籲政治改革，就是「只聽樓梯響，不見人下來」。胡錦濤的十年任期即將屆滿，其間效仿北韓已經走了九年的回頭路，胡錦濤將留下的政治遺產是什麼，是一個政治和社會走向全面崩潰的中國，是阻礙中國政治變革的絆腳石——這麼一個千古罪名。

殷鑒不遠，明朝雖然亡於崇禎，但是禍端起於萬曆。可以預料，候位的習近平是不會心甘情願做當今的崇禎，不會承接胡錦濤留下的政治遺產。最為簡單和容易的事情，就是「縞素正先王之過」，將中國政治滯後的責任全數歸胡錦濤承擔，立刻啟動政治改革，以全新的面目展現於世人。這對於胡錦濤又情何以堪，死守中共專制獨裁的政治底線，是胡錦濤過去九年的心念。是一條道走到黑，還是幡然猛醒，在所剩無幾的最後時間裏改變政治方向謀求政治自救？都在胡錦濤一念之中。一念放下，萬般自在。

過去二十多年裏，中共黨內誰都不願去觸及政治改革，因為有胡耀邦和趙紫陽的前車之鑒。而現在，山雨欲來風滿樓，各方看到了沉船在即的前景，為了各自的身家性命和今後的政治利益，都要搶奪政治改革這張王牌，以期先發制人，因此政治改革

在中國被封凍二十年以後將破土而出。薄熙來的重慶模式是向胡溫的政治挑戰，要獲得成功，只有打政治改革這張最後王牌。但是薄熙來未及十八大進一步上位，因為王立軍事件先被拿下。薄熙來是否還有東山再起的機會，中共內部暗箱操作，黑幕重重，內部變化撲朔迷離，外間實在難料。

　　對於中共內部黨爭的誰勝誰負，薄熙來是起是落，不是我們的關注重點。我們關注的是中國的方向和未來願景，是全體中國人民的福祉：民主、自由、法治、人權、富足、公平、和諧。對中國普羅大眾來說，無論是胡錦濤還是習近平或是薄熙來在位，最為重要的是立即開始政治改革，此舉既可挽救中國，同時也可解救中共。

　　我們可以看到的是中共正處在政治抉擇的三岔路口：第一條道是學習臺灣，開放黨禁報禁，走民主化道路。第二條道是學習越南，實行黨內民主。第三條道是學習北韓，繼續愚昧昏暗，民不聊生。

　　中國就像汪洋中的一條航船，走臺灣道路，可使航船掉頭駛離冰山；走越南道路，可使航船改變航向，不直接撞向冰山，尚有規避海難的機會；走北韓的道路，在胡錦濤的掌舵之下，已經行駛了九年，到頭來只有一個結局，一頭撞向冰山，船毀人亡，譜寫出二十一世紀政治的「泰坦尼克」冰海沉船這悲壯的一頁。

　　何去何從，中國共產黨人請自己選擇。

2012年3月21日

重新正確評價六四

六四事件，已經快二十三年了。事件的當事人或者離世或者已經不在位，重新正確評價六四對中共，對胡一溫來說，條件早就成熟。六四，對於胡溫，其實不是一個政治包袱，卻是一筆豐厚的政治資源。重新評價六四，既可以贏得民心，又可以為自己的十年執政劃上一個圓滿的句號，為中國開啟一個全新的歷史里程。蔣經國開放報禁黨禁，為中華民國成為今天完全自由民主社會奠定了基礎，因此成為中國歷史上一代偉人，並將留下千古英名。納粹德國發動挑起第二次世界大戰，對世界犯下的罪惡可謂滔天。西德總理勃蘭特在猶太紀念碑前真情的一跪，讓全世界寬恕了德國。日本至今對入侵亞洲各國的罪行還是態度曖昧，周邊國家就不會忘記，這一頁就翻不過去。

六四事件緣起於民眾對十年經濟改革以後出現的腐敗的強烈不滿，鄧小平用武力鎮壓了。中國官場腐敗從此以後愈演愈烈，到今天已經是到了病入膏肓不可救藥的地步。鎮壓六四是一個嚴重的政治罪行，共產黨人一向自詡偉大光榮正確，對於這麼嚴重的政治錯誤不敢正視，不敢糾正，還奢談偉大光榮正確？要求反腐敗遭致中共武力鎮壓，那麼今天中共何以反對腐敗。那麼胡溫高唱的反腐敗就一句空話，就是自欺欺人。

政治改革，溫家寶已經高調呼喊了相當長一段時間了，「我秉承苟利國家生死以之，豈因禍福避趨之的信念，為國家服務整整四十五年，我為國家、人民傾注了我全部的熱情、心血和精力，沒有謀過私利。我敢於面對人民、面對歷史。知我罪我，其惟春秋。」溫家寶先生這番話說得是何等的豪邁啊，但就是「只聽樓梯響，不見人下來」。近來又驚現「平反六四」出現於國內

網路，但還是乾打悶雷，沒有雨點，沒有下一步的正文。

李登輝總統任期長達十二年，最重要的是其中最後四年任期是他通過推動臺灣的政治民主化在1996年通過全民選舉獲得的，他就成了一個名副其實的民選總統，弱化並取代了他前八年黨國體制下的總統的形象。胡一溫即刻重新評價六四，啟動政治改革，也可以向李登輝一樣，有成為民選政治領導人的機會。

專制王朝的帝王都懂得下罪己詔改過自新，給自己找臺階。重新正確評價六四，是一件利國利民利己的事情。唯獨不利的，就是中國共產黨作為一個利益集團，它將因為政治改革走向民主而失去它獨享的政治權力和既得利益。錦濤為何就是如此頑固不化，溫家寶為何就是如此遲疑不定呢，放著眼前平坦大道不走，偏偏走向絕崖峭壁。

現在中國情勢已經走到非進行政治改革不可的地步，正確評價六四就是最好的起步。胡一溫不啟動，那就留給後任習近平。不是習近平有政治改革的遠見和心胸，實實在在是情勢所迫。如果胡溫稍有政治頭腦，在剩下的最後時光，展現一下無限的夕陽美景，一改過去九年的不作為，立即作為，中國政治嚴重滯後的局面立刻改觀。對內，可以實現政通人和；對外，可以趨向兩岸的和平統一。

兩岸的統一，不僅僅是領土的統一，文化的統一，經濟的統一。更為重要的是價值觀的統一，政治制度的統一，民主自由精神的統一。對岸馬英九早就明確表示：「六四不平反，統一沒得談」。不重新正確評價六四，兩岸統一毫無希望。中共若想通過武力強行攻取臺灣，根本就是自尋災禍。

根據資訊，溫曾經幾次提出平反六四，薄熙來是極力阻撓者。既然胡溫已經按下薄熙來，搬走了這塊攔路巨石，就應「宜將剩勇追窮寇」，繼續搬走其他攔路石，實現重新正確評價六四。開啟政治改革，不然胡一溫必將面臨極高的政治風險，打虎

不成，反為虎傷。

　　胡—溫啊胡—溫，你們已經時日無多，再不斷然痛下決心，在你們手上攥著的政治好牌，歷史機會，就會悄然溜走，如同黃鶴，一去不復返。到那個時候，你們就是歷史罪人。關鍵時刻，傾聽一句建言，真正從善如流，則可以終身受用。走出正確的一步，更可名垂青史。胡溫的猶豫不決是在中共權貴利益集團和十三億中國人民之間，也就是一黨之私與天下蒼生之間的選擇。不經過鳳凰涅槃浴火重生是不可能達到這一步的。胡溫位高權重，雙手把握在歷史航船的舵輪上，名垂青史和遺臭萬年之間的選擇不應該不懂。此時不做出毅然決然的明智抉擇，更待何時？

2012年3月28日

後記

　　「其實地上本沒有路，走的人多了，也便成了路」。這是我的中學課文裏的一句話，魯迅說的，我沒有忘記。我本不寫文章，在澳洲投入民運以後很長一段時間裏是不需要寫文章的。因為民運長期陷於低潮，能說會寫的人都悄然無聲地離開了這場運動，我就趕鴨子上了架，自己動手執筆寫些東西，主要的都是作為中國共產黨的政治反對派的應景文字。開始的時候有點像「黔驢技窮」中的黔之虎，聽驢一鳴大駭遠遁，後來也就習以為常了。2006年初，中文獨立筆會的副會長余傑和秘書長王怡到澳洲參加學術會議，兩位在我家幾天，還在雪梨、墨爾本兩地為筆會發展了一些新會員。他們沒有問我是否有意加入筆會，我說實在也沒有考慮過加入，因為我自忖充其量是寫寫中學生作文的。如果余、王二位向我發出邀請的話，我也肯定會婉言謝絕，我的自我定位是一位推動中國走向政治憲政民主的民運人士，而非一位作家。

　　2007年前後，就有朋友不斷地鼓勵我把投入民運以來所寫下的報導、聲明、雜評、書信等彙集起來成書。還有一位在澳門的朋友甚至不厭其煩地到網上蒐索下載整理校對，並且把書名都起好了：「讓民主的旗幟在全球高揚」。我想了想，還是算了吧，我不太情願花費這筆其實數目並不大的錢。後來又一位香港的朋友，更是熱心地鼓勵我出這本書。那次我被說動了，同意這位朋友幫助我編撰整理。後來還是因為自己的原因耽擱了下來。一直到今年，才算是認真地對待這件事情了。在這裏先向這兩位鼓勵我的朋友致謝。

　　自1988年末離開中國抵達澳洲，我一直在進行一個求索，希望改變中國現有的專制制度，建立起民主制度，我雖位卑未敢

忘憂國。說實在，我是帶著這顆心和這夢想離開中國的，這個心念一直長留在我的心中。1990年三藩市「民陣二大」上萬潤南在他的競選演說曾意氣昂揚地說道：民陣作為中共專制主義的政治反對派，走上了一條反專制爭民主的「不歸路」。我怦然心動，立刻想起了先慈離世時候姨母悲痛的哭號「大姐啊，你怎麼一去就不歸了」？我也立刻知道，只要自己心志堅毅，也已經隨著民運、隨著民陣走上了一條不歸路。我自視為一個民運馬拉松長跑者，很多時候是一個孤獨的長跑者，最讓我引以為楷模的是奧運史上最偉大的失敗者和他說過的一句話：最強壯的肌肉是我的心。投入民運二十餘年，從一個三十出頭的青年人到今天步入人生長河的中後期，不免心中充滿感慨，感覺到有必要將自己長年的追求回首望一望。

最初我給書起名「流亡與守望」，是因為2008年11月末參訪印度達蘭薩拉以後，隨我們一起參訪的胡元輝兄把所拍攝的全程活動，讓臺灣公視製作了一個「流亡中的約定」短片，隱喻了中國民主運動與自由西藏運動這兩個都在流亡中的運動的約定與結合。我受此啟發選用了「流亡」兩字。「守望」出自於我今年初去臺灣前發表的文章，其中我把民運認作為一個沒有實際政治力量的運動，只是「一種守望，正義的守望，理念的守望，和對中國未來願景的守望」。但一想，我的流亡不算太準確，因為我是提著箱子合法出的境，就放棄了這個書名。後又改為「上下求索」，取自屈原詩句「吾將上下而求索」，我把自己投入民運而且能夠堅持至今，就是「上下求索」，就是夸父追日，就是精衛填海那麼一種精神所產生內心支撐。求索了二十多年了，還是沒有明顯的天亮跡象，為了自我寬慰，就守望著吧，所以定名「求索與守望」。嚴家祺先生把其中一部分民運人物的描繪和民運事件的敘述視之為《民運江湖回望錄》，我覺得是一語中的，因而援引為本書的副書名。說到民運江湖，我覺得這個江湖泥沙俱下

魚龍混雜，而且險象環生。因為這個江湖無塞可守，進出自由，真假難辨。經常看到的是無風能起三尺浪，平地突然起風雷。正義、誠信、道德、規則不能算是這個江湖的文化底色。說到江湖，我最早的記憶是小學的時候看《三國演義》，有曹孟德誤殺伯奢一家八口以後的經典解釋：寧我負天下人，不可教天下人負我。我對這句話深惡痛絕，因此在我的行為準則中就是反其道而行之。民運二十多年來，由於遵循這條自我設定的江湖規則，吃盡了苦頭。儘管如此，我不會因此改變，凡事還是「倒持太阿」。僥倖不被刺倒，定睛看一下，算是認識了，繼續走自己的路；不幸被刺倒了，也是我命。

　　嚴家祺先生批評我的文章一直給人有一種低落的看法和「情緒」，而這種情緒，可以寫小說，寫政論文章，只會使人悲觀。對此我聞過則喜。這不是嚴家祺先生一個人的感受，其他人也有。我承認天生就是這樣的性格，不事張揚，追求低調高效。這個由來已久，他人看我或者感覺我，就是情緒低沉，好像眼前灰暗。這是我個性使然，把成效進行小化，把5分的成績說成是3分的成績。而把困難再想像的大一些，把5分的描繪成7分的。這樣可以時時告誡自己，目標尚遠，仍需努力，不可懈怠。當然這樣的表露方式也許挫敗他人的信心，但是對我自己則是一種激勵和鞭策，因為自己內心的信心從未動搖過。2009年末與前中華民國總統李登輝有過一次長談，他對我講到了信心，就是在前景茫然的時候仍然保持自己的信心，對上帝的相信不是理解，而是一種不顧一切的相信。我記得金大中在被綁架即將扔進大海的時候，金大中堅信上帝與他同在，在麻袋裏面默默祈禱，他感覺到一片溫暖，眼前彷彿有光亮，心裏全無恐懼。果然在這個時候，美國總統尼克森得知資訊以後，通過最快捷的方式轉告南韓總統朴正熙，對金大中下手將有嚴重後果，因此金大中在危急關頭獲釋。

我的言詞雖然低沉，甚至顯得灰暗，但是我自認為民運的作為還是積極的，所以我可以放棄謀求個人的生活安逸，滿足於儉樸，把個人的時間和精力基本投入在這場運動中去了。遠的就不說了，就說去年初跑香港參加司徒華追悼會，到了香港被攔了出來；為了中國境內的茉莉花革命，3月中再去了臺灣，與香港民主人士會合，商討如何巧用香港的特殊地位，迫使中央政府兌現政治承諾，推動香港爭取雙普選；8月又因為香港民主黨領袖何俊仁一句漫不經心的「若有關團體有任何具體建議，歡迎在紐約研討會上提出，互相交流」，我從澳洲、錢達從臺灣、黃奇和汪岷從美西齊飛紐約、薛偉原地等候。雖然所有的努力基本都是無功而返，我還是樂此不疲。記得中國的一位自由主義學者朱學勤教授這麼說的：可以一輩子不將軍，但不可以一日不拱卒。我的無謂跑動，就算是為民運拱卒吧。年初，嚴家祺先生饗我他的新作「東風‧旋風‧西風‧福利風——用『大尺度時空觀』看中國和全球政治風向的變化」，讀後有所思慮，文中所言的中國政治「旋風」也許會突然從天而降。為了應對未來可能出現的變局，先神思遐想了一下後共產黨時期的中國，我就未雨綢繆，笨鳥先飛一下，飛到了印度達蘭薩拉，以期問題智慧浩瀚的尊者達賴喇嘛，求得一種靈感和覺悟。自稱世間潛心修佛已快成止果的常挪揄我捧著金飯碗外出乞食，守著金山不入。這回也算是接受勸諭和教益，身體力行一下金山求寶。

　　很多年前，一位圈中朋友曾問我，如果時光倒退，重新選擇，你是覺得擁有好房好車好職業的好呢，還是你現在生活清貧、追求虛無縹緲的秦晉好呢。我稍微想了一下，還是現狀好，做秦晉好，我覺得這是我要的。投入這項志事以來，有了這種高遠但是很難達到的追求以後，內心還是充實的。有幸親近了尊者達賴喇嘛，很多次的拜會，數次獲得尊者的信任和委託主持他的公開演講會和記者會，從中獲得的人生益處，心靈深處的感應，

後記

3
4
3

無以言語表達。所謂的只可會心不可言狀就是。因而我得到一個啟示，在民運力量的結合方面，應該思考並且推動中國民運與自由西藏運動的聯合，在更高層面上聯盟民主臺灣的政治力量和香港的民主力量，從而形成反對中共專制主義的合力，期望用烏鴉喝水的方式影響西方社會，提升整個中國民主運動在國際上的關注度。早在1992年5月尊者達賴喇嘛訪問澳洲的時候，我有幸帶領民陣紐省支部其他數位成員一起拜訪了尊者。我還可以清晰地回憶起，尊者達賴喇嘛跟我們提到了共產黨奪取天下的三大法寶之一的統一戰線，我們為何不搞統一戰線呢？等到我回過味來開始進行的時候已經是16年以後的2008年了。

為中國民運打開一個新的局面，民運應該實行戰略轉移。我聽進去了，也就認真地去實踐了。從遠端的歐美和南太平洋轉移到中國大陸的附近地帶，以臺灣為支點，向北連接日本，向西連接香港澳門，把民運的影響力移向中國周邊的華人世界。雖然努力了，盡心了，成效依然不彰。天時未到吧。

堅持不懈於民運，個人物質層面損失巨大，但也收益甚豐，都在精神層面，自我的感覺。嚴家祺先生的誠摯和學問、萬潤南的洞明和泰然、王炳章的勇氣和獻身、錢達兄的鼎力和言教、元輝兄的中正與謙和、辛灝年的精闢和準確、智富兄的寬厚和提攜、小吉兄的洞見和雄辯，齊墨兄的史學和實際，還有數不過來的其他民運朋友胡平、薛偉、新民、曉炎、林飛、黃奔、汪岷、王策、維光、岳武等身上所擁有的特質，都是我的活水源頭，取用不盡的珍貴財富。

從前常常困惑和迷茫，產生「生不逢時」感覺而沮喪和無奈。華盛頓會議以後，到錢達三藩市灣區的家小住幾天，當時內心非常的沉重，欲哭無淚。錢達送了我一本書，在扉頁上為我寫了「生正逢時」四個字。這四個字啟發提醒了我。是啊，我們的確生活在一個很特殊的時代，滿清末年孫、黃的革命成功了，由

於中國共產黨的軍事勝利，中國出現了專制復辟，孫、黃革命成果也就被吞噬了。那麼在中國實現反復辟重建民主追求自由，就是我們這一代人的艱巨的歷史重責。我能參與到這項偉大的事業中去，的確真是「生正逢時」。錢達2005年參加澳洲民運大會，從此我們一起為中國的民主奮力驅馳，同時也兌現了他在華盛頓會議退選演說中所做下的莊重承諾：我一輩子不會退出民運組織，不論有職務否，不論在朝在野，我都會盡自己的一份力量，有職務時盡忠職守，沒有職務時諍言直諫。

元輝兄是我另一位在臺灣的好友，他從內心深處理解認同中國民運。1989年六四事件之後是冒有極大風險，甚至是生命危險的第一批進入北京採訪的臺灣記者，王丹被抓事件他是望洋興嘆的見證人。我們相識於元輝到澳洲雪梨擔任「自立快報」社長的時候，2008年4月初次踏上臺灣，我們闊別了十一年以後再次相逢。以後我每次到臺灣，都有機會得到元輝兄的悉心指教。

二十多年來的民運操作，使自己得到很大的長進，不但結識了絕大部分流亡海外的民運人士和精英，還得到了澳洲政治常識，與不少政壇人物建立起了友情和互動關係，這些都不是可以用錢幣衡量的。

海外民運的高漲是在八四事件之後，但是好景不長。以澳洲為例，我初到澳洲時候，民運還處於地下狀態。六四事件發生時候，澳洲總理為天安門死去的學生和市民留下了傷心的眼淚，並做出了一個後來澳洲朝野普遍認為是一個情緒化的決定，就是無條件地讓當時在澳洲境內的中國人士獲得簽證延長。一直到1993年11月1日，霍克以後的基廷工黨政府做出了一攬子方案給中國人士永久居留澳洲的決定。在澳洲的民運組織因為這個政策的實施而立刻土崩瓦解，就雪梨一地，1993年初併入民聯陣的六個支部（每個支部成員少則百來人，多則五、六百人）迅速作鳥獸散，大家歡呼雀躍，目標已達，開始享受澳洲的安穩富足的美好

生活，追求中國的民主和自由都一股腦拋到九霄雲外。

　　在這個過程中，一位賽普勒斯裔的工黨後排議員安德魯博士曾經起過很大的作用，影響了總理基廷做出了最後的決定，使得四萬五千中國人士受益。他是我最早遇到的真心實意關心中國民主的國會議員。記得1999年一天晚上深夜時分，他約我去他那裏談談中國民主化的前景。他問我民運手中有何王牌可以出，我回答我們一無所有，無牌可出。再問我那將怎麼辦，我回答只有耐心等待，上個世紀中日戰爭的時候，蔣介石以空間換時間，那麼今天我們民運與中共相抗，則以時間換空間。後來安德魯犯了事，被褫奪了國會議員的資格，還被判入獄了一段時間。我不忘記他對我們旅居澳洲的中國人的恩德，更時常想起他對中國民運的認同和理解。當時我曾想方便的時候去探監看望，有人勸我不要淌這個渾水，但是我心中還是執意堅持。最後沒有探成，因為他出獄了。現在安德魯移居雪梨，生活很是困頓。我們保持著聯繫，時常可得到他關於澳洲政治的提示和點撥。

　　澳洲政壇上還有一位猶太裔工黨議員麥克・丹比，他是中國民運的忠實朋友，他還是達賴喇嘛在澳洲政壇的堅定支持者。1999年魏京生到澳洲，關鍵性的重大活動全靠他的聯絡安排。江澤民當時參加亞太峰會過訪澳洲，澳洲外交部希望我不要把魏京生到訪澳洲的時間與江澤民相撞。我比較為難，就委託澳洲的大赦國際出面邀請，但是一切大致安排停當，大赦國際突然通知我他們撤出邀請，而且沒有給予任何理由。我被懸在空中。還好，我轉而請求傑拉德・漢德森博士。他是前澳洲總理霍華德還是反對黨副領袖時候的辦公室主任，1988年的時候隨霍華德訪問過中國，1991年我認識了他。他倒爽快，立刻答應了下來，但申明只承辦一個演講會，其他一概不理會。我回答他，足夠了。麥克・丹比說政府安排了江澤民的大型宴會，那麼他就為中國民運安排一個與之相對的小型午餐會，不到二十人出席，現任總理基

拉德、當時的新科「進士」也在座。霍華德總理沒有接受我的要求安排與魏京生會面，但在午餐會的時候經過，還向在場的揮手致意問好，並從魏京生背後走過，但是魏京生沒有起身。這好像是西方政治的一個外交方式，「偶然巧遇，不是正式會見」。以後2006年2月，我陪同余傑、王怡去澳洲國會的時候，陸克文與我們的見面也採取這種「偶然巧遇」方式。那天丹比還安排了多位工黨議員與魏京生的會面，地點是陸克文的辦公室。當陸克文和吉拉德升到前排在先後成為總理了，我們民運想再去與他們見面談談中國的民主化和人權問題，那就門都沒有了。丹比不止一次地問過我，當中國民主化在中國獲得成功的時候，你怎麼對待我。我回答丹比，當中國實現民主化的時候，你就是中國人民的偉大國際友人，未來民主政府的座上賓。

由於胡錦濤的緣故，我與前澳洲綠黨領袖布朗參議員有了近十年的往來，他對我們的民運事業給予了力所能及的幫助和支援。令我感動的是2010年10月當諾貝爾和平獎宣佈頒發給劉曉波的時候，他居然給我來電，向我祝賀，並向我致以敬意。我問何故？布朗回答，劉曉波得獎是中國民主運動向前邁進的一個標誌，因此祝賀；你秦晉堅定無畏地堅持民運，因此致以敬意。我有點受寵若驚，但明白這是惺惺相惜。布朗退出了澳洲聯邦政壇，但是他的政治生涯不會因此停止。布朗已經明確表示，他將永遠是綠黨事業的追求者，生命不息，奮鬥不止。我也深信不疑，布朗將一如既往地支援我們追求中國的民主和自由，只是方式不同而已。布朗今年67歲，已經成功地攀登一座高山，在他退出政壇的生涯裏，我相信他會繼續放射出耀眼的光芒，為世界、為人類做出他的傑出貢獻。

我總這麼想，人生一世都是緣，惜福惜緣。所有在我艱難的民運馬拉松長跑過程中路邊送過水，遞過茶，給過我寬慰和鼓勵的，我都永誌不忘，不管我是否能夠跑完全程，跑回體育場參加

民運奧運會的閉幕式與否。

這些天倫敦奧運會正在舉行，我看到運動員們都愛哭。失敗了，哭；取勝了，也哭。前者是傷心之極，後者是喜極而泣。我們從事民運，要比起奧運會的獎牌爭奪要更為艱難。蜀道難難於上青天，我們就在民運蜀道上。民運幾十年，幾乎沒有笑的時候，也不太有哭的時候。我一直在盼望著何時民運健兒也能有機會哭一回，認認真真地哭一回，喜極而泣痛快淋漓地哭一回。

拙作是中國民運的一個縮影，是澳洲地區民運的一個片斷和記錄，也是我個人二十多年來投入這場運動的紀錄。中國民主征途依然充滿艱辛和坎坷，但是已經依稀勝利在望。雖不敢寄望過厚，但堅信「天道酬勤，功不唐捐」。

2012年8月7日

新座標13　PF0099

新鋭文創
INDEPENDENT & UNIQUE

求索與守望
——中國民運江湖回望錄

作　　者	秦　晉
責任編輯	鄭伊庭
圖文排版	陳姿廷
封面設計	陳佩蓉
封面書法	咏蓮化

出版策劃	新鋭文創
發 行 人	宋政坤
法律顧問	毛國樑　律師
製作發行	秀威資訊科技股份有限公司
	114 台北市內湖區瑞光路76巷65號1樓
	電話：+886-2-2796-3638　傳真：+886-2-2796-1377
	服務信箱：service@showwe.com.tw
	http://www.showwe.com.tw
郵政劃撥	19563868　戶名：秀威資訊科技股份有限公司
展售門市	國家書店【松江門市】
	104 台北市中山區松江路209號1樓
	電話：+886-2-2518-0207　傳真：+886-2-2518-0778
網路訂購	秀威網路書店：http://www.bodbooks.com.tw
	國家網路書店：http://www.govbooks.com.tw

出版日期	2012年11月　初版
定　　價	460元

國家圖書館出版品預行編目

求索與守望 : 中國民運江湖回望錄 / 秦晉著. -- 一版. --
臺北市 : 新銳文創, 2012. 11
　　面；　公分
BOD版
ISBN 978-986-5915-24-7(平裝)

1. 民主政治　2. 民運　3. 文集

571.607　　　　　　　　　　　　　　　101019686

讀 者 回 函 卡

感謝您購買本書，為提升服務品質，請填妥以下資料，將讀者回函卡直接寄
回或傳真本公司，收到您的寶貴意見後，我們會收藏記錄及檢討，謝謝！
如您需要了解本公司最新出版書目、購書優惠或企劃活動，歡迎您上網查詢
或下載相關資料：http:// www.showwe.com.tw

您購買的書名：＿＿＿＿＿＿＿＿＿＿＿＿＿＿＿＿＿＿＿＿＿＿

出生日期：＿＿＿＿＿年＿＿＿＿＿月＿＿＿＿＿日

學歷：□高中 (含) 以下　　□大專　　□研究所 (含) 以上

職業：□製造業　□金融業　□資訊業　□軍警　□傳播業　□自由業

　　　□服務業　□公務員　□教職　　□學生　□家管　　□其它＿＿＿

購書地點：□網路書店　□實體書店　□書展　□郵購　□贈閱　□其他

您從何得知本書的消息？

　□網路書店　□實體書店　□網路搜尋　□電子報　□書訊　□雜誌

　□傳播媒體　□親友推薦　□網站推薦　□部落格　□其他＿＿＿＿＿＿

您對本書的評價：(請填代號　1.非常滿意　2.滿意　3.尚可　4.再改進)

　封面設計＿＿＿　版面編排＿＿＿　內容＿＿＿　文／譯筆＿＿＿　價格＿＿＿

讀完書後您覺得：

　□很有收穫　□有收穫　□收穫不多　□沒收穫

對我們的建議：＿＿＿＿＿＿＿＿＿＿＿＿＿＿＿＿＿＿＿＿＿

＿＿＿＿＿＿＿＿＿＿＿＿＿＿＿＿＿＿＿＿＿＿＿＿＿＿＿＿＿

＿＿＿＿＿＿＿＿＿＿＿＿＿＿＿＿＿＿＿＿＿＿＿＿＿＿＿＿＿

＿＿＿＿＿＿＿＿＿＿＿＿＿＿＿＿＿＿＿＿＿＿＿＿＿＿＿＿＿

11466
台北市內湖區瑞光路 76 巷 65 號 1 樓
秀威資訊科技股份有限公司　　　收
BOD 數位出版事業部

....

（請沿線對折寄回，謝謝！）

姓　　名：_____　年齡：_____　性別：□女　□男

郵遞區號：□□□□□

地　　址：_____

聯絡電話：(日) _____ (夜) _____

E - m a i l：_____